VIAJE

a
"LA ATLANTIDA
del Futuro"

VIAJE

a

"LA ATLANTIDA

del Futuro"

DESCUBRIDOR
de un "NUEVO MODO"
de "POBLAR LA TIERRA"

Número de Control de la Biblioteca del Congreso: 2010940006
ISBN: Tapa Blanda   978-1-6176-4284-5
                   Libro Electrónico   978-1-6176-4283-8

Para ordenar copias adicionales de este libro, contactar:
Palibrio
1-877-407-5847
www.Palibrio.com
ordenes@palibrio.com
295110

Sinopsis:

__Contenido del Libro-I__: **"VIAJE a LA ATLANTIDA del Futuro"**

En forma de Relato de DOS VIAJES PARALELOS de dos grandes Grupos de personas representativas de todo el mundo se ofrece una atractiva y agradable "ambientación" del Contenido del Libro-II, que es el más interesante para el progreso de la Humanidad:

El Libro-I: *Es un VIAJE IMAGINARIO a un Nuevo Mundo construido por el Hombre en las Extensiones más grandes del Globo Terráqueo, que son los Mares y los Océanos, todavía NO EXPLORADOS en cuanto a su COLONIZACION o HABITACION PERMANENTE.*

Ciencia Ficción Hoy, pero REALIDAD POSIBLE YA para la Ciencia y La Técnica de la Humanidad ACTUAL.

Autor: DESCUBRIDOR -Julio-Verne SEGUNDO-

__Contenido del__ **Libro-II**:

"PLAN de Colonización del Mar

y

PROYECTO de Sociedad Internacional

de

LA ATLANTIDA"

Se presenta un bosquejo del modo y forma de hacer realidad

el grandioso Proyecto de Construcción de

"LA ATLANTIDA del Futuro"

Dedicatoria general:

A toda persona que quiera enterarse, asociarse y participar, de cualquier manera que le sea posible, en un Proyecto extraordinario de COLONIZAR la Tierra

"Colonizando los Mares y los Océanos"

haciéndolos "habitables y productivos" como siempre se hizo en Tierra Firme

****

****

Correos Electrónicos para Información y Comunicación:

Principal:

1.- la.atlantida.del.futuro@hotmail.com

2.- construccion_de_la_atlantida@yahoo.com

3.- construccion.de.la.atlantida@gmail.com

4.- miembrodegrupo@hotmail.com

5.- miembro.de.grupo@gmail.com

<u>D E D I C A T O R I A</u> **Particular**

+ A las Editoriales:

- De **Novelas,**
- De **Relatos novelados,**
- De **Relatos de Itinerarios,**
- De **Dibujos Gráficos,**
- De **Revistas de Novedades,**
- De **Secciones Culturales de Periódicos.**

+ Y también:

- De **Libros** y **Revistas** <u>de Divulgación</u>,
- De **Libros** y **Revistas** <u>Científicas</u>.

+ Y también:

- De **Libretos de Películas,**
- De **Libretos de Teatro,**
- De **Producciones Video-Sonoras.**

+ A los Productores de:

- <u>Emisiones especiales</u> de **Radio,**
- <u>Emisiones especiales</u> de **Televisión.**

+ Para toda Persona "con Carácter Inventivo"
que **<u>"re-modele"</u>** este Relato previendo e incluyendo en él <u>los</u> **"adelantos"** de la Humanidad en el **Siglo XXI**

+ Para todo "valiente y atrevido"
que está esperando <u>poner sus cualidades</u> personales <u>a servicio de la "Mejor Causa"</u> que se le presente en su vida.

+ Para todo el Público Mundial
en el que resuene y se extienda el <u>Eco de este Relato</u>

<u>mentalizándose para formar</u> una **Nueva Humanidad.**

¡ Que les aproveche a todos ! Les desea el Autor:

—————————————————
Julio-Verne SEGUNDO
(-pseudónimo-)

- P R O L O G O -

La **"IDEA"** "idealista" de <u>relacionar y unir</u>, por el modo más original que es <u>"andando sobre Firme"</u>, "a pie", a los <u>Seres Humanos</u> de los <u>Continentes separados</u> por esas <u>enormes distancias de agua</u> que son los <u>Mares y</u> los <u>Océanos</u>, fue surgiendo en la mente y el deseo de **un "Idealista"** en la última Década del Siglo pasado, en torno a la Celebración del Quinto Centenario de la Gesta de Cristóbal Colón (-1492......1992-). En esa fechas fue difundida la Primera Edición en forma sencilla y artesanal.

Algunos, ya <u>años antes, habían expresado</u> en el género literario de "Ciencia Ficción" <u>algunas formas</u> extrañas de **"habitar el Mar":** como con "Burbujas submarinas" o "Microsistemas acuáticos", etc.; pero estos inventos imaginarios no llegan a satisfacer un deseo y una tendencia más profunda del Ser Humano que no sólo es **"Habitar permanentemente el Mar"** sino <u>relacionarse todos los Seres Humanos de la Tierra</u> por medio del modo más original que tienen que es **acercarse unos a otros "a pie"** <u>venciendo todas las distancias</u> que se interpongan.

Y así como un "Abismo orográfico" separa a los Habitantes que están a un lado y al otro de él, <u>pero comienzan a relacionarse</u> y a unirse por medio de <u>"un Puente"</u>, así también los <u>Habitantes Humanos</u> situados a un lado y al otro de <u>esas "enormes separaciones"</u> que son los <u>Mares</u> y los <u>Océanos</u> pueden <u>relacionarse y unirse unos con otros</u> a través de un **"Gigantesco Puente Flotante"** que es **"LA ATLANTIDA".**

Con esta **"IDEA"** se hace posible satisfacer dos o tres pretensiones profundas de todo Ser Humano pensante, progresista e ilusionado:

> *(1) "<u>Habitar el Mar</u> productivamente";*
>
> *(2) "<u>Crear una Sociedad Humana</u> idealmente pensada y deseada por todos";*
>
> *(3) "<u>Relacionar y unir</u> a los Habitantes Humanos de los Continentes y de las Islas del Globo Terráqueo"*

Como esta pretensión constructiva tiene <u>"base realista posible"</u> **"Hoy",** por eso ya <u>no es Ciencia Ficción;</u> sino que, si hay conjunción de fuerzas, <u>se puede "ya"</u> desde ahora comenzar a hacerla realidad <u>como "Obra de Apertura"</u> de **este Siglo XXI**. En menos de 100-Años puede estar funcionando a plenitud para satisfacción de Generaciones Futuras y "Honra y Honor" de la <u>Generación Presente que la</u> <u>comenzó</u>. *Marquemos otro "Hito grandioso y significativo" de la Historia de la Humanidad comenzando ya a "Planear" y "Construir" e "Instituir" <u>EL PLAN y PROYECTO</u> y "<u>La Sociedad Internacional LA ATLANTIDA</u>" (-I. S. A.-).*

Esto pretende el **Autor**

Julio-Verne SEGUNDO

(-Pseudónimo-)

* * * * * * * * * * * * * * *

* * * * * * * *

- I N T R O D U C C I O N -

1.- **La "Imaginación"** es la <u>actividad más atrevida y valiente</u> de las "Facultades Humanas" personales y colectivas. Es la que va <u>abriendo brecha en la Historia del Hombre</u> a través del caminar intrincado del Presente y principalmente <u>del Futuro</u>. Es la que atisba y comienza a vislumbrar posibilidades insospechadas de la actividad humana. <u>Las grandes conquistas de la Ciencia y de la Técnica</u> que hoy ya disfrutamos con normalidad y naturalidad **la "Imaginación" de los "Genios"** ya <u>las había prefigurado</u> de alguna manera ya sea en el pensamiento interior de la persona, ya sea en algún escrito o bosquejo, o incluso en <u>intentos fallidos por hacerlos realidad,</u> por <u>no ser todavía "el tiempo"</u> propicio en el entorno del resto de la Humanidad.

Así le pasó a **Leonardo Da Vinci** con los <u>proyectos de "volar como las aves";</u> así le paso a **Julio Verne** con el descubrimiento imaginario de las <u>Profundidades de los Mares</u> (-"Veintemil Leguas de Viaje Submarino"-) y de la Tierra (-"Viaje al Centro de la Tierra"-) y el <u>Proyecto de hacer "Un Viaje a la Luna".</u>

2.- Una de las actividades más comunes de las Personas que se preparan y ejercen como Profesionales es **"la Ingeniería",** porque precisamente bajo esa modalidad encuentra caminos **"el Ingenio Humano"** (-completado por <u>la Arquitectura</u>-) para **"inventar"** y hacer realidad <u>lo que antes concibió</u> **la "Imaginación"**. Esta actividad humana no tiene limites ni fronteras; *siempre hay "un Más Allá"* (-*"Plus Ultra"*-) *del último paso que ya se dio.*

3.- Este **"Proyecto de LA ATLANTIDA"** es una de esas **"Ideas Imaginarias"** que seguramente <u>bullen en muchas mentes</u>, pero que todavía nadie se atrevió a manifestarla, exteriorizarla y menos todavía a tratar de <u>formularla y darle cuerpo y expresión</u>, a causa de lo extraordinario, retador y casi imposible que parece su realización. Pero <u>el deseo</u> ahí está escondido <u>en la intimidad de cada uno</u> esperando el día que alguien se atreva a abrirle la puerta de la manifestación, y entonces sí, lo sugerente y variadísimo que tiene su carácter y posibilidades se convertirá en un explosivo **"PLAN de Colonización del Mar"** y **"PROYECTO de <u>Sociedad Internacional de LA ATLANTIDA"</u>** (-I.S.A-.) al que <u>todos le prestarán su colaboración</u> como hoy ya se hace con la conquista del "Macro-Cosmos" (-el Espacio Sideral-) y el "Micro- Cosmos" (-el Genoma y la Medicina-).

4.- Yo, **estimado Lector de estas líneas**, sólo estoy intentando comenzar a abrir esta "Caja de Pandora" para que salga de ahí lo más inesperado y variadísimo contenido que tiene. Por eso llegó a tus manos, a tus ojos y a tus oídos esto que estás comenzando a percibir. Quiero que enseguida prenda la chispa de la "Imaginación" para que todos los que se enteren comiencen a ponerle algo de su parte, comunicándole a los demás y comenzando a desarrollarlo primero en "Teoría Científica" para que, a su tiempo, la "Práctica Técnica" pueda comenzar a hacerlo realidad.

5.- Como ves, he puesto *la Fecha* del "Viaje a LA ATLANTIDA" en el *Año-2100*, terminando el Siglo XXI, para dar a entender que esta "**Magna Obra**" puede estar en su grado de desarrollo más aceptable y satisfactorio al termino de **100-Años**; *¿Y qué es esto para la Historia de la Humanidad?*.

También me limité a hacer solamente un "**Cuadro General**" de "**VIAJE**", sin detenerme en detalles de acontecimientos y descripciones de visualizaciones físicas para que cada uno que se anime a "completarlo con su Imaginación" le ponga todo el relleno que le falta suponiendo cómo será el Mundo Humano y el Físico en el **Año-2100**, al término de 100-Años, y, en concreto, cómo será **LA ATLANTIDA** al término del Siglo XXI según los avances "científicos" y "técnicos" de la Humanidad.

Así pues, *anímense todos los que tengan "Genio Inventivo"* a tomar **esta "IDEA"** como base de sus propias **Obras de Invención**: Novelas, Dramas, Comedias, Películas, Relatos, Reportajes, Obras Musicales, Dibujos Gráficos, Dibujos Animados, Libros Divulgadores, Libros Científicos, Tesis Profesionales de Carrera, Ejercicios Académicos, etc.... etc....

Toda esta labor divulgadora del "**Proyecto de LA ATLANTIDA**" sea para animar a las Fuerzas Ejecutivas Económicas y políticas "*a ponerse a la Obra*" cuanto antes *para darles a muchos millones de Personas, adultos y principalmente "Jóvenes", esperanza de Futuro para sus Vidas*.

Esto es el deseo y la intención del **Autor**.

———————————

Julio-Verne SEGUNDO

(-Pseudónimo-)

* * * * * * * * * * * * * * * * *

* * * * * * * * * *

Índice del "DIARIO" de la "Expedición a LA ATLANTIDA"

Día -24- de Marzo del Año-2100
(-Cuarto día del "Viaje a LA ATLANTIDA" -)

Capítulo -7- : (Del Oriente)

Desde Ciudad – Estación Pequeña "Francia"

pasando por " Ciudad – Estación Pequeña "Italia"

hasta Ciudad – Estación GRANDE "EUROPA" .

(Recorrido : 200/ Kilómetros.)

Capítulo -8- : (Del Occidente)

Desde Ciudad – Estación Pequeña "México"

pasando por " Ciudad – Estación Pequeña "Guatemala"

hasta Ciudad – Estación GRANDE "AMERICA" .

(Recorrido: 200/ Kilómetros.)

Día -25- de Marzo del Año-2100
(-Quinto día del "Viaje a LA ATLANTIDA" -)

Capítulo – 9 - : (De Oriente)

Desde Ciudad – Estación GRANDE "EUROPA",

Pasando por Ciudad – Estación Pequeña "Bélgica",

Hasta Ciudad – Estación Pequeña "Holanda".

(-Recorrido: 200/Kilómetros-)

Capítulo -10 - : (de Occidente)

Desde Ciudad – Estación GRANDE "AMERICA",

pasando por Ciudad - Estación Pequeña "El Salvador",

hasta Ciudad – Estación Pequeña "Honduras".

Día -26- de Marzo del Año-2100
(-Sexto día del "Viaje a LA ATLANTIDA" -)

Capítulo –11 - : (Del Oriente)

Desde Ciudad – Estación Pequeña "Holanda",

pasando por " Ciudad – Estación Pequeña "Luxemburgo",

y por Ciudad – Estación Pequeña "Irlanda",

hasta Ciudad - Estación GRANDE: "AFRICA".

(Recorrido: 300/ Kilómetros.)

Capítulo –12 - : (Del Occidente)

Desde Ciudad – Estación Pequeña "Honduras",

pasando por " Ciudad – Estación Pequeña "Nicaragua",

y por Ciudad-Estación Pequeña "Costa Rica",

hasta Ciudad – Estación GRANDE "ASIA" .

(Recorrido: 300/ Kilómetros.)

Día -27- de Marzo del Año-2100
(-Séptimo día del "Viaje a LA ATLANTIDA" -)

Capítulo –13 - : (Del Oriente)

Desde Ciudad – Estación GRANDE "AFRICA",

pasando por " Ciudad – Estación Pequeña "Inglaterra",

y por Ciudad – Estación Pequeña "Alemania",

y por Ciudad – Estación Pequeña "Austria",

y por Ciudad – Estación Pequeña "Suiza",

hasta Ciudad - Estación GRANDE: "MAR MEDITERRANEO".

(- en TREN de Cercanías o lento -) (Recorrido: 500/ Kilómetros.)

Capítulo –14 - : (Del Occidente)

Desde Ciudad – Estación GRANDE "ASIA",

pasando por " Ciudad – Estación Pequeña "Panamá",

y por Ciudad – Estación Pequeña "Colombia",

y por Ciudad – Estación Pequeña "Venezuela",

y por Ciudad – Estación Pequeña "Brasil",

hasta Ciudad - Estación GRANDE: "OCÉANO PACIFICO".

(- en TREN de Cercanías o lento -) (Recorrido: 500/ Kilómetros.)

Día -28- de Marzo del Año-2100
(-Octavo día del "Viaje a LA ATLANTIDA" -)

Capítulo –15 - : (Del Oriente)

Desde Ciudad – Estación GRANDE "MAR MEDITERRANEO",

pasando por " Ciudad – Estación Pequeña "Dinamarca",

y por Ciudad – Estación Pequeña "Suecia"

y por Ciudad – Estación Pequeña "Noruega",

y por Ciudad – Estación Pequeña "Finlandia",

hasta Ciudad - Estación GRANDE: "MAR DEL NORTE".

(- Recorrido: 500/ Kilómetros -)

- *Viaje "de regreso" en TREN* –

Capítulo –16 - : (Del Occidente)

Desde Ciudad – Estación GRANDE "OCÉANO PACIFICO",

pasando por " Ciudad – Estación Pequeña "Brasil",

y por Ciudad – Estación Pequeña "Venezuela",

y por Ciudad – Estación Pequeña "Colombia",

y por Ciudad – Estación Pequeña "Panamá",

hasta Ciudad - Estación GRANDE: "ASIA".

(- Recorrido: 500/ Kilómetros -)

Día -29- de Marzo del Año-2100
(-Noveno día del "Viaje a LA ATLANTIDA" -)

Capítulo -17-: (De Oriente)

Desde Ciudad – Estación GRANDE: "MAR DEL NORTE",

pasando por Ciudad – Estación Pequeña "Croacia",

y por Ciudad – Estación Pequeña "Polonia",

y por Ciudad – Estación Pequeña "Hungría",

y por Ciudad – Estación Pequeña "Bulgaria",

hasta Ciudad – Estación GRANDE "MAR BALTICO".

(-Recorrido: 500/Kilómetros-)

Capítulo -18-: (De Occidente)

Desde Ciudad – Estación GRANDE: "ASIA",

pasando por Ciudad – Estación Pequeña "Panamá",

y por Ciudad – Estación Pequeña "Colombia",

y por Ciudad – Estación Pequeña "Venezuela",

y por Ciudad – Estación Pequeña "Brasil",

hasta Ciudad – Estación GRANDE "OCÉANO PACIFICO".

(-Recorrido: 500/Kilómetros, en Autobús-)

Día -30- de Marzo del Año-2100
(-Décimo día del "Viaje a LA ATLANTIDA" -)

Capítulo – 19 -: (En Oriente)

Día de "Descanso"

En Ciudad–Estación GRANDE "MAR BALTICO".

Capítulo-20-: (en Occidente)

Día de "Descanso"

en la Ciudad-Estación GRANDE "OCÉANO PACIFICO".

Día -31- de Marzo del Año-2100
(-Décimo Primer día del "Viaje a LA ATLANTIDA" -)

Capítulo -21-: (De Oriente)

Desde Ciudad – Estación GRANDE: "MAR BALTICO",

pasando por Ciudad – Estación Pequeña "Rumania",

y por Ciudad – Estación Pequeña "República Checa",

y por Ciudad – Estación Pequeña "Eslovaquia",

y por Ciudad – Estación Pequeña "Albania",

hasta Ciudad – Estación GRANDE "MAR CANTABRICO".

(-Recorrido: 500/Kilómetros-)

Capítulo -22-: (De Occidente)

Desde Ciudad – Estación GRANDE: "OCÉANO PACIFICO",

pasando por Ciudad – Estación Pequeña "Ecuador",

y por Ciudad – Estación Pequeña "Perú",

y por Ciudad – Estación Pequeña "Chile",

y por Ciudad – Estación Pequeña "Argentina",

hasta Ciudad – Estación GRANDE "MAR CARIBE".

(-Recorrido: 500/Kilómetros-)

Día -1- de Abril del Año-2100
(-Décimo Segundo del "Viaje a LA ATLANTIDA" -)

Capítulo -23-: (De Oriente)

Desde Ciudad – Estación GRANDE: "MAR CANTABRICO",

pasando por Ciudad – Estación Pequeña "Grecia",

y por Ciudad – Estación Pequeña "Turquía",

y por Ciudad – Estación Pequeña "Yugoslavia",

y por Ciudad – Estación Pequeña "Ucrania",

hasta Ciudad – Estación GRANDE "POLO NORTE".

(-Recorrido: 500/Kilómetros-) *-en TREN de "Alta Velocidad"-*

Capítulo -24-: (De Occidente)

Desde Ciudad – Estación GRANDE: "MAR CARIBE",

pasando por Ciudad – Estación Pequeña "Uruguay",

y por Ciudad – Estación Pequeña "Bolivia",

y por Ciudad – Estación Pequeña "Paraguay",

y por Ciudad – Estación Pequeña "Cuba",

hasta Ciudad – Estación GRANDE "POLO SUR". (-Recorrido: 500/Kilómetros-)

-en "TREN de Alta Velocidad" –

Día -2- de Abril del Año-2100
(-Décimo Tercer día del "Viaje a LA ATLANTIDA" -)

- Último Trayecto de la Ruta Trans-Atlántica -

Capítulo -25-: (De Oriente)

Desde Ciudad – Estación GRANDE: "POLO NORTE",

pasando por Ciudad – Estación Pequeña "Lituania",

y por Ciudad – Estación Pequeña "Letonia",

y por Ciudad – Estación Pequeña "Estonia",

y por Ciudad – Estación Pequeña "Rusia",

hasta la Capital Central "LA GRAN ATLANTIDA".

(-Recorrido: 500/Kilómetros-)

- Último Trayecto de la Ruta Trans-Atlántica -

Capítulo -26-: (De Occidente)

Desde Ciudad – Estación GRANDE: "POLO SUR",

pasando por Ciudad – Estación Pequeña "Jamaica",

y por Ciudad – Estación Pequeña "República Dominicana",

y por Ciudad – Estación Pequeña "Haití",

y por Ciudad – Estación Pequeña "Puerto Rico",

hasta la Capital Central **"LA GRAN ATLANTIDA".**

(-Recorrido: 500/Kilómetros-)

FIN de la **Primera Parte** del **"Viaje a La Atlántida"**

* * * * * * * * * * * * * *

* * * * * * * * * *

SEGUNDA PARTE: Del "Viaje a LA ATLANTIDA"

"EXPLORACION" y "DESCUBRIMIENTO" de "LA GRAN ATLANTIDA"

Día -3- de Abril del Año-2100
(-Décimo Cuarto día del "Viaje a LA ATLANTIDA" -)

Capítulo–27-: (Los dos Grupos juntos)

Día de "Encuentro" y Planeación y Descanso en "LA GRAN ATLÁNTIDA".

Día -4- de Abril del Año-2100
(-Décimo Quinto día del "Viaje a LA ATLANTIDA" -)

Capítulo–28-: (El Grupo de Oriente)

"Exploración" del Centro Cívico Principal – Norte de "LA GRAN ATLÁNTIDA".

Capítulo–29-: (El Grupo de Occidente)

"Exploración" del Centro Cívico Principal–Sur de "LA GRAN ATLÁNTIDA".

Día -5- de Abril del Año-2100
(-Décimo Sexto día del "Viaje a LA ATLANTIDA" -)

Capítulo – 30 - : (El Grupo de Oriente)

Segundo día de "Descubrimiento" de "LA GRAN ATLÁNTIDA";

Hoy: Conferencia Explicativa en el Centro Cívico Principal Sur.

Capítulo – 31 - : (El Grupo de Occidente)

Segundo día de "Descubrimiento" de "LA GRAN ATLÁNTIDA";

Hoy: en el Centro Cívico Principal Norte.

Día -6- de Abril del Año-2100
(-Décimo Séptimo día del "Viaje a LA ATLANTIDA" -)

Capítulo – 32 - : (El Grupo de Oriente)

Día de "Descanso": "Día de Playa" en la Parte Norte de "LA GRAN ATLÁNTIDA".

Capítulo – 33- : (El Grupo de Occidente)

Día de "Descanso": "Día de Playa" en la Parte Sur de "LA GRAN ATLÁNTIDA".

Día -7- de Abril del Año-2100
(-Décimo Octavo día del "Viaje a LA ATLANTIDA" -)

Capítulo – 34 - : (El Grupo de Oriente)

"Exploración" de los Centros Cívicos Secundarios

de la Parte Norte de "LA GRAN ATLANTIDA".

Capítulo – 35 - : (El Grupo de Occidente)

"Exploración" de los Centros Cívicos Secundarios

de la Parte Sur de "LA GRAN ATLANTIDA".

Día -8- de Abril del Año-2100
(-Décimo Noveno día del "Viaje a LA ATLANTIDA" -)

Capítulo – 36 - : (El Grupo de Oriente)

Visita-Descubrimiento de las Zonas Comerciales-Industriales del Sur

de "LA GRAN ATLANTIDA".

Capítulo – 37 - : (El Grupo de Occidente)

Visita-Descubrimiento de las Zonas Comerciales-Industriales de la Parte Norte

de "LA GRAN ATLANTIDA".

Día -9- de Abril del Año-2100
(-20º día del "Viaje a LA ATLANTIDA" -)

Capítulo – 38 - : (Los dos Grupos juntos)

Día de "Descanso" "descubriendo" una vez más las Playas

de "LA GRAN ATLANTIDA".

Día -10- de Abril del Año-2100
(-21º día del "Viaje a LA ATLANTIDA" -)

Capítulo – 39 - : (El Grupo de Oriente)

"Exploración" de las Zonas Habitacionales-Residenciales

de la Parte Norte de "LA GRAN ATLANTIDA".

Capítulo – 40 - : (El Grupo de Occidente)

"Exploración" de las Zonas Habitacionales-Residenciales

de la Parte Sur de "LA GRAN ATLANTIDA".

Día -11- de Abril del Año-2100
(-22º día del "Viaje a LA ATLANTIDA" -)

Capítulo – 41 - : (El Grupo de Oriente)

"**Exploración**" del **Puerto de Mar – Sur** (-Mixto-) y el **Aeropuerto Internacional**

y **su Zona Comercial-Mercantil** .

Capítulo – 42 - : (El Grupo de Occidente)

"**Exploración**" de los **Puertos de Mar de la Parte Norte:**

Puerto Mercantil y **Puerto Turístico;**

y su Centro Cívico Secundario Comercial-Mercantil.

Día -12- de Abril del Año-2100
(-23º día del "Viaje a LA ATLANTIDA" -)

Capítulo – 43 - : (El Grupo de Oriente

"**Exploración**" del **Anillo Periférico de Circunvalación de la Parte Norte de la Ciudad;**

y los Puentes de Entrada-Salida del lado Este de "LA GRAN ATLANTIDA".

Capítulo – 44 - : (El Grupo de Occidente)

"**Exploración**" del **Anillo Periférico de Circunvalaciónde la Parte Sur de la Ciudad;**

y los Puentes de Entrada-Salida del lado Oeste

de "**LA GRAN ATLANTIDA".**

Día -13- de Abril del Año-2100
(-24º día del "Viaje a LA ATLANTIDA" -)

Capítulo – 45 - : (El Grupo de Oriente)

"**Exploración**" y "**Descubrimiento**" de "**LA GRAN ATLANTIDA**"

a través de **sus Canales de Navegación Menor de la Parte Norte de la Ciudad.**

Capítulo – 46 - : (El Grupo de Occidente)

"**Exploración**" y "**Descubrimiento**" de "**LA GRAN ATLANTIDA**"

a través de **sus Canales de Navegación Menor** de la **Parte Sur de la Ciudad.**

Día -14- de Abril del Año-2100
(-25º día del "Viaje a LA ATLANTIDA" -)

Capítulo – 47- : (Los dos Grupos juntos)

"**Conferencia**" sobre la "**Construcción de una Unidad Flotante**";

en el **Centro Cívico Principal Sur de "LA GRAN ATLANTIDA".**

Día -15- de Abril del Año-2100
(-26º día del "Viaje a LA ATLANTIDA" -)

Capítulo – 48- : (Los dos Grupos juntos)

"Conferencia": *"Historia de Construcción de LA ATLÁNTIDA"*

en el **Centro Cívico Principal Norte**.

Día -16- de Abril del Año-2100
(-27º día del "Viaje a LA ATLANTIDA" -)

Capítulo – 49- : (Los dos Grupos juntos)

"Conferencia": *"Sobre el Dinamismo, Vitalidad y Progreso que produjo y está produciendo la Construcción de "LA ATLÁNTIDA"*

Día -17- de Abril del Año-2100
(-28º día del "Viaje a LA ATLANTIDA" -)

Capítulo – 50- : (Los dos Grupos juntos)

"Conferencia": Acerca de *"el Futuro"* **de LA ATLÁNTIDA**

Día -18- de Abril del Año-2100

(-29 día del "Viaje a LA ATLANTIDA" -)

Capítulo – 51- : (Los dos Grupos juntos)

"AUDIENCIA y RECEPCION"

con la Autoridad General de LA ATLANTIDA.

Día -19- de Abril del Año-2100
(-30º día del "Viaje a LA ATLANTIDA" -)

Capítulo – 52- : (Los dos Grupos juntos)

Día de "CONVIVENCIA" y de "DESPEDIDA"

Día -20- de Abril del Año-2100

Ultimo Capitulo: Del "Viaje a LA ATLÁNTIDA"

"DISPERSIÓN" y "REGRESO"
de cada Expedicionario a su País

- **E P Í L O G O** –: **Del "Viaje a la ATLANTIDA"**

* * * * * * * * * * * *

* * * * * * *

Cuadros-Guía de los VIAJES de los DOS GRUPOS:

Con los nombres de: **Ciudades-Estación** Grandes y Pequeñas, y **Paradores**

de la **Ruta-Travesía Trans-Atlántica**

Grupo de OCCIDENTE:

I.- Ciudad-Estación GRANDE-Terminal: "CABO HATTERAS"

1.- Primer Parador: "Mango"

2.- Segundo Parador: "Aguacate"

3.- Tercer Parador: "Tamarindo"

4.- Cuarto Parador: "Chabacano"

1.- Ciudad-Estación Pequeña: "U. S. A."

5.- Primer Parador: "Durazno"

6.- Segundo Parador: "Capulín"

7.- Tercer Parador: "Zapote"

8.- Cuarto Parador: "Níspero"

2.- Ciudad-Estación Pequeña: "Canadá"

9.- Primer Parador: "Platanal"

10.- Segundo Parador: "Palmera"

11.- Tercer Parador: "Mamey"

12.- Cuarto Parador: "Nanchi"

3.- Ciudad-Estación Pequeña: "México"

13.- Primer Parador: "Nopal"

14.- Segundo Parador: "Maguey"

15.- Tercer Parador: "Cacto"

16.- Cuarto Parador: "Zábila"

4.- Ciudad-Estación Pequeña: "Guatemala"

17.- Primer Parador: "Coco"

18.- Segundo Parador: "Epazote"

19.- Tercer Parador: "Guayaba"

20.- Cuarto Parador: "Cacahuate"

II.- Ciudad-Estación GRANDE: "AMERICA

21.- Primer Parador: "Plátano"

.22- Segundo Parador: "Chayote"

.23- Tercer Parador: "Tuna"

24.- Cuarto Parador: "Chicozapote"

5.- Ciudad-Estación Pequeña: "El Salvador"

25.- Primer Parador: "Guanábana"

26.- Segundo Parador: "Papausa"

27.- Tercer Parador: "Anona"

28.- Cuarto Parador: "Coyol"

6.-Ciudad-Estación Pequeña: "Honduras"

29.- Primer Parador: "Cacao"

30.- Segundo Parador: "Kiwi"

31.- Tercer Parador: "Camote"

32.- Cuarto Parador: "Yuca"

7.-Ciudad-Estación Pequeña: "Nicaragua"

33.- Primer Parador: "Granada"

34.- Segundo Parador: "Mora"

35.- Tercer Parador: "Dátil"

36.- Cuarto Parador: "Papaya"

8.- Ciudad-Estación Pequeña: "Costa Rica"

37.- Primer Parador: "Granada"

38.- Segundo Parador: "Mora"

39.- Tercer Parador: "Dátil"

40.- Cuarto Parador: "Papaya"

III. Ciudad-Estación GRANDE: "ASIA"

41.- Primer Parador: "Araucaria"

42.- Segundo Parador: "Tule"

43.- Tercer Parador: "Ocote"

44.- Cuarto Parador: "Ceiba"

9.- Ciudad-Estación Pequeña: "Panamá"

45.- Primer Parador: "Secoya"

46.- Segundo Parador: "Sabino"

47.- Tercer Parador: "Acacia"

48.- Cuarto Parador: "Haya"

10.-Ciudad-Estación Pequeña: Colombia

49.-Primer Parador: "Bambú"

50.-Sendo Parador: "Enredadera"

51 Tercer Parador: "Copal"

52 Cuarto Parador: "Palma"

11.-Ciudad-Estación Pequeña: Venezuela

53.- Primer Parador: "Calabacita"

54.- Segundo Parador: "Espinaca"

55.- Tercer Parador: "Cilantro"

56.- Cuarto Parador: "Orégano"

12.-Ciudad-Estación Pequeña: "Brasil"

57.- Primer Parador: "Piña"

58.- Segundo Parador: "Chícharo"

59.- Tercer Parador: "Camote"

60.- Cuarto Parador: "Elote"

IV.-Ciudad-Estación GRANDE: "OCEANO PACIFICO"

61.- Primer Parador: "Maíz"

62.- Segundo Parador: "Fríjol"

63.- Tercer Parador: "Soya"

64- Cuarto Parador: "Ejote"

13.-Ciudad-Estación Pequeña: "Ecuador"

65.- Primer Parador: "Jícama"

66.- Segundo Parador: "Ajonjolí"

67.- Tercer Parador: "Cebollines"

68- Cuarto Parador: "Alcachofa"

14.-Ciudad-Estación Pequeña: "Perú"

14.-Ciudad-Estación Pequeña: "Perú"

69.- Primer Parador: "Jitomate"

70.- Segundo Parador: "Algodón"

71.- Tercer Parador: "Tomillo"

72- Cuarto Parador: "Canela"

15.-Ciudad-Estación Pequeña: "Chile"

73.- Primer Parador: "Gardenia"

74- Segundo Parador: "Nardo"

75.- Tercer Parador: "Noche buena"

76- Cuarto Parador: "Jazmín"

16.-Ciudad-Estación Pequeña: "Argentina"

77.- Primer Parador: "Gladiola"

78- Segundo Parador: "Cempasúchil"

79.- Tercer Parador: "Lirio"

80- Cuarto Parador: "Crisantemo"

V.-Ciudad-Estación GRANDE: "MAR CARIBE"

81.- Primer Parador: "Caballa"

82- Segundo Parador: "Salmonete"

83.- Tercer Parador: "Barbo"

84- Cuarto Parador: "Guachinango"

17.-Ciudad Estación Pequeña: "Uruguay"

85.- Primer Parador: "Curbina"

86- Segundo Parador: "Robalito"

87.- Tercer Parador: "Cazón"

88- Cuarto Parador: "Lobina"

18.-Ciudad-Estación Pequeña: "Paraguay"

89.- Primer Parador: "Raya"

90- Segundo Parador: "Esturión"

91.- Tercer Parador: "Salamandra"

92- Cuarto Parador: "Sanguijuela"

19.-Ciudad-Estación Pequeña: "Bolivia"

19.-Ciudad-Estación Pequeña: "Bolivia"

93.- Primer Parador: "Chipirón"

94- Segundo Parador: "Boquerón"

95.- Tercer Parador: "................."

96- Cuarto Parador: "Charal"

20.-Ciudad-Estación Pequeña: "Cuba"

97.- Primer Parador: "................."

98- Segundo Parador: "Piraña"

99.- Tercer Parador: "Caimán"

100- Cuarto Parador: "Cocodrilo"

VI. Ciudad-Estación GRANDE: "POLO SUR"

101.- Primer Parador: "Carpa"

102- Segundo Parador: "............"

103.- Tercer Parador: "............."

104- Cuarto Parador: "Mojarra"

21.-Ciudad-Estación Pequeña: "Jamaica"

105.- Primer Parador: "Mero"

106- Segundo Parador: "Robalo"

107.- Tercer Parador: "Lisa"

108- Cuarto Parador: "Bagre"

22.-Ciudad-Estación Pequeña: "República Dominicana"

109.- Primer Parador: "Ostión"

110- Segundo Parador: "Langostino"

111.- Tercer Parador: "Jaiba"

112- Cuarto Parador: "Camarón"

23.-Ciudad-Estación Pequeña: "Haití"

113.- Primer Parador: "Pinguino"

114- Segundo Parador: "Morsa"

115.- Tercer Parador: "Foca"

116- Cuarto Parador: "Delfín"

24.-Ciudad-Estación Pequeña: "Puerto Rico

117.- Primer Parador: "Orca"

118- Segundo Parador: "Cachalote"

119.- Tercer Parador: "Tiburón"

120- Cuarto Parador: "Ballena"

Llegada a la **CAPITAL CENTRAL** de "LA ATLANTIDA": *"LA GRAN ATLANTIDA"*

Final de la **Primera Parte** del Grupo de **Occidente**

Grupo de ORIENTE:

I.- Ciudad-Estación GRANDE-Terminal: "CABO SAN VICENTE"

1.- Primer Parador: "Manzano"

2.- Segundo Parador: "Peral"

3.- Tercer Parador: "Ciruelo"

4.- Cuarto Parador: "Cerezo"

1.- Ciudad-Estación Pequeña: "Portugal"

5.- Primer Parador: "Naranjo"

6.- Segundo Parador: "Limonero"

7.- Tercer Parador: "Granado"

8.- Cuarto Parador: "Pomelo"

2.- Ciudad-Estación Pequeña: "España"

9.- Primer Parador: "Castaño"

10.- Segundo Parador: "Higuera"

11.- Tercer Parador: "Almendro"

12.- Cuarto Parador: "Parra"

3.- Ciudad-Estación Pequeña: "Francia"

13.- Primer Parador: "Nogal"

14.- Segundo Parador: "Algarrobo"

15.- Tercer Parador: "Avellano"

16.- Cuarto Parador: "Olivo"

4.- Ciudad-Estación Pequeña: "Italia"

17.- Primer Parador: "Cereza"

18.- Segundo Parador: "Uva"

19.- Tercer Parador: "Guinda"

20.- Cuarto Parador: "Higo"

II.- Ciudad-Estación GRANDE: "EUROPA"

21- Primer Parador: "Nuez"

.22- Segundo Parador: "Avellana"

.23- Tercer Parador: "Bellota"

24

.24- Cuarto Parador: "Aceituna"

5.- Ciudad-Estación Pequeña: Bélgica

25.- Primer Parador: "Castaña"

26.- Segundo Parador: "Algarroba"

27.- Tercer Parador: "Albaricoque"

.28- Cuarto Parador: "Almendra"

6.- Ciudad-Estación Pequeña: "Holanda"

29.- Primer Parador: "Manzana"

30.- Segundo Parador: "Pera"

31.- Tercer Parador: "Melocotón"

32.- Cuarto Parador: "Ciruela"

7.- Ciudad-Estación Pequeña: "Luxemburgo"

33.- Primer Parador: "Naranja"

34.- Segundo Parador: "Limón"

35.- Tercer Parador: "Mandarina"

36.- Cuarto Parador: "Toronja"-

8.- Ciudad-Estación Pequeña: "Irlanda"

37.- Primer Parador: "Granada"

38.- Segundo Parador: "Mora"

39.- Tercer Parador: "Dátil"

40.- Cuarto Parador: "Papaya"

III.Ciudad-Estación GRANDE: "AFRICA"

41.- Primer Parador: "Ciprés"

42.- Segundo Parador: "Sauce"

43.- Tercer Parador: "Olmo"

44.- Cuarto Parador: "Álamo"

9.- Ciudad-Estación Pequeña: "Inglaterra"

45.- Primer Parador: "Roble"

46- Segundo Parador: "Caoba"

47. Tercer Parador: "Cedro"

48. Cuarto Parador: "Abedul"

10.-Ciudad-Estación Pequeña: Alemania

49- Primer Parador: "Fresno"

50 Segundo Parador: "Acebo"

51 Tercer Parador: "..................."

52 Cuarto Parador: "..................."

11.-Ciudad-Estación Pequeña: Austria"

53.- Primer Parador: "Helecho"

54.- Segundo Parador: "Brezo"

55.- Tercer Parador: "Hiedra"

56.- Cuarto Parador: "Zarza"

12.-Ciudad-Estación Pequeña: "Suiza"

57.- Primer Parador: "Trigo"

58.- Segundo Parador: "Centeno"

59.- Tercer Parador: "Cebada"

60.- Cuarto Parador: "Avena"

IV.-Ciudad-Estación GRANDE: "MAR MEDITERRANEO"

61.- Primer Parador: "Melón"

62- Segundo Parador: "Sandia"

63.- Tercer Parador: "Calabaza"

64.- Cuarto Parador: "Pepino"

13.-Ciudad-Estación Pequeña: "Dinamarca"

65.- Primer Parador: "Tomate"

66.- Segundo Parador: "Cebolla"

67.- Tercer Parador: "Lechuga"

68- Cuarto Parador: "Repollo"

14.-Ciudad-Estación Pequeña: "Suecia"

69.- Primer Parador: "Patata"

70.- Segundo Parador: "Nabo"

71.- Tercer Parador: "Col"

72- Cuarto Parador: "Rábano"

15.-Ciudad-Estación Pequeña: "Noruega"

73.- Primer Parador: "Coliflor"

74.- Segundo Parador: "Acelga"

75.- Tercer Parador: "Berza"

76- Cuarto Parador: "Perejil"-

16.-Ciudad-Estación Pequeña: "Finlandia"

77.- Primer Parador: "Ajo"

78- Segundo Parador: "Berro"

79.- Tercer Parador: "Girasol"

80- Cuarto Parador: "Apio"

V.-Ciudad-Estación GRANDE: "MAR del Norte

81.- Primer Parador: "Haba"

82- Segundo Parador: "Garbanzo"

83.- Tercer Parador: "Lenteja"

84- Cuarto Parador: "Arroz"

17.-Ciudad-Estación Pequeña: "Croacia"

85.- Primer Parador: "Espárrago"

86- Segundo Parador: "Café"

87.- Tercer Parador: "Té"

88- Cuarto Parador: "Guisante"

18.-Ciudad-Estación Pequeña: "Polonia"

89.- Primer Parador: "Fresa"

90- Segundo Parador: "Zanahoria"

91.- Tercer Parador: "Mostaza"

92- Cuarto Parador: "Pimiento"

19.-Ciudad-Estación Pequeña: "Hungría"

93.- Primer Parador: "Clavel"

94- Segundo Parador: "Tulipán"

95.- Tercer Parador: "Azucena"

96- Cuarto Parador: "Orquídea"

20.-Ciudad-Estación Pequeña: "Bulgaria"

97.- Primer Parador: "Rosa"

98- Segundo Parador: "Manzanilla"

99.- Tercer Parador: "Magnolia"

100- Cuarto Parador: "Margarita"

VI. Ciudad-Estación GRANDE: "MAR BALTICO"

101.- Primer Parador: "Dalia"

102- Segundo Parador: "Violeta"

103.- Tercer Parador: "Geranio"

104- Cuarto Parador: "Amapola"

21.-Ciudad-Estación Pequeña: "Rumania"

105.- Primer Parador: "Arrecife"

106- Segundo Parador: "Manglar"

107.- Tercer Parador: "Concha"

108- Cuarto Parador: "Coral"

22.-Ciudad-Estación Pequeña: "República Checa"

109.- Primer Parador: "Hongo"

110- Segundo Parador: "Lirio"

111.- Tercer Parador: "Plancton"

112- Cuarto Parador: "Alga"

23.-Ciudad-Estación Pequeña: "Eslovaquia"

113.- Primer Parador: "Barracuda"

114- Segundo Parador: "................"

115.- Tercer Parador: "Tintorera"

116- Cuarto Parador: "Coralillo"

24.-Ciudad-Estación Pequeña: "Albania"

117.- Primer Parador: "Perla"

118- Segundo Parador: "Nutria"

119.- Tercer Parador: "Tritón"

120- Cuarto Parador: "Sirena"

VII.- Ciudad-Estación GRANDE: "MAR CANTABRICO"

121.- Primer Parador: "Lucio"

122- Segundo Parador: "Sepia"

123.- Tercer Parador: "Morena"

124- Cuarto Parador: "Congrio"

25.-Ciudad-Estación Pequeña: "Grecia"

125.- Primer Parador: "Anchoveta"

126- Segundo Parador: "Caviar"

127.- Tercer Parador: "Mantarraya"

128- Cuarto Parador: "Arenque"

26.-Ciudad-Estación Pequeña: "Turquía"

129.- Primer Parador: "................"

130- Segundo Parador: "..................."

131.- Tercer Parador: "Rana"

132- Cuarto Parador: "Tortuga"

27.-Ciudad-Estación Pequeña: "Yugoslavia"

133.- Primer Parador: "Berberecho"

134- Segundo Parador: "Lamprea"

135.- Tercer Parador: "Ameba"

136- Cuarto Parador: "Gamba"

28.-Ciudad-Estación Pequeña: "Ucrania"

137.- Primer Parador: "Pólipo"

Final de la Primera Parte
desde Oriente

Capítulo Preliminar

"Convocando" al "VIAJE a LA ATLÁNTIDA"

1.- **El 18 de Abril del Año – 2100** celebra la **"Sociedad Internacional LA ATLÁNTIDA" (I.S.A.)** un acontecimiento muy significativo de su existencia: Ese día se quita el último Flotador de Profundidad de la última Unidad Flotante con lo que se hace continua y sin interrupción la Ruta Trans-atlántica. Es, por ahora, la última Celebración significativa de las innumerables Etapas de Construcción e Institución de **"LA ATLÁNTIDA"** que se fueron realizando durante este Siglo XXI. La Primera Celebración significativa fue también la retirada del último Flotador de Profundidad de la Primera Unidad Flotante de **"LA GRAN ATLÁNTIDA"**, *conquistando así la "total flotación autónoma" del Volumen y Peso más grande de material pesado que el Hombre construyó en el Mar.*

2.- Después de esa primera conquista sobre la <u>Ley de la Gravedad</u> <u>terrestre</u> (- como el día del primer vuelo de Avión en el Siglo XX -), se fueron alcanzando, una tras otra, <u>las innumerables Etapas de Construcción: cada "Unidad Flotante" terminada, cada "Parador" terminado, cada "Tramo entre Paradores"</u> terminado, cada "<u>Ciudad-Estación Pequeña</u> terminada, cada "<u>Ciudad-Estación GRANDE</u>" terminada, cada "Fundación Institucional" de <u>núcleos habitacionales humanos</u> con sus Autoridades. Todo el Siglo XXI fue una sucesión constante de conquistas y celebraciones en la **Construcción de "LA ATLÁNTIDA"**.

3.- Por eso, para la Celebración de la última conquista significativa: La **Ruta "Ininterrumpida" Trans-atlántica**, hemos pensado convocar a un **"VIAJE A LA ATLÁNTIDA"** a una representación de toda la Humanidad existente actualmente en el Globo Terráqueo como signo de convivencia pacífica entre todas las Razas y Culturas, Profesiones y formas humanas de vivir. Un <u>Viaje</u>-<u>Excursión</u> de <u>Expedicionarios</u> que <u>descubren</u>, en una <u>Aventura</u> <u>exploradora</u> inolvidable este **Nuevo Mundo** que está haciendo el <u>Hombre</u> en este momento de <u>su</u> <u>Historia</u>.

4.- Comenzamos por medio de "Internet" la explicación desde el principio de la **Construcción de "LA ATLÁNTIDA"** y cómo se fue construyendo e instituyendo etapa tras etapa hasta este momento; y la invitación a "<u>inscribirse</u>" para un <u>Viaje de Exploración</u> y conocimiento, por sí mismo cada uno, de cómo es esta Construcción y esta <u>Sociedad</u> <u>Internacional</u>.

<u>Propusimos</u> <u>las condiciones</u> para que <u>fuera efectiva</u> la **"Inscripción"** : riguroso orden de llegada de solicitudes, datos concretos de cada persona (- : edad, profesión, sexo, motivo del interés, etnia, nacionalidad, lengua-idioma nativo, idiomas aprendidos, etc. ... -), y recepción en Oficina Organizadora del 10% del importe del costo del **VIAJE**.

También se dio a conocer este Proyecto del **"VIAJE A LA ATLÁNTIDA"** a través de otros medios de Comunicación: Periódicos, Revistas, Radio, Televisión, Anuncios en las Calles, y en casi todas las Naciones, Países y Lenguas.

5.- **Respuesta**: La Respuesta fue la esperada, pero también fue sorprendente. El Público Universal-Internacional contestó por medio de <u>Internet</u>, por <u>Fax</u>, por <u>Teléfono</u>, por <u>Correo</u>, e incluso presentándose personalmente; unos cumpliendo sólo algunos requisitos, otros casi todos, y otros todas las condiciones definitivamente.

Al termino de 15-días teníamos ya registradas unas mil Solicitudes de toda clase de personas, de condiciones y requisitos. Al término de un mes ya eran más de tres mil. A partir de ahí ya tuvimos que decirle a cada Solicitante que tendría que esperar turno para sucesivos VIAJES organizados posteriormente; y así seguimos recibiendo Solicitudes con las mismas condiciones. En la fecha de comenzar este Primer **"VIAJE A LA ATLÁNTIDA"** ya teníamos registradas más de cinco mil Solicitudes que iremos organizando en VIAJES posteriores, avisando y de acuerdo con cada interesado.

6.- **Selección**: de las tres mil primeras Solicitudes comenzamos a seleccionar a los Expedicionarios del **Primer VIAJE Inaugural** : 200 de la <u>Ruta de Oriente</u> y 200 de la <u>Ruta de Occidente</u>. Considerando las condiciones puestas para una Inscripción <u>efectiva</u>, considerando también el acompañamiento mutuo natural y gustoso de los que son de un mismo lugar, por lo menos de dos en dos, considerando también el número de Solicitudes de Profesiones diversificadas, fuimos notificando a cada uno su selección personal y pidiéndole el compromiso de su aceptación definitiva; y citándolos, con todo su Equipaje, en la Ciudad-Estación Termino de Oriente o de Occidente para el **día – 20 – de Marzo del Año-2100**.

7.- De la gran cantidad de **"Inscripciones"** que tenemos hasta ahora y las que seguirán haciéndose desde todo el mundo vamos a seguir seleccionando otros "Grupos" de 200 y 200 personas para sucesivas Expediciones que seguirán haciéndose inmediatamente después de terminar este **Primer VIAJE** Inaugural a **"LA ATLÁNTIDA"** que vamos a hacer. Nadie, que se haya "inscrito" y que haya cumplido con los requisitos y condiciones y esté verdaderamente interesado, se quedará sin su oportunidad.

8.- Durante quince días se fueron comprometiendo casi todos los seleccionados a no faltar a la cita en el lugar y día indicado a cada uno; y para ese día también los Organizadores prepararon todo el Programa y elementos del **VIAJE**: los <u>Guías de la Expedición</u>, los <u>Autobuses último modelo especiales</u>, los <u>Hospedajes</u>, <u>Comidas</u>, <u>Asistencias</u>, etc., etc....

9.- **Día - 20 - de Marzo del Año – 2100**: <u>Llegada</u> de los Expedicionarios a las Ciudades-Estación Término; los de la Ruta de Oriente a **"CABO SAN VICENTE"** (- en Portugal -), y los de la Ruta de Occidente a **"CABO HATTERAS"** (- U.S.A. -).

En uno y otro lado del Océano Atlántico se encuentran 200 y 200 personas con una presencia multi-color de fisonomías, vestimentas, lenguajes, costumbres, profesiones, inquietudes e ilusiones, dispuestas a la experiencia única e inolvidable de la Aventura de una Expedición descubridora de la *nueva y maravillosa forma de vivir y organizarse la Humanidad* en la Construcción Habitacional y en la **"Sociedad Internacional de LA ATLÁNTIDA"** (-I.S.A.-).

10.- Todos y cada uno de los Excursionistas que van llegando a cada **Ciudad-Estación Término** confirman con su presencia participar en la Expedición. Cumplen los últimos trámites para ser parte del Grupo con todo derecho en las Oficinas de la <u>Agencia de Viajes "OCÉANO"</u>, situada en el mismo <u>Hotel "La Atlántida"</u>, donde se le asigna a cada uno su propia habitación para el primer día y noche del **"VIAJE A – LA ATLÁNTIDA-"** que comenzará mañana.

* * * * * * * * * * * * * *

* * * * * * * * *

<u>Día – 21 - de Marzo del Año - 2100</u>
(- Primer día de Viaje a **LA ATLÁNTIDA**-)

<u>Capítulo - 1 -</u> : Día dedicado a: "<u>Preparativos</u>" (En Oriente)

en la <u>Ciudad-Estación Término</u> "<u>CABO SAN VICENTE</u>". (en Portugal)

1.- <u>Nota previa:</u> Como los dos Grupos de Expedicionarios van a ir haciendo el mismo <u>Programa Diario</u>, con la única diferencia de su localización y del horario real local por el Sol, se va a relatar solamente lo que hace el Grupo de Oriente por la mañana, y lo que hace el Grupo de Occidente por la tarde.

2.- En el <u>Hotel "La Atlántida-Oriente"</u> de la **<u>Ciudad-Estación Término</u> "CABO SAN VICENTE"** los Expedicionarios de este **Primer VIAJE** Inaugural a **"LA ATLANTIDA"** van bajando de sus habitaciones sin mucha puntualidad, por ser el primer día de convivencia juntos, y sin prisas y con toda calma se dirigen alrededor de las 8/A.M. hora local por el Sol, a los Restaurantes del Hotel, que están en el Piso-Bajo, saludándose unos a otros tratando de entenderse en el lenguaje más aceptable; en amena y alegre conversación se dan unos a otros los datos de identificación personales: quiénes son, de dónde vienen y cuáles son sus expectativas de esta <u>Aventura</u> de <u>Descubrimiento de "LA ATLÁNTIDA"</u>.

Formando pequeños grupos de conversadores y comensales se sientan a tomar el Desayuno que se ofrece a todos en este Primer-Día de una Excursión tan especial como la que están comenzando.

3.- Alrededor de las 9'30/A.M. en que todos terminaron de Desayunar satisfactoriamente, son invitados a pasar al <u>Salón de Reuniones</u> del mismo Hotel para la **"PRESENTACIÓN".**

Comienzan saludando a todos y dándoles la "Bienvenida" los organizadores del **<u>Viaje</u> – <u>Expedición</u> – <u>Excursión</u> – <u>Aventura</u> – <u>Exploración</u> – <u>Descubrimiento</u> de "LA ATLÁNTIDA".**

Este **"<u>VIAJE a LA ATLÁNTIDA</u>"** está organizado por la <u>Agencia de Viajes "OCÉANO"</u> que se responsabiliza de todos los derechos y deberes suyos propios y de los participantes en la Expedición <u>desde este primer día de Excursión</u> en esta **Ciudad-Estación Término** hasta el <u>último día de Exploración</u> programada en la <u>Capital Central **"LA GRAN ATLÁNTIDA"**</u>.

A continuación se presentan los 6-Guías, con su Guía-Jefe al frente, de esta Exploración tan especial de **un "Nuevo Mundo"** que la Humanidad está inventando, construyendo e Instituyendo con <u>una instalación habitacional humana permanente</u> y con la **"Colonización del Mar".**

4.- Por fin llega lo más interesante todavía: La <u>presentación de cada uno</u> de los integrantes de esta Expedición venidos de tan diferentes Países del Mundo.

El Jefe de los Organizadores va nombrando por su propio nombre a cada Expedicionario y por grupos de cada País salen al frente de la concurrencia, y cada uno añade a su presentación por su cuenta lo que brevemente quiera decir y en el lenguaje que prefiera.

5.- La Lista definitiva de los que están presentes para hacer este **"VIAJE a LA ATLÁNTIDA"** por la **Ruta Trans-atlántica del Oriente** es la siguiente:

De Portugal: 3 - Personas	De Austria 5 - "	De Arab. Saudita: 2 - "
De España: 7 - "	De Polonia: 6 - "	De Irán: 2 - "
De Francia: 7 - "	De Rep. Checa: 5 - "	De Egipto: 3 - "
De Italia: 7 - "	De Eslovaquia: 5 – "	De Libia: 2 – "
De Inglaterra: 7 - "	De Hungría: 5 - "	De Túnez: 3 - "
De Irlanda: 5 - "	De Bulgaria: 5 - "	De Argelia: 2 - "
De Bélgica: 6 - "	De Rumanía: 4 - "	De Marruecos: 2 - "
De Holanda: 5 - "	De Albania: 4 - "	De Sur – África: 3 - "
De Luxemburgo: 5 - "	De Grecia: 6 - "	De Congo: 2 - "
De Dinamarca: 5 – "	De Rusia: 7 - "	De Emirat. Arab.: 2 – "
De Suecia: 6 - "	De Ucrania: 5 - "	De Kuwait: 2 - "
De Noruega: 6 - "	De Turquía: 4 - "	De Katar: 2 - "
De Finlandia: 5 - "	De Israel: 3 – "	De Kenia: 2 - "
De Alemania: 7 - "	De Siria: 2 - "	De Liberia: 2 - "
De Suiza: 5 - "	De Líbano: 3 - "	De Nigeria: 2 - "

6.- Fue muy emocionante, hermoso y satisfactorio este momento de la **"Presentación"** de <u>cada integrante de la Excursión</u> porque dio la oportunidad de comenzar a conocerse unos a otros todo el Grupo en conjunto, y a cada uno la oportunidad de abrirse y declararse a todos los demás. En este acto comenzó el "Grupo" a hacer "Comunidad" o <u>Sociedad Internacional</u> en un Proyecto común: <u>La Exploración y conocimiento **de "LA ATLÁNTIDA"**</u>.

7.- A las 12/medio-día pasan unos Camareros de los Restaurantes del Hotel con unos "Lunch" o "Bocadillos" y unos refrescos o Té o Café para que sirva de descanso y de tiempo de intercomunicación entre todos.

Mientras saborean el "Bocadillo" y el Café, se pone una Película por Video-Televisión con unas explicaciones de introducción al **VIAJE** y ambientación.

Primero, la explicación de la historia de la expresión: *"La Atlántida"*, comenzando por la mención que hace de ella el filósofo griego Platón por vez primera, pasando por muchas menciones que de élla se hace en toda la Historia de la Cultura Humana Universal, hasta la expresión actual que indica *esta nueva manera de vivir la Humanidad* **"colonizando el Mar"** y *construyendo su habitación permanente a través de los Océanos* (- comenzando por el

Océano Atlántico-) uniendo los Continentes y las Islas donde hasta ahora vivían los Seres Humanos separados por grandes distancias.

        8.- Terminada esta Proyección ambientadora, se invita a cada uno que vea si le gustaría llevar para el Viaje la información escrita y gráfica de lo que vamos a ir "descubriendo" y viendo con sus propios ojos de este **"Nuevo Mundo"** ya muy avanzado en Construcción física y en Instalación Humana. En las Oficinas de la Agencia "OCÉANO" está la información que quieran adquirir, bien sea como propaganda gratuita o bien como Folletos o Libros a su precio correspondiente. En este quehacer empleamos el tiempo restante de la Mañana hasta la Comida que es a las 2/P.M. hora local por el Sol, como vamos a hacer todos los días del **VIAJE.**

* *

****

Capítulo – 2 – : **Día dedicado a "Preparativos"** (En Occidente)

en la Ciudad – Estación Término "CABO HATTERAS" (- en U.S.A. -)

        9.- El Grupo de Expedicionarios de Occidente que está reunido en la **Ciudad-Estación Término "CABO HATTERAS"**, en U.S.A., para comenzar este **"VIAJE a LA ATLÁNTIDA"** hizo el mismo Programa en la Mañana de este Primer-Día de **"Preparativos"** y Víspera, pero a su hora natural local por el Sol, que es unas horas más tarde en el tiempo real.

        La Lista definitiva de los Expedicionarios que están presentes para hacer este "Descubrimiento" de **"LA ATLÁNTIDA"** por este otro lado de la **Ruta Trans-atlántica de Occidente** es la siguiente:

De U.S.A.: 7 – Personas	De Colombia: 6 – "	De Corea: 6 – "
De Canadá: 6 – "	De Venezuela: 6 – "	De China: 7 – "
De México: 6 – "	De Belice: 2 – "	De Taiwán: 6 – "
De Guatemala: 4 – "	De Guayana Franc.: 2 – "	De Filipinas: 5 – "
De El Salvador: 2 – "	De Guayana Ingl.: 2 – "	De Australia: 6 – "
De Honduras: 2 – "	De Guayana Hol. 2 – "	De Nuev. Zel.: 6 – "
De Nicaragua: 2 – "	De Brasil: 6 – "	De Indonesia: 5 – "
De Costa Rica: 4 – "	De Ecuador: 5 – "	De Malasia: 5 – "
De Panamá: 4 – "	De Perú: 5 – "	De La India: 7 – "
De Cuba: 5 – "	De Chile: 6 – "	De Tailandia: 4 – "
De Jamaica: 4 – "	De Argentina: 6 – "	De Vietnam: 4 – "
De Haití: 2 – "	De Uruguay: 5 – "	De Camboya: 3 – "
De Rep. Dominic.: 2 – "	De Paraguay: 4 – "	De Laos: 2 – "
De Puerto Rico: 6 – "	De Bolivia: 3 – "	De Pakistán: 5 – "
De Trin. Tob.: 4 – "	De Japón: 7 – "	De Bangla Desh: 2 – "

10.- Después de "Comer", tanto los de Occidente como los de Oriente, cada Grupo, a las 3'30/P.M. en su horario real local correspondiente por el Sol, son invitados a "estrenar" los 3-flamantes y espectaculares **Autobuses-dobles** de lujo-turístico último modelo que nos van a transportar durante todo este **"VIAJE a LA ATLÁNTIDA"** . Que cada uno escoja el asiento que guste y notifique al Guía de su Unidad el lugar seleccionado para todo el **VIAJE-Excursión**. Vamos a realizar una vuelta de reconocimiento a esta **Ciudad-Estación Término** de la Ruta de Occidente.

11.- Los **3-Autobuses-dobles** están estacionados frente a las puertas del Hotel "La Atlántida – Occidente". Cada una de las Unidades de cada Autobús-doble tiene dos Pisos: el Piso-Bajo es para los asientos cómodos de reposo tranquilo durante el Viaje, y el Piso-Alto es para disfrutar por momentos de una visión panorámica del entorno sentados en asientos giratorios agrupados alrededor de "mesitas de centro" acondicionadas para poner bebidas que no se caigan al suelo u objetos pequeños que cada uno lleva. Ahí está también el "Baño" para los que viajan en esa Unidad y la pequeña Cocina y almacenamiento de lo necesario para el Viaje administrado por el Guía de la Unidad; incluso hay unas "Literas" en la parte delantera para el que necesite o quiera acostarse unos momentos. Las puertas normales de Entrada-Salida las tiene en el medio a un lado y al otro. Están comunicadas las dos Unidades de cada Autobús por un Pasillo que da paso de una Unidad a la otra. *Cada Autobús es como una casa ambulante colectiva con todas las comodidades que satisfacen las necesidades de unos Viajeros - Turistas – Expedicionarios – Aventureros – Descubridores de algo tan extraño y especial como es "LA ATLÁNTIDA"* . Las dos Unidades articuladas de cada Autobús son arrastradas por un Tractor, independiente y acoplable a la Unidad de adelante, que, además del Motor de potencia de arrastre y de habitáculo de trabajo y descanso de los Conductores, tiene también el Generador de la Energía necesaria para todas las luces y Servicios de las dos Unidades de doble Piso.

Todo esto estrenan y prueban durante dos horas de la Tarde de este día los Expedicionarios rodando lentamente por las anchas Calles de esta **Ciudad-Estación Término** y familiarizándose con este completo Transporte que será su habitáculo cada día durante el **"VIAJE a LA ATLANTIDA"**.

12.- Cena y Descanso: A las 6'30/P.M. hora local por el Sol, cada Grupo en sus respectivos lugares de Occidente y de Oriente, y con la diferencia de su horario real correspondiente, llega otra vez al Hotel de residencia de este **Primer-Día de Excursión** en la Aventura de Exploración y Descubrimiento de **"LA ATLÁNTIDA"**.

Y así, de esta manera, van a hacer al final de cada día de **VIAJE,** si el ritmo del Programa de cada día lo permite: a las 7/P.M., hora por el Sol de cada lugar donde estemos, es la hora señalada para la Cena. Después de Cenar, cada uno se retira a su habitación del Hotel a la hora que quiere, pero pensando siempre en aprovechar lo mejor posible el tiempo de "Descanso" para estar bien descansados al día siguiente en el Desayuno a las 8/A.M. para comenzar una jornada más del **"VIAJE a LA ATLÁNTIDA"**.

* * * * * * * * * * * * * * * * *

* * * * * * * *

PRIMERA PARTE

del "Viaje a La Atlántida"

Exploración y Descubrimiento de la Ruta Trans-Atlántica

Día – 22 - de Marzo del Año - 2100
(- **Segundo día** de "Viaje a LA ATLÁNTIDA"-)

<u>Capítulo – 3 - :</u> (De Oriente)

<u>Desde</u>　　　　Ciudad – Término "<u>CABO SAN VICENTE</u>"

<u>hasta</u>　　　　Ciudad – Estación Pequeña "Portugal"

(Recorrido: 100/ Kilómetros)

   1.- **Desayuno:** Muy despiertos y alegres van bajando de sus habitaciones del <u>Hotel "La Atlántida"</u> los 200 excursionistas enlistados para este **Viaje "Inaugural" Turístico Cultural**, y se van acomodando en las mesas del gran Comedor del Hotel. Platican ya muy confiadamente unos con otros y se van sentando juntos indistintamente personas de muy distintos lugares y Etnias que se distinguen por su fisonomía y sus vestimentas naturales típicas de su País y Cultura. Dejaron en la Sala de Recepción todo el Equipaje pesado que trae cada uno bajo el cuidado de los Guardias de vigilancia del Hotel. Cada uno lleva en su mano solamente su bolsa ligera.

   2.- **Abordo:** Después del desayuno cada uno toma su Equipaje y se dirigen todos a los Autobuses. Cada uno se dirige al que le corresponde; entrega a los "Guías" su Equipaje pesado que lo introduce en su lugar en la parte baja de la Unidad y se sube a dejar su bolsa ligera en el asiento que le pertenece.

   3.- **Fotografía:** Son invitados todos los Expedicionarios a reunirse delante del la Puerta Principal del Hotel y colocarse como guste cada uno para **la "Foto del Recuerdo"** de principio de Excursión.

   También los Autobuses sirven de "Fondo" delante de la Fachada del Hotel y están "formados" en línea de salida por orden; se nombran: **"Explorador de La Atlántida"**, **"Aventurero de La Atlántida", y "Viajero de La Atlántida"** (- Semejante a "La Pinta", "La Niña" y "La Santa María" -); y cada uno con la designación **"de Oriente"** (- Los de la Ruta de Oriental -) y **"de Occidente"** (- Los de la Ruta Occidental -).

   Se toman captaciones fotográficas de todas clases: las "Oficiales" con las mejores Cámaras y Toma-Vistas, y los particulares que piden a algunos ayudantes del Hotel o espontáneos que les manejen sus Máquinas para poder salir ellos en las fotografías, etc. ...

4.- Terminado este momento tan alegre y jovial, un Guía invita por la **"Bocina Portátil"** y por el **"Radio-Comunicación"** de circuito cerrado de los Autobuses que cada uno se suba a su Unidad y se acomode en su lugar porque ¡ "vamos a arrancar"!

5.- **Arranque:** Son las 10/A.M. (de la mañana), hora local por el Sol. Se invita a todos a <u>revisar sus Equipos personales de Radio-Comunicación</u> de circuito cerrado. Que avise si alguien tiene algún problema. Que todo este correcto y a su gusto.

6.- **Primera Parada:** A los 20/ minutos de rodar pausado, dando a todos la oportunidad de contemplar el paisaje disfrutando de las primeras impresiones de la maravillosa Auto-Pista saliendo de la **Ciudad-Terminal de Ruta**, llegamos a la vista del Mar-Océano.

Paran los Autobuses y bajan los viajeros en un amplio **Mirador Panorámico** desde donde se divisa la entrada de la **"Ruta Trans-atlántica"** en el Mar hasta el lejano horizonte donde se pierde de vista.

Admirados por tanta belleza natural y técnica durante media hora, vuelven a subir los Expedicionarios con agilidad a los Autobuses, como midiendo el tiempo para todo el programa del día. Y siguen la marcha adentrándose en el Mar.

7.- **Otra Parada:** Se detienen los Autobuses en la **"Primera Unidad Flotante"**. Bajan los Excursionistas y se sitúan al borde de la Unidad Flotante a todo lo largo de la Barandilla para percibir la altura respecto del agua y cómo termina la <u>Zona de la Ruta sobre "Tierra Firme"</u>. Por Radio-Comunicación de circuito cerrado y sintonizándolo cada uno en la Frecuencia y Lengua que prefiere (- Ingles, Español, Francés, Alemán, Japonés -) se reciben las explicaciones sobre esta Zona.

Esta Zona de la Ruta se llama **"Conexión con Tierra"**. Aquí comienza (- o termina -) la primera (- o la última -) <u>Unidad Flotante</u> de la Ruta, y es igual que todas las demás en el Océano. La Zona sobre "Tierra Firme" comienza con una "Autopista" de unos cientos de metros de gruesas Pilastras y continúa, donde el agua tiene menos profundidad, con un relleno elevado de 20/metros de grandes piedras hasta que alcanza la altura de salida a terreno libre de la Costa. Todo esta calculado para las más altas y fuertes "Mareas" de esta Zona.

8.- Terminada esta explicación poli-lingue, un Guía invita, por la "Bocina Portátil", a subir a los Autobuses y emprender el recorrido de 20/ Kilómetros hasta el **"Primer Parador"**. Se desplazan despacio los tres Autobuses para poder percibir detalladamente las "Superficies" de las primeras <u>Unidades Flotantes</u> de la "Ruta Trans-atlántica". La explicación por Radio-Comunicación dice: como Ustedes pueden ver, cada <u>Unidad Flotante</u> tiene <u>1,000/metros</u> de largo, tiene <u>dos Puentes</u> de 100/metros de longitud y 30/ metros de anchura, exactamente lo necesario para que pasen por ellos: <u>dos Vías del Tren</u>, <u>una Carretera de Servicio y Vigilancia</u> por la izquierda, y <u>dos Pasillos peatonales</u> a un lado y al otro, además de los <u>tres Carriles de la Autopista</u> sobre la que vamos nosotros. Si miran a la izquierda más lejos ven que es lo mismo <u>la otra Ruta paralela y de Sentido contrario</u> que se ve al otro lado del <u>Canal que esta en medio</u>. Otros espacios geométricos de las Superficies se ven cuidados y llenos de vegetales selectos: cultivos de flores, árboles frutales, etc. ... El paso por la juntura de una <u>Unidad Flotante</u> a otra, como notarán, es imperceptible.

9.- En rodaje lento, sin darnos cuenta, llegamos al **"Primer Parador"**. Se desvían los Autobuses de la "Vía-rápida" tomando la Calle lateral a la derecha y se estacionan hacia la mitad del Parador frente a unas Tiendas y Cafeterías. Bajan los Excursionista y comienzan a inspeccionar los primeros detalles.

10.- En el "Radio-Comunicación" que todos llevan encendido constantemente, cada uno oye en su lengua preferida lo siguiente: Estamos en el **Primer Parador** del Oriente de la Ruta; se denomina **"Manzano"** en esta parte oriental de la Ruta (- en la Ruta de Occidente se llama "Mango" -). Este Parador fue de los primeros que se construyeron al comenzar la construcción de la "Ruta Trans-atlántica" hace 90 años; por eso está completo y es muy utilizado. Muy parecido a éste son todos los demás, aunque algunos todavía no alcanzan a tener todos los Servicios, como veremos.

11.- Pasada media hora se suben todos los Viajeros a los Autobuses y se reemprende el camino metiéndose la Caravana en el siguiente Tramo de 20/ kilómetros hasta el **Segundo Parador** que se denomina en esta Ruta de Oriente **"Peral"** (- y en la de Occidente "Aguacate" -).

También es un Parador completo, con todos los Servicios a todo Pasajero; por eso es un buen lugar para "Comer". Son las dos de la Tarde (- 2/P.M. -) hora local por el Sol.

* * * * * * * * * * ************

****

<u>Capítulo - 4 -</u> : (De Occidente)

<u>Desde</u>   **Ciudad Terminal "<u>CABO HATTERAS</u>"**

<u>hasta</u>   **Ciudad-Estación Pequeña "U.S.A."**

(Recorrido: 100/Kilómetros)

12.- Cada pequeño grupo o mesa que termina de comer sale a dar un paseo y por el Radio-Comunicación son invitados a dirigirse a la <u>Unidad Complementaria</u> de ese lado del Parador; hay otra igual en la Dirección contraria. La explicación poli-lingue dice: esta Unidad en la que estamos, como ven, es distinta de las Unidades de Ruta; las <u>Unidades de Paradores</u> no tienen Puentes pero <u>sí tienen estas</u> **Unidades Complementarias** a los dos lados; tienen **"Rompe-olas"** de protección y sirven de <u>Mirador</u> y <u>Paseo tranquilo</u>, además de otros Servicios que pueden utilizar los Viajeros y los habitantes del Parador.

13.- Suena la "Bocina Portátil": ¡"Vamos a los Autobuses"! Todos obedecen enseguida y emprenden el siguiente Tramo de 20/Kms. hasta el **Tercer Parador** llamado **"Tamarindo"** en esta Ruta de Occidente (- y "Ciruelo" en la Ruta de Oriente -) .

14.- Tomando la Calle lateral, todos esperan ver alguna novedad. Los Chóferes reciben la orden del Guía-Mayor de continuar muy despacio hasta el otro extremo del Parador, y, en lugar de tomar otra vez la Vía-rápida de la Ruta, se meten por el Túnel que atraviesa por debajo de la Auto-pista y de las Vías del Tren y conduce al otro lado del Parador, es decir, la Dirección Contraria paralela. Vuelven a recorrer otra vez lentamente los Autobuses todo lo largo de la Calle, que es casi 1/Kilómetro, hasta el otro extremo y, atravesando el Túnel de ese otro lado, llegan hasta el lugar por donde habíamos entrado primero. Con esta maniobra se dieron cuenta los Expedicionarios de la forma de "**Cambio de Sentido**" (**de Dirección**) que tiene la Ruta en los Paradores; explicado todo por **Radio poli-lingue.**

15.- Sin bajarse de los Autobuses, la Expedición continúa la marcha emprendiendo el siguiente tramo de 20/Kms. hasta el **Cuarto Parador** llamado **"Chabacano"** en esta Ruta de Occidente (- y "Cerezo" en la del Oriente -).

16.- Son las 5/P.M.. hora local por el Sol, y la gente tiene ganas de un Té o un Café o un Refresco. Así que cada uno escoge una Cafetería de la varias que hay, y toman lo que gustan. Algunos incluso se atreven a pasar el Puente Peatonal en el centro del Parador y que atraviesa por encima de la Auto-pista y de todas las Vías del Tren, y permite ir al otro lado del Parador.

17.- Al aviso de la "Bocina Portátil" de un Guía, todos se dirigen a sus Autobuses y la Caravana emprende el último tramo de 20/Kms. A la pequeña claridad del Crepúsculo de la Tarde se va divisando en el Horizonte una luminosidad especial. Se anuncia por Radio-Comunicación poli-lingue que estamos llegando a la primera **"Ciudad-Estación Pequeña"**, llamada **"U.S.A."** en esta Ruta de Occidente (- y "Portugal" en la Ruta de Oriente -).

18.- Por Radio-Comunicación poli-lingue se llama la atención para fijarse en los Puentes de Entrada-Salida de la Ciudad; percibir la diferencia de altura del paso por los Puentes en relación al resto de la Ruta y del nivel de Superficie de la Ciudad, y fijarse en la Ruta que nos lleva, entre grandes Edificaciones, hasta el centro de la Ciudad o Estación Central.

19.- Descendemos todos de los Autobuses. Se ven a la distancia de 50/mts. dos amplios Restaurantes con un gran Cartel de: **"Bienvenidos los Expedicionarios a LA ATLÁNTIDA".** Y vemos que todo está preparado para la Cena. Después que todos terminamos de cenar, el Guía-Jefe explica por Radio-Comunicación poli-lingue que a 100/metros están los Hoteles que nos recibirán a todos señalándonos las habitaciones propias en el orden en que vayamos llegando. Cada uno tome el Equipaje que necesite y se dirija al Hotel que prefiera; que descansen de la actividad de todo este día y les esperamos a las 8/A.M. (de la mañana) para el Desayuno en los mismos Restaurantes en los que hemos cenado

* * * * * * * * * * * * * * * * * * ** ** *

* * * * * * * * *

Día –23– Marzo del Año – 2100
(- Tercer día de "Viaje a LA ATLANTIDA"-)

Capítulo -5- : (Del Oriente)

Desde   **Ciudad – Estación Pequeña "Portugal"**

pasando por   **Ciudad – Estación Pequeña "España"**

hasta   **Ciudad – Estación Pequeña "Francia".**

(Recorrido: 200/ Kilómetros.)

1.- Son las 8/A.M. (de la mañana) y ya casi todos los Excursionistas están en los Comedores de los Restaurantes, alegres y contentos y sonrientes, dándose los "buenos días" unos a otros y escogiendo lugar para el Desayuno.

2.- A un Cuarto de Hora para las 9/A.M. se oye en todos los Radio-Comunicación unas señales especiales que indican que van a comunicar el plan de la Mañana; son invitados a hacer un recorrido a pie en dirección al Sur de la Ciudad, al Puerto de Mar. El tiempo está un poco nublado y agradable para pasear. Pasan todos al otro lado de la Estación ó Dirección contraria, parte Sur, unos por los Puentes peatonales elevados sobre las Vías del Tren y Autopista de "pasada de largo", otros por el Túnel también peatonal que pasa por debajo hasta el otro lado.

3.- Caminan todos por las anchas "Aceras" de la Calle Central que conduce hasta el Puerto-Sur de Mar. Van observando: Comercios, Restaurantes, Cafeterías, Bancos, varias Industrias, etc.... Atraviesan los Puentes de "paso entre Unidades". *Da la impresión de que está uno en "Tierra Firme"*, viendo circular a los Automóviles y Autos de Carga, y a la gente entrar y salir de todas partes y andando por la Calle. Después del último Puente (entre Unidades) aparece el Embarcadero con unos cuantos Veleros y pequeñas Embarcaciones de Pesca y Carga. Algunos quisieran darle la vuelta a todo el Puerto pero no hay tiempo. Se invita a regresar a la Estación Central y si quieren lo pueden hacer por otra Calles distintas para ver más variedad de vida de esta **Ciudad-Estación Pequeña "Portugal"** en esta Ruta de Oriente (- y "U.S.A". en la Ruta de Occidente -) .

4.- A medida que van llegando a los Autobuses cada uno se va acomodando en su lugar. Arranca la Caravana, y tomando la Autopista se dirigen hacia la otra Salida-Entrada de la Ciudad del lado Poniente.

5.- Durante el primer trayecto de 20 / Kilómetros hasta el **Primer Parador** el Radio-Comunicación poli-lingue, y después de las impresiones recibidas al ver esta Ciudad, explica en qué consisten las llamadas **Ciudad-Estación Pequeña**:

Son Asentamientos Humanos Urbanos de mediano tamaño variable: 3/Kilómetros de largo (Oriente-Poniente) por 2/Kilómetros de ancho (Norte-Sur) . El Centro o Estación de Autopista y Tren es la parte más activa de la Ciudad; pero tiene otros muchos Servicios y lugares de trabajo en otras partes, principalmente en los Puertos de Mar (- Norte y Sur -) y en las pequeñas Playas de Oriente y Occidente de la Ciudad. Una "**Ciudad – Estación pequeña**" concentra la vida de la Ruta Trans-atlántica en una distancia de 100/Kilómetros: 50/ Kms. a un lado y a otros 50/ Kms. al otro lado, que son los límites de responsabilidad de las Autoridades que las "Gobiernan".

6.- Estamos llegando al **Primer Parador** que se llama **"Naranjo"** en esta Ruta de Oriente (- en la Ruta del Occidente se llama "Durazno" -)

Se desvían los Autobuses a la Calle lateral; pasan despacio a través de toda la Calle; vemos que hay algunos Servicios, pero que hay espacios vacíos esperando la construcción de otros. No paran los Autobuses, sino que en el otro extremo del Parador vuelven a introducirse en la Autopista y emprenden el siguiente tramo de 20/Kms. hasta el **Segundo Parador** que se llama **"Limonero"** en esta Ruta de Oriente (- y "Capulín" en la del Occidente-). Se desvía la Caravana de Vehículos a la Calle lateral; también hacen el recorrido lento de 1/Kms., que es lo que mide el Parador, y sin más, vuelven a meterse en la Auto-Vía para hacer el siguiente tramo de 20/Kms. hasta el **Tercer Parador** llamado **"Granado"** en esta Ruta (- y "Zapote" en la del Occidente -).

7.- Este Parador sí parece más acondicionado; se ve que tiene más Servicios hacia el centro de su longitud de 1/Kilómetros. Se detienen los Autobuses; bajan los Viajeros a estirar las piernas y respirar el aire fresco del lugar. Unos toman un refresco, otros un Té ó Café, y otros simplemente pasean a lo largo del Parador y por la Unidad Complementaria de ensanchamiento.

8.- Al aviso de la "Bocina Portátil" todos vuelven a su lugar en los Autobuses que emprenden el siguiente tramo de Travesía de 20/Kms. hasta el **Cuarto Parador** que se llama **"Pomelo"** en esta Ruta de Oriente (- y "Níspero" en la del Occidente -) . Parece ser que también este Parador está a medio construir en sus Servicios. Así que los Autobuses, entrando por un lado de la Calle lateral salen por el otro lado a la Auto-Vía para recorrer el último tramo de 20/Kms. hasta llegar a la Entrada-Salida de la **Ciudad – Estación Pequeña** llamada **"España"** en esta Ruta de Oriente (-y "Canadá" en la del Occidente-).

9.- Una vez más suena la señal característica del Radio-Comunicación poli- lingue y avisa que vamos a entrar en la Ciudad; que se fijen, ahora a plena luz del día, en la forma que tienen las Zonas de Puentes de Entrada-Salida de las Ciudades, las pequeñas Zonas de Playas, y cómo van adentrándose hasta el Centro la Auto-Pista y las Vías del Tren .

10.- Son las 2/P.M. (de la tarde) hora local por el Sol, y para casi todos es la hora que acostumbran a comer. Está todo preparado para 200 personas en los Restaurantes de la Estación Central; así que cada uno se acomoda donde prefiere y se van formando grupos de comensales muy espontáneos y cambiando impresiones de todas clases entre ellos. La Comida gusta a todos a pesar de ser de lugares y costumbres tan distintas. Se ve a todos muy contentos.

* * * * * * * * * *

Capítulo -6- : (De Occidente)

Desde   **Ciudad-Estación Pequeña "U.S.A"**

pasando   **por Ciudad-Estación Pequeña "Canadá"**

hasta   **Ciudad-Estación Pequeña "México"**

(- Recorrido: 200/Kilómetros -)

11.- Por la Ruta de Occidente los Excursionistas que recorren esa Dirección hicieron el mismo programa que los que recorren la Ruta de Oriente. Así pues, acaban de comer también en los Restaurantes de la Estación Central de la **Ciudad-Estación Pequeña "Canadá"** en Occidente (- y "España" en Oriente -); en realidad lo hicieron un poco después en tiempo real por la diferencia de "Horario" por el Sol.

12.- Igualmente contentos y satisfechos, salen a pasear por la Ciudad y por donde los dirigen los Guías. El Radio-Comunicación poli-lingue dice: Casi todas las Ciudades-Estación Pequeñas son semejantes. En ésta vamos a pasear por la Calle Central que llega hasta el Puerto del Mar de la Zona Norte. Vean ustedes toda la vitalidad que tiene esta Ciudad por la gente que circula por las Calles, entra y sale de Tiendas, Supermercados, Restaurantes, Bancos, Industrias, etc. ...

Pasando el último Puente entre Unidades se divisa el Puerto de Mar-Norte con Embarcaciones de Recreo (- Yates y Veleros -), y de trabajo (- Pescaderos y Cargueros -). También en las Unidades de Puerto hay mucha actividad de trabajo y paseantes. Se da la orden de regreso y todos se encaminan por otras Calles hacia la Estación Central.

13.- Arrancan los Autobuses y emprenden la marcha por la Auto-pista que atraviesa entre Edificaciones hasta el otro lado de la Ciudad y por los Puentes de Salida-Entrada de la parte del Oriente. Recorren, ahora a más velocidad, los primeros 20/Kms. Que terminan en el **Primer Parador** llamado **"Platanal"** en esta Ruta de Occidente (- y "Castaño" en la del Oriente -).

14.- Como de costumbre, se desvían los Autobuses por la Calle lateral del Parador. Se ve que este Parador todavía no está completo en sus Servicios; por eso no paran los Autobuses y en el otro extremo de la Calle se introducen en la Vía-rápida camino del siguiente Parador.

15.- Después de otros 20/Kms. de recorrido entramos por la Calle lateral del **Segundo Parador** llamado **"Palmera"** en esta Ruta de Occidente (- e "Higuera" en la del Oriente -).

16.- Sin bajarse de los Autobuses, pero estacionados en la mitad del Parador, se recibe por Radio-Comunicación una explicación: Como Ustedes van viendo, todavía hay algunos Paradores que no están terminados en cuanto a los Servicios de Ruta, aunque sí se puede pasar por ellos "de largo" con toda seguridad porque los Volúmenes de las Unidades que los componen están completos; solamente falta gente que se decida a poner sus Negocios en la Superficie.

17.- Seguimos rumbo al siguiente Parador; y recorriendo los 20/Kms. reglamentarios entramos por la Calle lateral del **Tercer Parador** que se llama **"Mamey"** en esta Ruta de Occidente (- y "Almendro" en la del Oriente -).

18.- Ahora sí, los Viajeros descienden de los Autobuses; pasea libremente unos minutos cada uno por donde quiere; toman unos refrescos, algún Té o Café; y respiran y disfrutan de la brisa del Mar

19.- Al sonido de la "Bocina Portátil" de un Guía todos vuelven a subir a sus asientos. Algunos suben al Segundo-Piso del Autobús donde hay unos asientos y mesas en colocación adecuada para contemplar mejor el panorama del Horizonte del Mar a un lado y a otro de la Auto-pista tanto por delante como por detrás.

Así llegamos al **Cuarto Parador** llamado **"Nanche"** en esta Ruta (- y "Parra" en la del Oriente -), en el que ni siquiera se desvían los Autobuses, sino que siguen derecho por la "vía de paso" de "Alta Velocidad" para proseguir con el último tramo de 20/Kms. hasta la próxima Ciudad.

20.- Llegando a la **Ciudad-Estación Pequeña** llamada **"México"** en esta Ruta de Occidente (- y "Francia" en la del Oriente -) nos disponemos a terminar aquí el día y descansar.

Como siempre, está todo previsoramente preparado para todos nosotros: la Cena en los Restaurantes, y la Habitación en los Hoteles. Así que: "hasta mañana".

* * * * * * * * * * * * * * * * * * * *

* * * * * * * * *

Día –24- de Marzo del Año – 2100
(- Cuarto día de "Viaje a LA ATLANTIDA"-)

Capítulo -7- : (Del Oriente)

Desde   **Ciudad – Estación Pequeña "Francia"**

pasando por   **Ciudad – Estación Pequeña "Italia"**

hasta   **Ciudad – Estación GRANDE "EUROPA" .**

(Recorrido: 200/ Kilómetros.)

1.- Ilusionados por el programa de este día, a las 8/A.M. (de la mañana) están todos los Excursionistas desayunando.

Para que asiente bien el Desayuno salen todos de los Comedores a pasear, cada uno libremente a inspeccionar durante media hora las partes de esta **Ciudad-Estación Pequeña "Francia"** en Oriente (- y "México" en Occidente -) ; unos se dirigen hacia el Norte hasta el <u>Puerto de Mar</u>, otros hacia las <u>Playas</u> del Este y otros a las del Oeste y, por fin, otros hacia el <u>Puerto de Mar</u> del Sur. El Radio-Comunicación se sintoniza en cualquier lugar donde esté cada uno; por eso, a la señal típica del Radio regresan todos a los Autobuses.

2.- La Caravana emprende la marcha hacía los <u>Puentes de Salida-Entrada</u> del Poniente de la Ciudad y, a la velocidad normal, recorre los 20/Kms. primeros hasta llegar al **Primer Parador** llamado **"Nogal"** en esta Ruta de Oriente (- y "Nopal" en la del Occidente -).

Es un Parador en construcción en los Servicios de Superficie; así que, pasan de largo los Autobuses aunque un poco más despacio para permitir fijarse en los detalles; y continúan recorriendo los otros 20/Kms. siguientes hasta el **Segundo Parador** que se llama **"Algarrobo"** en esta Ruta (-y en la del Occidente se llama "Maguey" -).

3.- También se ven en él bastantes espacios vacíos esperando construcciones para Servicios. Así que pasan también de largo los Autobuses y recorren los siguientes 20/Kms. hasta el **Tercer Parador** que tiene el nombre de **"Avellano"** en esta Ruta del Oriente (- en la del Occidente se nombra "Cacto" -).

Son las 12/ del mediodía, hora local por el Sol, y como se ve que el Parador tiene más surtido de Servicios, los Autobuses se detienen hacia la mitad de su longitud para que bajen los Viajeros a estirar las piernas y a tomar un refresco.

4.- Al aviso de la "Bocina Portátil" de un Guía todos vuelven a subir a los Autobuses y a emprender la marcha a través de 20/Kilómetros de Unidades de Travesía hasta el **Cuarto Parador** que en esta Ruta se llama **"Olivo"** (- y en la del Occidente "Sábila" –). Como también está a medio construir en sus Servicios de Superficie, pasan de largo los Autobuses y emprenden el último tramo de la Mañana de 20/Kms. de Travesía .

5.- Se anuncia por el Radio-Comunicación que estamos entrando por los <u>Puentes de Entrada-Salida</u> de la **Ciudad-Estación Pequeña "Italia"** en esta Ruta de Oriente (- y "Guatemala" en la de Occidente -). Los Autobuses recorren despacio el trayecto desde la entrada hasta la Estación Central o Centro de la Ciudad.

Son las 2/P.M. (de la tarde) y es hora de la Comida. Y, como todo está preparado en los Restaurantes de la Estación, todos se acomodan para comer.

* * * * * * * * * *

Capítulo -8- : (Del Occidente)

Desde   **Ciudad – Estación Pequeña "México"**

pasando por   **Ciudad – Estación Pequeña "Guatemala"**

hasta   **Ciudad – Estación GRANDE "AMERICA" .**

(Recorrido: 200/ Kilómetros.)

6.- Como siempre, a todos les gustó todo lo que se les sirvió. Terminando, se van levantando por grupos de mesas y salen a dar un paseo tranquilamente cada grupo también según el rumbo o dirección que prefiere hacia los cuatro puntos cardenales de esta **Ciudad-Estación Pequeña "Guatemala"** en esta Ruta de Occidente (- e "Italia" en la Ruta del Oriente -). Algunos incluso, enterados de que los Edificios de la Estación Central son los más altos de la Ciudad y tienen Azotea Turística, es decir, de visita del público como <u>Mirador</u>, se dirigen hacia las Azoteas unos por la escalera y otros por los Ascensores y desde la Azotea contemplan el panorama de toda la Ciudad todo alrededor: al Norte <u>Puerto de Mar</u>, al Sur el otro Puerto, al Este las pequeñas <u>Playas</u> y al Oeste las otras Playas, las Calles y las distintas líneas de Edificios a los cuatro lados y todo el bullicio de la gente por todas parte. Se ve que es una Ciudad con mucha vida.

7.-Alas4/P.M.(delatarde)suenalaseñaltípicadelRadio-Comunicación que convoca a todos a regresar a los Autobuses porque vamos a continuar el <u>Viaje-Excursión</u> a través de la <u>Ruta Tran-atlántica</u>.

Arrancan los tres Autobuses y recorren despacio el trayecto de 2/ Kilómetros hasta los Puentes de Salida-Entrada de la Ciudad del lado Oriente. Emprenden el tramo de 20/Kms. hasta el **Primer Parador** que en esta Ruta de Occidente se llama **"Coco"** (- y en la de Oriente "Cereza" -). Este Parador es de los que todavía no están completos en sus Servicios de Superficie, y por eso los Autobuses <u>pasan de largo</u> aunque un poco más despacio para permitir ver todo mejor. Emprenden el siguiente tramo de 20/Kms. hasta el **Segundo Parador** que se llama **"Epazote"** en esta Ruta de Occidente (- y "Uva" en la de Oriente -). Este Parador está en situación muy parecida a la anterior, por tanto tampoco se detienen los Autobuses y continúan hasta el **Tercer Parador** que se llama **"Guayaba"** en esta Ruta (- y en la otra del Oriente se denomina "Guinda" -).

Este Parador se ve más acondicionado en los Servicios de Superficie; por eso los Autobuses, siempre a las órdenes de los Guías que van constantemente comunicándose en circuito cerrado entre las 6-Unidades, se desvían por la Calle lateral hacia la derecha y se detienen a la mitad del Parador.

Para descansar y tomar un Té o un Café o un Refresco bajan la mayoría de los Excursionistas y cada uno se dirige al Servicio que prefiere, otros simplemente pasean hacia un extremo o al otro del Parador para percibir cómo terminan los Paradores en sus extremos y cómo enlazan con las Unidades de Travesía.

8.- Al aviso de la "Bocina Portátil" rodos regresan a sus Unidades de Transporte y emprenden la marcha de 20/Kms. hasta el **Cuarto Parador** llamado **"Cacahuate"** en esta Ruta de Occidente (- e "Higo" en la del Oriente -). Como todavía no tiene acondicionamiento suficiente este Parador, pasan de largo y emprenden el último tramo de esta Tarde de 20/Kms.

9.- Acercándose a los Puentes de Entrada-Salida se anuncia por el Radio-Comunicación poli-lingue que vamos a llegar a la primera **Ciudad-Estación GRANDE** *en Alta-Mar del Océano* que se llama **"AMERICA"** en esta Ruta de Occidente (- y "EUROPA" en la Ruta del Oriente -). Fijarse cómo es mucho más grande el trayecto desde los Puentes de Entrada-Salida hasta la Estación Central que como lo era en las anteriores Ciudades-Estación Pequeñas.

10.- Son las 6'30/P.M. (de la tarde) hora local por el Sol, en este Meridiano del "Uso Horario" internacional. La Estación de Auto-pista es mucho más grande; se ven grandes Comercios y Restaurantes por todas partes. También se ve que la **Estación del Tren** es independiente y mucho más grande que en las Ciudades-Estación Pequeñas que hemos visto hasta ahora en nuestro Viaje-Excursión a **LA ATLÁNTIDA.**

Por el Radio-Comunicación se nos dice que dediquemos media hora a pasear por los alrededores para darnos cuenta de dónde estamos, y que a las 7/P.M. nos espera la Cena preparada para cada uno en los Restaurantes que tienen la pancarta de: **"Bienvenida a los Expedicionarios de La Atlántida";** e igualmente los Hoteles que muestran esa **"Bienvenida"** nos recibirán y asignarán la habitación a la hora que queramos ir. Que descansen pronto y "hasta mañana" a las 8/A.M. en el mismo lugar.

* * * * * * * * * * * * * * * * * * * *

* * * * * * * * * *

Día – 25 - de Marzo del Año - 2100
(Quinto día de "Viaje a La Atlántida")

Capítulo – 9 - : (De Oriente)

Desde　　　　**Ciudad – Estación GRANDE "EUROPA",**

Pasando por　**Ciudad – Estación Pequeña "Bélgica",**

Hasta　　　　**Ciudad – Estación Pequeña "Holanda".**

(-Recorrido: 200/Kilómetros-)

1.- A las 8/ A.M. (de la mañana), hora local, un Sol radiante nos alumbra y pronostica un día esplendoroso. Todos los Excursionistas acuden puntualmente al Desayuno en los Restaurantes. Se nota mucho más movimiento de gente tanto en la Estación de Auto-pista como en la de Tren; las Unidades de transporte de una y otra modalidad entran y salen con más frecuencia de Tráfico; se comienza a dar uno cuenta de que estamos en una Ciudad muy viva y dinámica.

2.- Durante los últimos sorbos y bocados del Desayuno se oye por la Bocina Portátil del Guía- Jefe que vamos a dar un paseo por las partes principales de esta **Ciudad-Estación GRANDE "EUROPA"** en Oriente (- y "AMËRICA" en Occidente-), que cuiden de no distanciarse mucho unos de otros, por que esta Ciudad es más grande que las anteriores.

Dejando cada uno lo que quiere de su Equipaje en el Autobús correspondiente propio, se encaminan todos por la gran Avenida que comienza en las Estaciones Centrales hacia el Norte y que termina en los Puertos de Mar de la Zona Norte.

3.- El Radio-Comunicación de circuito cerrado que cada uno sintoniza en la lengua que prefiere, dice: Como ven, esta Ciudad-Estación es más "grande" que las que hemos visto hasta ahora. Dista 500/Kilómetros de las otras Estaciones GRANDES a un lado y al otro de la Ruta. Tiene Servicios más completos de Comercio, de Industrias y de Residencia. Las Unidades Flotantes que la componen son más grandes. Mide 5/Kms. de largo entre Puente y Puente de Entrada-Salida, y 5/Kms. de ancho Norte-Sur. Concentra la actividad humana y el Gobierno en 250/Kms. a un lado y 250/Kms. al otro lado de la Ruta. Tiene Puertos de Mar al Norte y al Sur más amplios y para Barcos mayores; mayor capacidad de almacenamiento tanto de Transporte Marítimo como de Ruta de Auto-Pista y Tren. También tiene un pequeño Aero-puerto para Aviación menor.

4.- Llegamos al Puerto de Mar-Norte, y realmente, es más impresionante que los de las otras Ciudades: mucho más grande, Barcos mayores, más movimiento comercial y de transporte, etc. ... Es un espectáculo verlo. Por eso se da tiempo a los Excursionistas para que paseen con tranquilidad por él, siempre pendientes de algún aviso.

Son las 11/A.M., hora local por el Sol, y suena el aviso de encaminarnos, paseando tranquilamente, hacia los Autobuses en la Estación Central. Escogemos otras Calles de regreso y notamos toda la vitalidad de esta **Ciudad-Estación GRANDE**.

5.- Son las 12/medio-día, hora local por el Sol, cuando, estando todos acomodados en sus respectivos Autobuses, arrancamos y reemprendemos la marcha por la **Ruta Trans-atlántica.**

6.- Los Autobuses le dan más velocidad a la marcha. Algunos Pasajeros se suben al Segundo-Piso del Autobús para percibir mejor el panorama de todo lo que se ve y tomar un refresco en las mesas fijas que hay ahí junto con asientos giratorios, otros para hacer toma-vistas mejores desde arriba. Se van viendo perfectamente las distribuciones de espacios de la Superficie de las Unidades de Travesía en plantaciones y sembradíos muy variados y todos bien cuidados.

Pasamos de largo el **Primer Parador** que se llama **"Nuez"** en esta Ruta de Oriente (- y "Plátano" en la de Occidente -). Siguen los Autobuses a toda velocidad recorriendo los 20/Kms. siguientes hasta el **Segundo Parador** llamado **"Avellana"** en esta Ruta,

(- y "Chayote" en la del Occidente-). También pasamos de largo este Parador; y recorremos a toda velocidad los otros 20/Kms. hasta el **Tercer Parador** llamado **"Bellota"** en esta Ruta (- y "Tuna" en la del Occidente-).

7.- Aquí los Autobuses hacen la entrada desviándose por la Calle lateral del Parador. Por el Radio-Comunicación nos dicen que tenemos 15/minutos de parada. Vemos que es un Parador con bastante vitalidad humana y vehicular.

Volvemos a emprender la marcha y recorremos los otros 20/Kms. siguientes hasta el **Cuarto Parador** que se llama **"Aceituna"** en esta Ruta de Oriente (- y "Chicozapote" en la del Occidente -) ; lo pasamos de largo para emprender el último recorrido de la Mañana. De tantas cosas que se ven, podemos apreciar cómo se practican los Cultivos Marinos por todo el Canal que está en medio de las dos Direcciones de la Auto-pista y Tren; también la pasada de los Trenes en una y otra Dirección y el uso Comercial-Industrial y de Vigilancia de la Carretera bi-direccional que pasa junto al Canal a ambos lados de él.

8.- A las 2/P.M. (de la tarde) estamos entrando por los Puentes de Entrada-Salida de la **Ciudad-Estación Pequeña "Bélgica"** en esta Ruta (- y en la del Occidente "El Salvador" -). En la Estación Central nos disponemos a comer en Restaurantes que anuncian y felicitan nuestra llegada y tienen todo preparado.

* * * * * * * * * * * *

Capítulo -10 - : (de Occidente)

Desde Ciudad – Estación GRANDE "AMERICA",

pasando por Ciudad - Estación Pequeña "El Salvador",

hasta Ciudad – Estación Pequeña "Honduras".

9.- A las 3´30 / horas de la Tarde ya estamos todos dispuestos a dar un corto paseo por esta **Ciudad – Estación Pequeña "El Salvador"** en esta Ruta Occidental (- y "Bélgica" en la Oriental -). Todos comentamos mucho las impresiones de la Mañana.

10.- Después de una Hora de paseo cada uno por las Calles que prefiere, se nos invita a regresar a los Autobuses porque vamos a partir para recorrer los 100/Kilómetros que faltan hasta la próxima Ciudad-Estación Pequeña.

11.- Salimos de esta Ciudad-Estación Pequeña, y la Caravana toma velocidad pasando de largo el **Primer Parador** llamado **"Guanábana"** en esta Ruta de Occidente (- y "Castaña" en la del Oriente -). Por el Radio-Comunicación poli-lingue se nos explica lo de los "Cultivos" de Superficie de las Unidades de Travesía: En los espacios donde se ven sembradíos de vegetales pequeños y medianos hay 1/metro de grosor de tierra fértil de cultivo; y en los espacios donde se ven árboles frutales y otros semejantes de ornato o de sombra tiene la tierra fértil un espesor de 4/mts. y 5/mts. según la necesidad para raíces profundas. Se ven casi todos los espacios cultivados con muchas variedades vegetales, hortalizas y flores.

12.- Sin darnos cuenta, por la hermosa vista del Mar y los "Cultivos" de Tierra y los "Criaderos" en el Canal, pasamos el **Segundo Parador** llamado **"Papausa"** en esta Ruta de Occidente (- y "Algarroba" en la del Oriente -) y emprendemos el siguiente tramo de 20/ Kms. hasta el **Tercer Parador** que se llama **"Anona"** en esta Ruta (- y "Albaricoque" en la otra -). Aquí los Autobuses se desvían por la Calle lateral y se sitúan hacia la mitad de los 1000/mts. que mide de largo el Parador. Se ve bastante bien surtido de Servicios. Casi todos los Viajeros bajan a pasear un momento y a tomar un Café, un Té ó un Refresco, y a tomar el aire de la brisa marina de la Tarde.

Son las 5´30/P.M. (de la tarde), hora local por el Sol, y suena el aviso de subir a los Autobuses para continuar la marcha. Efectivamente, así se hace, y emprendemos el siguiente trayecto de 20/Kms. hasta el **Cuarto Parador** que se llama **"Coyol"** en esta Ruta de Occidente (- y "Almendra" en la del Oriente -) ; lo pasamos de largo y comenzamos el último tramo de 20/Kms. hasta la **Ciudad-Estación Pequeña "Honduras"** en esta Ruta de Occidente (- y "Holanda" en la del Oriente -). Es el final y la meta de este día. Cenamos y descansamos muy agradablemente hasta el día siguiente.

* *

* * * * * * * * * *

Día – 26 – de Marzo del Año – 2100
(- Sexto día de "Viaje a LA ATLANTIDA" -)

Capítulo –11 - : (Del Oriente)

<u>Desde</u>   **Ciudad – Estación Pequeña "Holanda",**

<u>pasando por</u>   **Ciudad – Estación Pequeña "Luxemburgo",**

<u>y por</u>   **Ciudad – Estación Pequeña "Irlanda",**

<u>hasta</u>   **Ciudad - Estación GRANDE: "AFRICA".**

(Recorrido: 300/ Kilómetros.)

1.- Como sabemos que en este día vamos a recorrer 300/Kilómetros, la gente se presenta pronto en los Restaurantes de la Estación Central de esta **Ciudad-Estación Pequeña "Holanda"** en esta Ruta de Oriente (- y "Honduras" en la de Occidente -) donde cenamos ayer; desayunan rápidamente y todos se encaminan a los Autobuses. A las 9'30/A.M., hora local, podemos emprender la marcha. Ahora sí, muchos quieren subir al <u>Segundo-Piso de la Unidad</u> para ver mejor el panorama de la Ruta a estas horas claras de la Mañana.

2.- Se ven, además de los "Cultivos" de Superficie y los del Canal, otros "Cultivos Marinos" fuera de la Ruta a unos 500/metros, protegidos por vallas. Se ven también las apariciones intermitentes y oscilantes de grandes Cetáceos (como: Ballenas, Cachalotes, Tiburones, etc.) que pasan por debajo de los Puentes de cada Unidad de Travesía de un lado a otro de la Ruta-Doble, *facilitándoles esa orientación la forma de embudo que tienen los lados exteriores de las Unidades Flotantes;* así, vemos que pasan *estos grandes animales marinos por debajo de los Puentes* como pasan los pequeños barcos de pesca o los veleros.

3.- Viendo esto y mil cosas más que se ofrecen por todos lados vamos haciendo kilómetros y kilómetros. Pasamos de largo el **Primer Parador** que en esta Ruta de Oriente se llama **"Manzana"** (- y en la del Occidente "Cacao" -).

Seguimos recorriendo Kilómetros pasando de largo el **Segundo Parador** que se llama **"Pera"** en esta Ruta de Oriente (- y "Kiwi" en la otra de Occidente -).

4.- Entrando al **Tercer Parador** que se llama **"Melocotón"** en la del Oriente (- y "Camote" en la del Occidente -), los Autobuses se desvían por la Calle lateral del Parador; paran unos 20/minutos para dar lugar a estirar las piernas andando un poco y disfrutando de lo que se ofrece. Al aviso de: ¡ *todos a bordo* ! continuamos la marcha por el siguiente tramo de Travesía pasando de largo el **Cuarto Parador** llamado **"Ciruela"** en esta Ruta (-y "Yuca" en la de Occidente -) y emprendiendo el último trayecto de 20/Kms. hasta la próxima **Ciudad-Estación Pequeña "Luxemburgo"** en esta Ruta del Oriente (- y "Nicaragua" en la del Occidente -).

A las 11'30/A.M., hora local por el Sol, estamos llegando y descendiendo de los Autobuses en la Estación Central. Nos tienen preparado en los Restaurantes un "Lunch" o "Bocadillo" de medio-día. Todos los Viajeros de la Expedición se sientan a tomar lo que se les ofrece, comentando y cambiando impresiones de todo lo que vamos viendo. Y cuando termina cada grupo de cada mesa su pequeño "Refrigerio" se levantan a pasear por las cercanías viendo el movimiento y la vitalidad de esta Ciudad.

5.- A las 12'30 se oye la llamada para subir a los Autobuses y seguir el Viaje por la Ruta Trans-atlántica. Así pues, atravesando los Puentes de Salida-Entrada del lado Poniente, emprendemos el Tramo de 100/Kms. hasta la siguiente Ciudad-Estación Pequeña donde comeremos la Comida fuerte del día.

6.- Recorridos 20/Kms., pasamos de largo el **Primer Parador** que se llama **"Naranja"** en esta Ruta de Oriente (- y "Granada" en la del Occidente -). Hacemos el siguiente trayecto de 20/ Kms. hasta el **Segundo Parador** que se llama **"Limón"** en ésta del Oriente (-y "Mora" en la del Occidente–)

7.- Al llegar los Autobuses al **Tercer Parador** que se llama **"Mandarina"** en esta Ruta del Oriente (-y "Dátil" en la del Occidente -) se desvían para parar unos 20/minutos y disfrutar de la tranquilidad del ambiente. Emprendemos una vez más la marcha pasando de largo el **Cuarto Parador** que se llama **"Toronja"** en esta Ruta (- y "Papaya" en la del Occidente -), y ya estamos sobre los últimos 20/Kilómetros de la primera parte del día hasta llegar a la **Ciudad-Estación**

Pequeña "Irlanda" en esta Ruta de Oriente (-y "Costa Rica" en la del Occidente -). Son las 2 '30/P.M. de la tarde, hora local por el Sol, cuando llegamos a la <u>Estación Central</u>.

8.- Como en todas partes, está todo bien organizado y previsto, y los Restaurantes de la Estación nos invitan con su **"Bienvenida a los Expedicionarios de LA ATLÁNTIDA"** a comer lo que se nos ofrece que siempre gusta y satisface a todos.

* * * * * * * * * * * *

Capítulo –12 - : (Del Occidente)

<u>Desde</u> Ciudad – Estación Pequeña "Honduras",

<u>pasando por</u> Ciudad – Estación Pequeña "Nicaragua",

<u>y por</u> Ciudad-Estación Pequeña "Costa Rica",

<u>hasta</u> Ciudad – Estación GRANDE "ASIA" .

(Recorrido: 300/ Kilómetros.)

9.- Los Viajeros de <u>esta Ruta del Occidente</u> van haciendo el mismo programa de Viaje y Paradas que los del Oriente, pero con la diferencia de horario por el Sol, que siempre es más atrasado en el tiempo real en esta Ruta de Occidente. Poco a poco se van a ir simultaneando a medida que se dirigen a encontrarse unos y otros en la Capital Central **"LA GRAN ATLÁNTIDA"** .

10.- Terminando todos de comer, dan un paseo espontáneo por grupos así como comieron juntos por mesas. Se ve que esta **<u>Ciudad-Estación Pequeña "Costa Rica"</u>** es una Ciudad dinámica, aunque sí clasificada en la categoría de Pequeña; se ve a simple vista, hacia el Sur, el <u>Puerto de Mar</u>; gente trabajadora en distintas faenas y otros paseantes como nosotros: también vehículos de pasaje y carga recorriendo las Calles. Los Edificios no son muy altos pero se ve que todo está utilizado; el Edificio más alto es el que <u>está sobre las Estaciones</u> de Auto-vía y Tren, que, incluso, tiene una <u>Terraza-Mirador</u>.

11.- A las 4/PM. (de la tarde), hora local por el Sol, suena el sonido característico en el Radio-Comunicación que todos llevamos siempre encendido, avisando que regresemos y subamos a los Autobuses.

La Caravana comienza la marcha. Unos se quedan en su asiento del <u>Piso-Bajo</u>, otros suben al <u>Piso-Alto</u> para ver mejor el panorama desde las <u>Sillas Giratorias</u>.

12.- Atravesados los Puentes de Salida-Entrada de lado Este de la Ciudad comenzamos el recorrido de 20/Kms. hasta el **Primer Parador** que en esta Ruta de Occidente se llama **"Bugambilia"** (- y en la de Oriente "Laurel" -). Lo pasamos de largo viendo que todavía están en construcción muchos locales de Servicios.

13.- Seguimos a través de los siguientes 20/Kms. hasta el **Segundo Parador** que se llama aquí **"Flamboyán"** (- y "Eucalipto" en la Ruta de Oriente -); también lo pasamos de largo por el mismo motivo a velocidad de crucero.

14.- Llegando al **Tercer Parador** llamado **"Oyamel"** en esta Ruta (- y "Pino" en la del Oriente -), los Autobuses toman lentamente la Calle lateral. Descendemos casi todos a pasear unos 20/minutos, unos hacia una parte y otros hacia otra, y otros a tomarse un Refresco o un Té o un Café.

15.- Al aviso de la "Bocina Portátil", todos volvemos a las Unidades, cada uno donde prefiere: o en el Piso de abajo, o en el de arriba. Emprendida la marcha, recorremos los 20/Kms. que dista el **Cuarto Parador** que en esta Ruta de Occidente se llama **"Abeto"** (-y en la de Oriente "Jacaranda"-). Alumbra esplendoroso el Sol de la tarde que va quedando a nuestras espaldas e ilumina el Mar azul y tranquilo hasta el Horizonte de todo alrededor. Pasamos de largo este último Parador y nos encaminamos por el último trayecto de 20/Kms. de esta tarde y de este día.

16.- Se comienza a ver a lo lejos en el Horizonte de la Dirección que seguimos, algo que sobresale: son los Edificios más altos de la próxima **Ciudad-Estación GRANDE "ASIA"** en esta Ruta de Occidente (- y "AFRICA" en la del Oriente -). Pasamos los <u>Puentes de Entrada-Salida</u> de la Ciudad, que se ve que son un poco más amplios que los de las <u>Ciudades-Estación Pequeñas</u> aunque sí con el mismo formato; y a las 6'30/PM. (de la tarde) estamos en la <u>Estación Central.</u>

Los minutos que quedan de luz del día los aprovechamos para recorrer los alrededores de la Estación para situarnos y darnos cuenta de dónde estamos. Por fin, a las 7'30/ PM. Nos llaman para Cenar en los Restaurantes que nos dan la **"Bienvenida"**. Después cada uno va a descansar a los Hoteles cuando quiere.

* * * * * * * * * * * * * * * * * * * *

* * * * * * * * * * * *

Día – 27 - de Marzo del Año – 2100
(- Séptimo día de "Viaje a LA ATLANTIDA"-)

<u>Capítulo –13 - :</u> (Del Oriente)

<u>Desde</u>   **Ciudad – Estación GRANDE "AFRICA",**

<u>pasando por</u>   **Ciudad – Estación Pequeña "Inglaterra",**

<u>y por</u>   **Ciudad – Estación Pequeña "Alemania",**

<u>y por</u>   **Ciudad – Estación Pequeña "Austria",**

y por   **Ciudad – Estación Pequeña "Suiza",**

hasta   **Ciudad - Estación GRANDE: "MAR MEDITERRANEO".**

(- en TREN de Cercanías o lento -) (Recorrido: 500/ Kilómetros)

1.- Hoy los Expedicionarios se levantan con una novedad. Hoy cambia el modo de Transporte. <u>Va a ser en **TREN**</u>. Por eso todos muestran un aspecto de expectativa por la novedad.

Desayunan alegres y contentos pensando en las sorpresas del día. Al final del Desayuno se oye el sonido del Radio-Comunicación que va a explicar el Programa del día: Hoy vamos a trasladarnos en **TREN** desde esta **Ciudad-Estación GRANDE "AFRICA"** en esta Ruta de Oriente (-y "ASIA" en la de Occidente -) hasta la siguiente <u>Ciudad-Estación GRANDE</u> que está a 500/Kilómetros de distancia. Cada uno lleve de su Equipaje lo que necesite para uno o dos días. Dentro de una hora los esperamos a todos en la <u>Estación del **TREN**</u> que va en nuestra Dirección.

Así enterados, cada uno hace el acopio de Equipaje que necesita y, tranquilamente, pasean por los alrededores de dentro y fuera de la Estación Central percibiendo mil detalles de la vitalidad y dinamismo de esta **Ciudad-Estación GRANDE**. A la hora señalada todos están congregados en la **Estación del TREN**.

2.- Es una <u>Estación grande</u>, con <u>Oficinas de Pasajeros</u> y <u>Salas de Espera</u> amplias. Se ven varios Trenes estacionados, y el que nos corresponde a nosotros ya está al borde del Andén dispuesto para salir. Es una especie de **"Tranvía"** de <u>cuatro Unidades</u>. Cada uno se sube a la que prefiere, pues los Boletos no marcan numeración, y se acomodan donde gustan con el Boleto que dio a cada persona de la Expedición uno de los Guías. Un Guía lleva la **Radio-Emisora Portátil** a la que todos estamos sintonizados, cada uno en la Lengua que prefiere. Sentados todos cómodamente y siendo las 10/A.M. (de la mañana), hora local por el Sol, <u>emprende la marcha el **TREN**</u>. Los Autobuses, en esta Ruta de Oriente, hacen el recorrido "vacíos", en paralelo con el TREN.

3.- Pasados ya los <u>Puentes de Salida-Entrada</u> del lado Poniente de la Ciudad, el Radio-Comunicación nos explica: Exploradores de **LA ATLÁNTIDA**, hemos escogido para el Viaje de hoy un **"TREN de Cercanías"** o **"Tranvía"**. Va a ir haciendo "Paradas" breves en algunos Paradores y en las cuatro <u>Ciudades-Estación Pequeñas</u> del Trayecto hasta la próxima **Ciudad-Estación GRANDE**. Estos **"Trenes de Cercanías"** <u>sólo recorren 500/Kilómetros</u> entre <u>Ciudades-Estación GRANDES.</u>; son más lentos por sus numerosas "Paradas". El Viaje durará 6-horas. Comeremos en el TREN una Merienda a las 2/P.M. (de la tarde); pidan a los Guías lo que necesiten durante el Viaje.

4.- En marcha más bien lenta del **TREN** pasamos de largo el **Primer Parador** que se llama **"Ciprés"** en esta Ruta de Oriente (- y "Araucaria" en la de Occidente -).

El **Tren** se detiene 5/minutos en el **Segundo Parador** llamado "**Sauce**" en esta Ruta (- y "Tule" en la otra -). Empleando 15/minutos en los 20/Kilómetros siguientes llega al **Tercer Parador** que se llama "**Olmo**" en la Ruta por donde vamos (- y "Ocote" en la de Occidente -). Se detiene otros 5/Minutos y se encamina a velocidad normal al **Cuarto Parador** llamado "**Álamo**" en esta Ruta de Oriente (- y "Ceiba" en la de Occidente -); lo pasa de largo, y recorre el último tramo de Travesía hasta la **<u>Ciudad-Estación Pequeña</u>** que es "**Inglaterra**" en esta Ruta de Oriente (- y "Panamá" en la de Occidente-).

5.- Aquí el **TREN** hace una parada de 15/minutos. Por el Radio-Comunicación se nos dice: Ya han notado Ustedes *qué bien se viaja en* **TREN** *por la Ruta trans-atlántica*. Como pueden observar, el **TREN** se desliza por un "<u>Carril plano</u>" y sobre <u>Ruedas de Hule</u> (goma). Tiene <u>unas Ruedas estabilizadoras horizontales</u> a cada lado que hacen que no se ladee ni vibre. Se siente muy poco el paso de una Unidad Flotante a otra de la Travesía.

6.- Terminado el tiempo reglamentario de "Parada" en esta Ciudad, el **TREN** emprende la marcha de 100 / Kilómetros hasta la siguiente <u>Ciudad-Estación Pequeña</u>. Se detiene 5/minutos en el **Primer Parador** que se llama "**Roble**" en esta Ruta de Oriente (- y "Secoya" en la de Occidente -). Pasa de largo el **Segundo Parador** llamado "**Caoba**" en esta Ruta (- y "Sabino" en la otra de Occidente -). Vuelve a parar 5/minutos en el **Tercer Parador** que se llama "**Cedro**" en esta Ruta (- y "Acacia" en la de Occidente-). Pasa de largo el **Cuarto Parador** llamado "**Abedul**" en Oriente (- y "Haya" en Occidente -); y, por fin, recorre el tramo de 20/Kms. hasta la **<u>Ciudad-Estación Pequeña</u>** de esta Ruta que es "**Alemania**" (- y en la Ruta de Occidente "Colombia" -).

7.- Son las 13`30/ Horas P. M. (de la tarde) cuando entramos en la <u>Estación Central</u> de esta **<u>Ciudad-Estación Pequeña</u>**. Durante los 15/mlnutos de "Parada" del **TREN** se reparten las "Charolas" (- bandejas desechables -) con la Comida fuerte del día, más el liquido que guste cada uno para comer y para después de comer. Todos se ven muy contentos por esta buena organización y por la novedad del **Viaje en TREN** por la <u>Ruta Trans-Atlantica</u>.

* * * * * * * * *

<u>Capítulo –14 - :</u> (Del Occidente)

<u>Desde</u>   Ciudad – Estación GRANDE "ASIA",

<u>pasando por</u>   Ciudad – Estación Pequeña "Panamá",

<u>y por</u>   Ciudad – Estación Pequeña "Colombia",

<u>y por</u>   Ciudad – Estación Pequeña "Venezuela",

<u>y por</u>   Ciudad – Estación Pequeña "Brasil",

<u>hasta</u>   Ciudad - Estación GRANDE: "OCÉANO PACIFICO".

(-en TREN de Cercanías o lento-) (Recorrido: 500/ Kilómetros)

8.- Los Autobuses, en esta <u>Ruta de Occidente</u>, se quedan dos días en la **Ciudad-Estación GRANDE "ASIA"** esperando <u>el regreso</u> de los Viajeros.

En esta Ruta de Occidente, un poco más atrasados en tiempo real en relación a los que recorren la Ruta de Oriente a causa de la diferencia de Horario por el Sol, los Excursionistas ya dejaron la **Ciudad-Estación Pequeña "Colombia"** en Occidente (- y "Alemania" en Oriente -) y están en el Trayecto a la siguiente <u>Ciudad-Estación Pequeña</u>.

Pasaron de largo el **Primer Parador** llamado **"Bambú"** en esta Ruta de Occidente (- y "Fresno" en la del Oriente -). Se detuvo el **TREN** 5/minutos en el **Segundo Parador** llamado **"Enredadera"** en esta Ruta (- y "Acebo" en la otra -). Pasó de largo el **Tercer Parador** llamado **"Copal"** en esta Ruta de Occidente (- y "................." en la del Oriente -), y está en la "Parada" de 5/ minutos del **Cuarto Parador** que se llama **"Palma"** en esta Ruta de Occidente (- y "................." en la del Oriente -). Va a emprender el último tramo de 20/ Kms. hasta la **Ciudad-Estación Pequeña "Venezuela"** en esta Ruta de Occidente (- y "Austria" en la del Oriente -).

9.- Efectivamente, son las 4/P.M. (de la tarde), hora local por el Sol, cuando hace la entrada el **TREN** en la <u>Estación Central</u> de esta Ciudad. Los Viajeros aprovechan los 15/minutos de Parada para solicitar un refresco o un Té o un Café antes de comenzar el siguiente Trayecto de 100/Kilómetros hasta la próxima <u>Ciudad-Estación Pequeña</u>.

10.- En este Trayecto y mientras pasamos los 4-Paradores intermedios cada 20/Kilómetros, el Radio-Comunicación nos da explicaciones :

¡ Miren !, si se fijan en la otra Dirección de la Ruta que está a su izquierda, verán que las Unidades Flotantes de Travesía están colocadas **(a)** <u>alternadamente</u> con las de esta Dirección sobre la que vamos nosotros. *Esa colocación alternada* es para que la Ruta o Travesía *mantenga una línea totalmente "recta",* sin variación ninguna venciendo así la fuerza de las Corrientes Marinas. **(b)** El <u>Canal intermedio</u> entre las dos Direcciones de la Ruta puede ser recto o romboide en los espacios entre Puente y Puente de cada Unidad Flotante. **(c)** Las Unidades Flotantes de Travesía miden <u>1000/Metros de largo</u> por 100/Metros de ancho desde el fondo hasta la Plataforma de los Puentes "en forma de <u>embudo</u>"; **(d)** esta forma es para facilitar la *comunicación de la Vida Marina o Biosfera de un lado al otro de la Ruta pasando a través de los 100/Metros de anchura* de los dos Puentes que tiene cada Unidad Flotante de Travesía. **(e)** <u>Las Plataformas</u> de los Puentes de las Unidades de Travesía y el Canal intermedio entre las dos Direcciones tienen una profundidad de agua de 20/Metros. Seguiremos después con más explicaciones.

11.- Escuchando estas cosas y viendo todo lo que ofrece el panorama, vamos pasando el **Primer Parador** llamado **"Calabacita"** en esta Ruta de Occidente (- y "Helecho" en la del Oriente-). El **TREN** lo pasa de largo y llega y se detiene en el **Segundo Parador** llamado "Espinaca" en esta Ruta (- y "Brezo" en la otra del Oriente -). Después de 5/minutos emprende otra vez la marcha pasando de largo el **Tercer Parador** llamado **"Cilantro"** en esta Ruta (- y "Hiedra" en la otra -). Y, por fin, llega y se detiene en el **Cuarto Parador** llamado **"Orégano"** aquí (- y "Zarza" en la del Oriente -). Hace los 5/minutos de "parada" reglamentaria y emprende el último tramo de 20/Kms. hasta la próxima **Ciudad-Estación Pequeña** que es "**Brasil**" en esta Ruta de Occidente (-y "Suiza" en la Ruta del Oriente-). A las 5'30/P.M. (de la tarde) entramos en la Estación Central de esta Ciudad.

12.- Durante los 15/minutos de "parada" se reparte a los Pasajeros una variedad de frutas fáciles de comer: plátanos, manzanas, ciruelas, uvas, etc. Arranca el **TREN** a recorrer los últimos 100/Kms. hasta la próxima Ciudad-Estación Pequeña.

El Radio-Comunicación nos explica: No sólo la Superficie exterior de las Unidades Flotantes de Travesía son aprovechadas para diversos "Cultivos" como vamos viendo; también los espacios interiores, que son más amplios aún, son aprovechados de distintas maneras: Lo que está inmediatamente debajo de la Superficie es aprovechado para Habitación humana o Crianza de Animales; lo de más abajo es para "Cultivos de Sombra" u oscuridad; y los espacios de más abajo se usan para almacenamiento de agua y de otras cosas. También hay Industrias de Criaderos de Especies Marinas, animales y vegetales, en reductos vallados fuera de las Unidades Flotantes de la Ruta, en pleno Mar a la distancia de 300/mts o 500/mts. Pueden ver ustedes algunos a lo lejos.

13.- Observando todo esto y muchas cosas más que se ofrecen a la vista, vamos pasando Paradores: **El Primer Parador**, donde no se detiene el TREN, llamado "**Piña**" en esta Ruta de Occidente (- y "Trigo" en la de Oriente -). **El Segundo Parador**, en el que se detiene el TREN 5/ minutos, llamado "**Chícharo**" en esta Ruta (- y en la de Oriente "**Centeno**" -). El **Tercer Parador**, en el que se detiene el TREN sus 5/minutos reglamentarios, que se llama "**Camote**" en esta Ruta (- y "**Cebada**" en la otra del Oriente -). Arranca el TREN a recorrer los 20/ Kms. hasta el **Cuarto Parador** que se llama "**Elote**" en esta Ruta de Occidente (- y "Avena" en la de Oriente -); no se detiene, sino que continua haciendo el último tramo de 20/Kms. de "Viaje en Tren", hasta la **Ciudad-Estación GRANDE "OCÉANO PACIFICO",** en este lado del Occidente de la Ruta Trans-Atlántica (- y **"MAR MEDITERRÁNEO"** en el lado de Oriente -).

14.- A las 6'30 /P.M. (de la tarde), hora local por el Sol, entramos en la grande Estación Central de esta **Ciudad-Estación GRANDE**. Así, de esta manera **"en TREN"**, hicimos la Excursión de este día. Se ven todos los Excursionistas satisfechos por las experiencias de todo este día sobre el **"Tren de Cercanías"** de la Ruta Trans-Atlántica.

Después de pasear media-hora por los alrededores de la Estación, nos dirigimos todos a los Restaurantes que nos dan la "**Bienvenida**" para Cenar. El Guía-Jefe nos dice por Radio-Comunicación que mañana regresaremos, pero en TREN más rápido, a la **Ciudad-Estación GRANDE "ASIA"** de donde salimos hoy. *Allí quedaron esperándonos los Autobuses* para hacer el recorrido por Auto-Pista hasta aquí pasado mañana. Cenen a gusto y descansen tranquilos. Hasta mañana.

* * * * * * * * * * * * * * * * * *

* * * * * * * * * * * * *

Día – 28 – de Marzo del Año – 2100
(- Octavo día de "Viaje a LA ATLANTIDA"-)

Capítulo –15 - : (Del Oriente)

<u>Desde</u>	**Ciudad – Estación GRANDE "MAR MEDITERRANEO",**
<u>pasando por</u>	**Ciudad – Estación Pequeña "Dinamarca",**
<u>y por</u>	**Ciudad – Estación Pequeña "Suecia",**
<u>y por</u>	**Ciudad – Estación Pequeña "Noruega",**
<u>y por</u>	**Ciudad – Estación Pequeña "Finlandia",**
<u>hasta</u>	**Ciudad - Estación GRANDE: "MAR DEL NORTE".**

(- Recorrido: 500/ Kilómetros. -)

1.- Los Expedicionarios de la <u>Ruta de Oriente</u> ya están, a las 8/A.M. (de la mañana), hora local por el Sol, en los Restaurantes de la Estación Central de esta **Ciudad-Estación GRANDE "MAR MEDITERRÁNEO"** en Oriente (- y "OCÉANO PACIFICO" en Occidente -) para Desayunar. Como el Viaje de hoy es de un recorrido de 500/Kms. <u>en Autobús</u>, todos se apresuran para poder salir pronto. Está previsto detenernos solamente en las <u>Ciudades-Estación Pequeñas</u>; no en los Paradores. Así que van a ser cinco Trayectos de 100/Kilómetros cada uno hasta la siguiente <u>Ciudad-Estación GRANDE</u>.

2.- Efectivamente, a las 9/A.M., están todos los Excursionistas en sus Autobuses correspondientes; unos en los asientos cómodos del <u>Piso-Bajo</u>, otros prefieren pasar unos momentos del Viaje en esta mañana en el <u>Piso-Alto</u>, en las <u>sillas giratorias</u>, contemplando desde más alto el panorama de la Ruta y del Horizonte

Los Autobuses, ahora sí, toman velocidad considerable. *Se nota muy poco el paso de una Unidad Flotante a otra.* Vemos el Tráfico bastante intenso por la <u>Dirección</u> contraria a nuestra izquierda al otro lado del Canal. También nos adelantan a nosotros los Automóviles y Vehículos más ligeros. De vez en cuando vemos el paso de <u>los Trenes</u>. Además toda la actividad comercial de <u>Cultivos Terrestres</u> en las Superficies y los <u>Cultivos Marinos</u> en el Canal, y junto con el Tráfico más lento de la <u>Carretera bi-direccional</u> de Servicio que pasan por junto al Canal.

3.- Así pasamos a toda velocidad Parador tras Parador, que, como en toda la Ruta, están a la distancia de 20/Kilómetros de uno al otro:

Primer Parador,	llamado	**"Melón",**
Segundo Parador,	llamado	**"Sandía",**
Tercer Parador,	llamado	**"Calabaza",**
y **Cuarto Parador,**	llamado	**"Pepino".**

Recorremos el último tramo de 20/Kms. y llegamos a la **Ciudad-Estación Pequeña "Dinamarca"**. Este primer Trayecto de 100/Kilómetros nos ocupó una Hora. Así que, son las 10/A.M., hora local por el Sol, y en la <u>Estación Central</u> bajamos a pasear e inspeccionar, durante media-hora, lo que cada uno quiera ver.

4.- Al aviso de la Bocina-Portátil, todos volvemos a nuestros lugares para continuar la marcha. Pasamos despacio los <u>Puentes de Salida-Entrada</u> del lado Poniente de la Ciudad y, ya en la Ruta de Travesía, los Autobuses toman la velocidad de Crucero por el **Carril de Alta-Velocidad**. Así pasamos los siguientes Paradores:

Primer Parador,	que se llama	**"Tomate",**
Segundo Parador,	que se llama	**"Cebolla",**
Tercer Parador,	que se llama	**"Lechuga",**
y Cuarto Parador,	que se llama	**"Repollo".**

A las 12/medio-día estamos entrando en la <u>Estación Central</u> de la **Ciudad-Estación Pequeña "Suecia"**. Disponemos de otra media-hora para estirar las piernas dando un pequeño paseo y caminando por los alrededores de la Estación y ver la Vida que tiene esta Ciudad.

5.- Al reconocido aviso de los Guías, todos regresamos a nuestros Autobuses y emprendemos otra vez la marcha hacia la siguiente Ciudad pasando de largo los <u>4-Paradores intermedios</u>:

Primer Parador,	llamado	**"Patata",**
Segundo Parador,	llamado	**"Nabo",**
Tercer Parador,	llamado	**"Col"**
y Cuarto Parador,	llamado	**"Rábano".**

Más o menos emplean el mismo tiempo los Autobuses en este recorrido de 100/Kilómetros hasta la **Ciudad-Estación Pequeña "Noruega"**.

Son las 2/PM. (de la tarde), hora local por el Sol, y es hora de la Comida fuerte del día. Todo está listo y preparado en los Restaurantes de la Estación Central que nos da la **"Bienvenida"**. Comemos muy al gusto de todos y dedicamos una hora para pasear por esta Ciudad, cada uno según el rumbo que prefiera, o por grupos pequeños viendo la Vitalidad de esta Ciudad a estas horas de la tarde.

6.- A las 4/PM, suena el sonido característico del Radio-Comunicación llamándonos hacia los Autobuses. Ya para ese momento estamos casi todos los Viajeros cerca para poder arrancar pronto. Saliendo despacio por los <u>Puentes de Salida-Entrada</u> de lado Poniente de la Ciudad, emprendemos el siguiente Trayecto de 100/Kms. hasta la siguiente <u>Ciudad-Estación Pequeña</u> pasando por los <u>4-Paradores intermedios</u>:

Primer Parador,	que se llama	**"Coliflor",**
Segundo Parador,	que se llama	**"Acelga",**

Tercer Parador,	que se llama	**"Berza"**
y **Cuarto Parador,**	que se llama	**"Perejil".**

7.- A las 5/PM., estamos en la Estación Central de la **Ciudad-Estación Pequeña "Finlandia".** Casi todos los Viajeros bajan de los Autobuses a disfrutar de un paseo de media-hora y darse cuenta de cómo es esta Ciudad y la Vida que tiene. Al ir bajando los Pasajeros, un Guía en cada Autobús ofrece una variedad de frutas fáciles de comer mientras paseamos por la Ciudad.

8.- Suena el clásico aviso, y todos nos acomodamos otra vez en nuestros respectivos lugares de los Autobuses. Arrancan, y emprendemos el último Trayecto de 100/Kilómetros del Viaje de este día.

Como siempre, a la velocidad de Crucero, recorremos los Tramos de 20/Kilómetros que hay entre cada uno de los 4-Paradores:

Primer Parador,	llamado	**"Ajo",**
Segundo Parador,	llamado	**"Berro",**
Tercer Parador,	llamado	**"Girasol"**
y **Cuarto Parador,**	llamado	**"Apio".**

9.- A las 6'30/PM. (de la tarde), hora local por el Sol, estamos en la Estación Central de la **Ciudad-Estación GRANDE "MAR DEL NORTE"** que es nuestra Meta final del Viaje de este día.

Después de pasear media-hora por los alrededores de la Estación, llega la hora de la Cena que está debidamente preparada para todos en los grandes Restaurantes de la Estación. También los Hoteles están dispuestos para recibirnos a cada uno cuando queramos ir a descansar. Así terminamos felices este día de **"Viaje a LA ATLÁNTIDA"**

* *

Viaje "de regreso" en TREN –

Capítulo –16 - : (Del Occidente)

Desde	**Ciudad – Estación GRANDE "OCÉANO PACIFICO",**
pasando por	**Ciudad – Estación Pequeña "Brasil",**
y por	**Ciudad – Estación Pequeña "Venezuela",**
y por	**Ciudad – Estación Pequeña "Colombia",**
y por	**Ciudad – Estación Pequeña "Panamá",**
hasta	**Ciudad - Estación GRANDE: "ASIA".**

(- Recorrido: 500/ Kilómetros. -)

10.- Mientras los Viajeros de la Ruta del Oriente hicieron el nuevo recorrido anteriormente descrito, los Viajeros de la Ruta del Occidente realizan "**el regreso**" hacia la **Ciudad-Estación GRANDE "ASIA"**, donde quedaron los Autobuses esperándolos. Así pues, estos Excursionistas van **"de regreso"** en **TREN rápido** haciendo las etapas inversas.

11.- A las 8/AM: (de la mañana), hora local por el Sol, están todos desayunando en los Restaurantes de la Estación Central de la **Ciudad-Estación GRANDE "OCÉANO PACIFICO"**. Este **TREN** que nos llevará hoy es de Velocidad Normal, más rápido que el "Tranvía de Cercanías" de ayer; se detiene solamente en las Ciudades-Estación Pequeñas y GRANDES; no en los Paradores. Así pues, el Trayecto de 500/Kilómetros lo hará en cuatro horas y media con las respectivas cuatro Paradas en cada una de las cuatro Ciudades-Estación Pequeñas intermedias. Sus salida de aquí es a las 12/medio-día. No hay prisa, por tanto; y todos aprovechamos estas horas de la mañana para conocer bien esta Ciudad-Estación GRANDE. Cada uno, o en parejas, o en grupos de tres o cuatro personas nos vamos a recorrer la Ciudad tratando de percibir en su actividad y movimiento la vitalidad y el dinamismo que tiene en todos los aspectos: social, comercial, laboral, industrial, etc.

12.- Siendo ya las 11'30/AM, suena el aviso por Radio-Comunicación de regresar a la Estación del TREN. Ya esta ahí el que nos va a transportar. Los Guías dan a cada uno el Boleto de Pasaje y nos vamos colocando, según la numeración señalada, en cada una de las seis Unidades o Vagones correspondientes que tiene el **TREN**. A las 12/medio-día es la partida.

13.- Después de pasar un poco despacio los Puentes de Salida-Entrada de la Ciudad, toma "velocidad normal" pasando de largo los 4-Paradores intermedios que ya hemos visto y nombrado ayer; pero ahora los pasamos en sentido inverso.

A las 13/horas PM. está entrando en la Estación Central de la **Ciudad-Estación Pequeña "Brasil"**; se detiene 10/minutos y emprende de nuevo la marcha a través de los siguientes 100/Kilómetros a la misma velocidad propia de este **TREN**. Igualmente pasan los correspondientes 4- Paradores intermedios y a las 2/PM. está entrando en la **Ciudad-Estación Pequeña "Venezuela"**. Los Guías aprovechan esta Parada para darnos la Comida fuerte del día en Charola o bandeja desechable y el líquido que cada uno pide para tomar.

Emprende otra vez la marcha el **TREN**. *Se siente muy suave y silencioso el deslizamiento de todo el Tren. Incluso los pasos de una Unidad Flotante a otra es casi imperceptible; se balancea muy poco; casi no se siente la velocidad; es muy agradable viajar en él.* La tarde está nublada y casi obscura, y parece que hay alguna Tormenta cercana porque comienza a llover. Así pasamos los 4-Paradores intermedios de este Trayecto de 100/Kms. hasta la siguiente **Ciudad-Estación Pequeña "Colombia"**.

14.- Son casi las 3'30/PM., y los Guías nos ofrecen un Té o un Café en nuestros propios lugares o asientos. Pasado el tiempo reglamentario de "Parada", el **TREN** vuelve a emprender la marcha a través de los siguientes 100/Kms. pasando de largo a toda velocidad por los 4-Paradores intermedios. A las 4'30/PM., estamos en la última **Ciudad-Estación Pequeña** del Trayecto, que es **"Panamá".**

15.- Pasan los Guías repartiendo unos dulces o frutas, y el **TREN** emprende el último Tramo de 100/Kms. hasta el <u>término del Viaje</u> de este día en la **Ciudad-Estación GRANDE "ASIA".**

Son las 5'30/PM. (de la tarde), hora local por el Sol, cuando nos encontramos **de regreso** en la <u>Estación Central</u> de esta Ciudad. *Aquí estuvieron esperándonos los Autobuses para realizar mañana el mismo recorrido en ellos.* Paseamos algunos minutos por los alrededores, y a las 7/PM. nos llaman para Cenar. Por fin, cada uno se retira a descansar en los Hoteles a la hora que gusta hasta mañana.

* *

* * * * * * * * * * *

Día- 29- de Marzo del Año-2100
(-Noveno día de "Viaje a La Atlántida-)

Capítulo -17-: (De Oriente)

<u>**Desde**</u>   **Ciudad – Estación GRANDE: "MAR DEL NORTE",**

<u>**pasando por**</u>   **Ciudad – Estación Pequeña "Croacia",**

<u>**y por**</u>   **Ciudad – Estación Pequeña "Polonia",**

<u>**y por**</u>   **Ciudad – Estación Pequeña "Hungría",**

<u>**y por**</u>   **Ciudad – Estación Pequeña "Bulgaria",**

<u>**hasta**</u>   **Ciudad – Estación GRANDE "MAR BALTICO".**

(-Recorrido: 500/Kilómetros-)

1.- Los Exploradores de **LA ATLÁNTIDA** que recorren la <u>Ruta de Oriente</u> tienen ganas de hacer un día más de Expedición *descubriendo **este Nuevo Mundo** creado por la Ciencia y la Técnica del Hombre.* Por eso están puntuales a las 8/A.M. (de la mañana), hora local por el Sol, en los Restaurantes de la Estación Central de esta **Ciudad-Estación GRANDE "MAR DEL NORTE"** para Desayunar e inmediatamente emprender el Viaje de <u>500/Kilómetros</u> hasta la siguiente <u>Ciudad-Estación GRANDE.</u>

2.- Va a ser un Viaje muy parecido al de ayer en sus Tramos de distancias y "Paradas" en el Trayecto. Solamente nos detendremos en las **4-Ciudades-Estación Pequeñas** que están situadas cada 100/Kms.; **no** en los **Paradores.**

Con esta disposición emprendemos la marcha a través de los primeros 100/Kms., pasando de largo los 4-Paradores intermedios:

Primer Parador,	llamado	**"Haba",**
Segundo Parador,	llamado	**"Garbanzo",**
Tercer Parador,	llamado	**"Lenteja",**
y **Cuarto Parador,**	llamado	**"Arroz".**

La velocidad de Crucero casi constante de los Autobuses nos permite recorrer ese Trayecto en el tiempo de un poco más de una hora. A las 10´30/A.M. estamos en la Estación Central de la **Ciudad-Estación Pequeña "Croacia".**

3.- Casi todos los Viajeros bajan de las Unidades para pasear unos 20/ minutos y a conocer el aspecto de esta Ciudad por los alrededores de la Estación. Al aviso de los Guías, todos volvemos a nuestros lugares y emprendemos el siguiente Tramo de 100/Kms.

4.- En el Trayecto se nos dice por Radio-Comunicación algo sobre la historia de la construcción de las Unidades Flotantes de la Ruta-Atlántica: Las primeras Unidades que se construyeron hace 90/Años fueron las cercanas a ambos lados de la Capital Central **"LA GRAN ATLÁNTIDA".** Después, en años sucesivos, a medida que se construían las Ciudades-Estación GRANDES, a un lado y al otro de cada una de ellas se iban construyendo las Unidades de Travesía; e igualmente, a medida que se construían las Ciudades-Estación Pequeñas, también a un lado y al otro de ellas se iban construyendo las Unidades de Travesía, así como también los Paradores. Cada lugar de construcción de una Unidad Flotante, sea de Ciudad o sea de Travesía o Parador, estaba señalado con exactitud y sin variación alguna por medio de "Radar" y otras técnicas complementarias. Hacia la mitad de este Siglo que estamos terminando (- Año 2100 -) toda la Ruta Trans-Atlántica era un conjunto de Tramos desconectados, que, para utilizarlos de alguna manera, había que usar Transbordadores marítimos de uno a otro.

El año pasado, el 2099, se terminaron las últimas Unidades Flotantes de Travesía para que toda la Ruta Trans-Atlántica tuviera **continuidad completa**, sin interrupciones. Por ese acontecimiento es por lo que hacemos este **"Viaje a LA ATLÁNTIDA"** para inaugurar la Travesía completa de la Ruta Trans-Atlántica de extremo a extremo de Océano Atlántico sin interrupciones.

5.- Con estas explicaciones y otras más, y el panorama maravilloso que se percibe desde los Autobuses, pasamos sin darnos cuenta Tramos y Tramos de 20/Kms., y Parador tras Parador:

Primer Parador,	que se llama	**"Espárrago",**
Segundo Parador,	que se llama	**"Café",**
Tercer Parador,	que se llama	**"Té",**
y **Cuarto Parador,**	que se llama	**"Guisante".**

A las 12/medio-día estamos en la <u>Estación Central</u> de la **Ciudad-Estación Pequeña "Polonia".** Tenemos 20/minutos para pasear un poco y tomar un Refresco o un Té o un Café.

6.- Emprendemos de nuevo la marcha recorriendo los 100/ Kms. siguientes hasta la siguiente <u>Ciudad-Estación Pequeña</u> pasando de largo los <u>4-Paradores</u> <u>intermedios</u>:

Primer Parador,	llamado	**"Fresa",**
Segundo Parador,	llamado	**"Zanahoria",**
Tercer Parador,	llamado	**"Mostaza",**
y **Cuarto Parador,**	llamado	**"Pimiento".**

A las 2/P.M., hora de la Comida fuerte del día, ya estamos en la <u>Estación Central</u> de la **Ciudad-Estación Pequeña "Hungría".** Como siempre, todo está preparado en los Restaurantes para que comamos todos satisfactoriamente. Hacemos un paseo de una hora después de comer, cada uno por el rumbo que quiere de la Ciudad, percibiendo todos los detalles de la Vitalidad de esta Ciudad.

7.- A las 4/P.M. (de la tarde), hora local por el Sol, ya estamos todos en los Autobuses para emprender el siguiente Trayecto de 100/Kms. Pasamos igualmente de largo los <u>4-Paradores intermedios</u> a velocidad normal de Crucero:

Primer Parador,	nominado	**"Clavel",**
Segundo Parador,	nominado	**"Tulipán",**
Tercer Parador,	nominado	**"Azucena",**
y **Cuarto Parador,**	nominado	**"Orquídea".**

8.-A las 5`30/P.M. estamos en la Estación Central de la **Ciudad-Estación Pequeña "Bulgaria".** Paramos unos 20/minutos para pasear, tomar un Té o un Café o unas Frutas que nos ofrecen los Guías de la Expedición al bajar de cada Autobús. Al oír el aviso que ya todos reconocemos, todos volvemos a nuestros lugares en las Unidades correspondientes y emprendemos el último Tramo de 100/Kms. del Trayecto de este día de **"Viaje a LA ATLÁNTIDA".**

Igualmente pasamos de largo los <u>4-Paradores intermedios</u>:

Primer Parador,	que se llama	**"Rosa",**
Segundo Parador,	que se llama	**"Manzanilla",**
Tercer Parador,	que se llama	**"Magnolia",**
y **Cuarto Parador;**	que se llama	**"Margarita".**

Y a las 6`30/P.M. estamos en la grande <u>Estación Central</u> de la **Ciudad-Estación GRANDE "MAR BALTICO".** Cenamos muy bien en los Restaurantes de la Estación; y descansamos a gusto y cómodamente en los Hoteles hasta mañana, sabiendo que <u>mañana</u> será **un día de "Descanso"** todo el día.

* * * * * * * * * * * * * * * *

Capítulo -18-: (De Occidente)

Desde   **Ciudad – Estación GRANDE: "ASIA",**

pasando por   **Ciudad – Estación Pequeña "Panamá",**

y por   **Ciudad – Estación Pequeña "Colombia",**

y por   **Ciudad – Estación Pequeña "Venezuela",**

y por   **Ciudad – Estación Pequeña "Brasil",**

hasta   **Ciudad – Estación GRANDE "OCÉANO PACIFICO".**

(-Recorrido: 500/Kilómetros, en Autobús-)

10.- Mientras los Excursionistas de la Ruta Oriental hacen el nuevo Trayecto de Viaje que les corresponde en este día, los Expedicionarios de la Ruta de Occidente reemprenden por segunda vez, pero ahora en Autobús, el Trayecto de ante-ayer, para igualarse con los otros en paralelo el día de mañana. Relatamos este día de Viaje de 500/Kms. brevemente, pero con algunas novedades, sin mencionar los Paradores, porque ya están nombrados y conocidos, en los dos días anteriores de ida y vuelta.

11.- Así pues, a las 8/A.M. (de la mañana), hora local por el Sol, están todos los Exploradores desayunando en los Restaurantes de la Estación Central de la **Ciudad-Estación GRANDE "ASIA",** descansados, felices, contentos y expectantes de lo que acontezca en este día.

12.- Los Autobuses ahí están esperándonos desde hace dos días cuando llegamos aquí por vez primera. Cada Viajero colocó su Equipaje, se sentó cómodamente en su asiento, y emprendemos la marcha a través de los primeros 100/Kms. pasando a Velocidad de Crucero los cuatro Paradores y Tramos de 20/Kms. entre Paradores.

13.- A las 10`30/A.M., hora local por el Sol, estamos entrando en la Estación Central de la **Ciudad-Estación Pequeña "Panamá".** Disfrutamos de un pequeño paseo por la Estación y los alrededores, y al aviso de ¡ "A bordo" ¡ volvemos a nuestros lugares y reemprendemos la marcha. Igualmente hacemos el Trayecto de 100/Kms. pasando de largo los 4-Paradores hasta llegar un poco antes de las 12/medio-día, a la **Ciudad-Estación Pequeña "Colombia".** Paramos aquí media hora, que cada uno aprovecha para un paseo, tomar un Té o un Café o lo que guste. Al aviso de ¡ "en marcha" ¡, reemprendemos el Viaje *a toda Velocidad permitida en la Ruta de Travesía y por las Unidades de Transporte de Pasajeros tan especiales como éstas, que son cada una de ellas de dobles Unidades articuladas y las dos de doble piso,* más el Tractor que las arrastra que contiene todas la fuentes de Energía: para refrigeración, para calentadores y hervidores, para servicios de baños, para iluminación interior, etc.

14.- Pasando ya un poco de la 1`30/P.M. (de la tarde) hora local por el Sol, estamos en la Estación-Central de la **Ciudad-Estación Pequeña "Venezuela".** Es la hora de la Comida fuerte del día que está debidamente preparada en los Restaurantes de la Estación. A todos gustó la comida que se nos ofreció; y, satisfechos por eso, salimos a dar un paseo de una hora por la Ciudad.

15.- A las 4/P.M. nos convocan por el Radio-Comunicación porque vamos a continuar la marcha a través de los siguientes 100/Kms. de Trayecto, pasando de largo los 4-Paradores correspondientes, hasta la **Ciudad-Estación Pequeña "Brasil".** Al bajar de los Autobuses, los Guías nos ofrecen una variedad de frutas fáciles de comer mientras paseamos durante media-hora por la Estación y los alrededores. Ahora percibimos mejor que cuando pasamos por aquí en TREN la vitalidad de esta Ciudad fuera de la Estación Central.

16.- A las 5`30/P.M. (de la tarde) hora local, al grito de ¡ "A bordo" ¡, todos volvemos a nuestros lugares de Viaje, algunos incluso en el Segundo-Piso del Autobús para contemplar mejor la caída de la Tarde en el Horizonte. Recorremos el último Trayecto de 100/Kms. pasando de largo los 4-Paradores correspondientes a este Tramo de Travesía de esta Ruta de Occidente, que fueron nombrados en la primera "pasada" hace dos días.

17.- Pasando un poco de las 6`30/P.M. (de la tarde) hora local, estamos **por segunda vez** en la grande Estación Central de la **Ciudad-Estación GRANDE "OCÉANO PACIFICO".**

Nota: *"La Hora" la vamos checando constantemente por el Sol con los aparatos de medición exacta de la Hora según la posición del Sol desde el lugar donde estamos en cada momento.*

Previendo que el día de mañana es de **"Descanso",** nadie tiene prisa por ir a los Hoteles a descansar.

Cenamos, eso sí, todos juntos en los grandes Restaurantes de esta Estación Central, que, una vez más, nos dan la **"Bienvenida"** como el otro día; y cada uno se retira tranquilamente cuando quiere a descansar en los mismos Hoteles, sabiendo que mañana es día de **"Descanso"** todo el día en esta Ciudad.

* * * * * * * * * * * * * * * * * * * *

* * * * * * * * * * * * *

Día - 30- de Marzo del Año – 2100
(- Décimo día del "Viaje a La Atlántida" -)

Capítulo – 19 -: (En Oriente)

Día de "Descanso"

En Ciudad–Estación GRANDE "MAR BALTICO".

Los dos Grupos paralelos de Excursionistas a **LA ATLÁNTIDA,** el de Oriente y el de Occidente, harán el mismo Programa de **"día de Descanso"**, pero en sus respectivas Ciudades–Estación GRANDES.

1.- Temprano, a las 6/A.M. (de la mañana), hora local por el Sol, ya se ven bastantes participantes de la Expedición en la Calle cerca de las puertas de los Hoteles y en el Recibidor mostrando ansiedad por disfrutar de este día especial. Poco a poco va aumentando el número de preparados para el Programa del día. Cuando ya están casi todos, se encaminan hacia los Restaurantes para Desayunar todos juntos.

2.- Al final del Desayuno, el Guía–Jefe habla por medio del Radio-Comunicación al que todos sintonizan, unos con auriculares y otros acercando el pequeño Radio–Receptor al oído, y explica el programa del día: Vamos a ocupar la mañana en pasear hasta las Playas; el que quiera, que disfrute bañándose durante unas dos o tres horas escogiendo la Playa que prefiera de las varias que hay. A las 2/P.M. (de la tarde) pasará una Camioneta por las Playas repartiendo a cada Excursionista la Comida y Bebida del día en forma de Merienda de Campo. La Tarde la dedicaremos a conocer detalles de esta **Ciudad–Estación GRANDE "MAR BALTICO"** paseando por ella y volviendo de regreso a los Restaurantes para Cenar.

Tengan siempre prendido el Radio–Receptor del Radio–Comunicación y estén atentos para escuchar las explicaciones y avisos durante el día; se oye perfectamente en toda la Ciudad y en cualquier lugar donde esté cada uno.

3.- Van saliendo por grupos de los Restaurantes donde desayunaron, y cada grupo toma la dirección distinta hacia las diferentes Playas que tiene esta Ciudad.

Unos toman la dirección del Oriente por la Calle que va paralela a la Auto–Pista y las Vías del Tren por el lado Norte. Otros, la misma dirección, pero por el lado Sur. Otros, la dirección del Poniente igualmente paralela a la Auto–Vía y al Tren. Unos y otros recorren en menos de una hora de paseo la distancia que hay hasta las Playas. Este paseo les da la oportunidad de conocer esas Zonas de la Ciudad: Grandes Almacenes cerca de las Vías, Industrias variadas, Edificios para habitación permanente, algunos Super- Mercados, Oficinas de muy diversos asuntos, Hoteles Turísticos situados ya cerca de las Playas, Restaurantes, etc.

4.- Las Unidades de Playa son de una forma especial: Pasamos por un Puente sobre un Canal hacia la Unidad de Playas que consta de una línea de Edificios largos y estrechos en el centro con Calles a cada lado por donde circulan Automóviles pequeños; en los bordes exteriores de la Calle hay un Jardín-Mirador a todo lo largo de la Unidad de extremo a extremo. De este nivel de la Calle se puede descender por los lados de la Unidad, a otro nivel de Arena de Playa en leve declive; al final de la Arena está el Agua que tiene señalamientos de distintas profundidades.

Los Excursionistas se animan casi todos a pasar en el agua y en la Arena, tomando el Sol, las dos o tres horas que se dispone para eso.

5.- Hacia las 12/medio-día o 1/P.M., sin esperar la merienda prometida, van a las Tienditas a saciar el hambre que les dio el baño en la Playa, principalmente tomándose unos refrescos y comida ligera para distraer el estómago. Por fin, a su hora, pasa la Camioneta por las Playas repartiendo a cada uno su Comida fuerte del día en bandeja cerrada desechable. A las 2'30/P.M. se oye en el Radio-Comunicación que señala el final del Programa de la Mañana.

* * * * * * * * * * * * * * * * * * *

Capítulo-20-: (En Occidente)

Día de "Descanso"

en la Ciudad-Estación GRANDE "OCÉANO PACIFICO".

6.- El Grupo de Exploradores de **LA ATLÁNTIDA** que viene de Occidente hizo el mismo programa de la Mañana, pero a su hora propia, es decir, un poco después en el tiempo real por la diferencia de la hora solar. Por tanto, después que la Camioneta terminó de repartir las Comidas por las diferentes Playas y después que cada uno quedó satisfecho con lo que le dieron, se van formando otra vez los grupos, y, avisados por el Radio-Comunicación, se dirigen hacia el Centro de la Ciudad pero juntándose en los Puertos de Mar; los que están en la Zona Norte en el Puerto de Mar-Norte, y los que están en la Zona Sur en el Aeropuerto de Aviación ligera que está en la parte Sur de la Ciudad.

7.- Este paseo les permite a los Descubridores de **LA ATLÁNTIDA** percibir otros muchos aspectos de esta **Ciudad-Estación GRANDE "OCÉANO PACIFICO"** ; por ejemplo: El movimiento de trabajo propio de los Puertos de Mar donde recalan Buques bastante grandes de carga y Cruceros de Vacacionistas-Pasajeros; el Aeropuerto con Aviones medianos y pequeños tanto de carga como de pasajeros y todas las instalaciones de Oficinas y Bodegas de almacenamiento.

8.- Tomando ya la dirección de la Estación Central que es el Centro de la Ciudad, van viendo los Exploradores el movimiento y la vitalidad de esta Ciudad por la Avenida Central que va desde los Puertos de Mar-Norte y Sur hasta el Centro. Se ven Comercios de todas clases y por todos lados, Oficinas de diversas actividades, Agencias de varios Bancos, Restaurantes y Bares, Hoteles de diferentes tamaños y clases, etc.

9.- A las 5'30/P.M. (de la tarde) hora local por el Sol, ya están casi todos los Excursionistas congregados entre los Restaurantes y los Hoteles de la Estación Central comentando las experiencias de este **día de "Descanso".**

Por la Bocina Portátil son invitados, a las 6/P.M., a acomodarse en las mesas de los Restaurantes para tomar un "Aperitivo" antes de la Cena y a escuchar unas explicaciones finales acerca de esta Ciudad y a hacer las preguntas que quiera cada uno.

10.- Por el Radio-Comunicación, para que todos entiendan bien, el Comentador del **"Viaje a LA ATLÁNTIDA"** dice:

Como han visto Ustedes todo este día, esta <u>Ciudad-Estación GRANDE</u>, como todas las demás de su categoría, es muy completa en su vida propia y en los Servicios que ofrece. Es un pequeño anticipo de lo que vamos a descubrir en la gran **Capital Central** "LA GRAN ATLÁNTIDA" dentro de tres días más. Esta categoría de Ciudades concentra la actividad humana (-ciudadana, turística, laboral, comercial, ...) en un radio de <u>250/Kilómetros</u> al Oriente y <u>250/Kilómetros</u> al Occidente, coordinado todo y dirigido por la Autoridad Política correspondiente a su nivel.

11.- Terminadas éstas y más explicaciones y respondidas algunas preguntas de los <u>Exploradores de **LA ATLÁNTIDA**</u> (-por ejemplo: Quién elige a las Autoridades, qué Industrias son permitidas, qué es eso de la Ciudadanía Internacional de las personas, qué condiciones se requieren para instalarse en "LA ATLÁNTIDA", por dónde se siguen construyendo otras Rutas, etc., etc. ...-) llega la hora de las 7/P.M., hora de la Cena.

Se nos sirve a cada uno una sabrosa Cena; la disfrutamos con mucho apetito a causa del ejercicio físico del día; todos quedamos satisfechos de este **día de "alto en el camino"** ; y contentos todos, cada uno se retira cuando quiere a descansar la Noche en su Hotel, porque mañana nos espera un Trayecto de 500/Kilómetros en este **"Viaje a LA ATLÁNTIDA"**.

* *

* * * * * * * * * * *

Día- 31- de Marzo del Año-2100
(-Décimo-primer día de "Viaje a La Atlántida-)

Capítulo -21-: (De Oriente)

<u>Desde</u>   **Ciudad – Estación GRANDE: "MAR BALTICO",**

<u>pasando por</u> **Ciudad – Estación Pequeña "Rumania",**

<u>y por</u>   **Ciudad – Estación Pequeña "República Checa",**

<u>y por</u>   **Ciudad – Estación Pequeña "Eslovaquia",**

<u>y por</u>   **Ciudad – Estación Pequeña "Albania",**

<u>hasta</u>   **Ciudad – Estación GRANDE "MAR CANTABRICO".**

(-Recorrido: 500/Kilómetros-)

1.- Vuelve a surgir en todos los <u>Exploradores de **"LA ATLÁNTIDA"**</u> el espíritu descubridor de los días pasados y están todos deseosos de ver más <u>Ruta Trans-Atlántica</u>

porque cada Trayecto siempre tiene alguna novedad. Por eso están todos puntuales a las 8/A.M., hora local por el Sol, en los Restaurantes de la Estación Central de esta **Ciudad-Estación GRANDE "MAR BALTICO"** en Oriente (- y OCÉANO PACIFICO en Occidente -) para Desayunar.

Disfrutado el Desayuno, que como siempre fue a gusto de todos, cada uno toma su Equipaje y se dirige a su Unidad de Autobuses; y emprendemos esta jornada de 500/ Kilómetros.

2.- Salimos a velocidad reglamentaria tanto dentro de la Ciudad como por los Puentes de Salida-Entrada y la Caravana se pone en Ruta del primer Trayecto de 100/Kms. Pasamos de largo el **Primer Parador** llamado **"Dalia"** en esta Ruta de Oriente (-y "Jícama" en la de Occidente -); igualmente pasamos a toda velocidad el **Segundo Parador** llamado **"Violeta"** en este lado de la Ruta (-y "Ajonjolí" en el otro -). Entra la Caravana en el **Tercer Parador** llamado **"Geranio"** en esta Ruta (- y "Cebollines" en la de Occidente -). Vuelven a hacer los Conductores la maniobra, que ya hicieron en otros Paradores, de recorrer todo lo largo de la Calle lateral del Parador en nuestra Dirección, y en el otro extremo se meten por el Túnel que atraviesa la Auto-Pista y las Vías del Tren hacia la otra Dirección contraria; otra vez recorren todo lo largo del Parador y vuelven a meterse en el Túnel del otro extremo por debajo de la Vías del Tren y Auto-Pista para encontrarnos de nuevo por donde habíamos entrado; así, una vez más, nos dimos cuenta del Cambio de Sentido o Dirección que tienenlos Paradores.

Sin parar nada en este Parador emprendemos el siguiente Tramo de 20/Kms. Pasamos de largo el **Cuarto Parador** llamado **"Amapola"** en esta Ruta de Oriente (- y "Alcachofa" en la de Occidente -) y hacemos el últ imo Tramo de 20/Kms. hasta llegar a las 10'30/A.M. a la **Ciudad-Estación Pequeña "Rumania"** en Oriente (- y "Ecuador" en Occidente -).

3.- Aquí sí hacemos "alto en el camino" en la Estación Central. Casi todos los Viajeros bajan a pasear un poco por la Estación y su alrededor durante media-hora; algunos toman un refresco o un Té o un Café, otros se asoman a las Calles principales que salen de la Estación Central para ver algo el panorama de la Ciudad sin alejarse demasiado. Al oír por Radio-Comunicación el aviso reconocido por todos, regresamos a nuestros correspondientes lugares en los Autobuses.

4.- Arranca la Caravana, y atraviesa a baja velocidad los Puentes de Entrada-Salida, y ya estamos otra vez en Ruta recorriendo el primer Tramo de 20/Kms. del siguiente Trayecto de 100/Kms.

Pasamos el **Primer Parador** que se llama **"Arrecife"** en esta Ruta de Oriente (- y "Maíz" en la de Occidente -). También pasamos de largo el **Segundo Parador** que se llama **"Manglar"** en este lado de la Ruta (- y "Fríjol" en la otra Ruta -). Paramos 15/minutos en el **Tercer Parador** que se llama **"Concha"** en esta Ruta de Oriente (- y "Soya" en la de Occidente -); unos pocos Viajeros bajan a pasear, otros suben al Segundo-Piso de la Unidad para divisar mejor el Panorama y prepararse para ver mejor los dos últimos Tramos de 20/Kms. cada uno desde la altura. Así pues, completado el pequeño descanso, la Caravana recorre el siguiente Tramo hasta el

Cuarto Parador que se llama **"Coral"** en esta Ruta de Oriente (- y "Ejote" en la de Occidente -); lo pasamos de largo a toda velocidad y recorremos el último Tramo de 20/Kms. hasta la próxima **Ciudad-Estación Pequeña** **"República Checa"** en Oriente (- y "Perú" en Occidente -) a la que llegamos a las 12'30/medio-día.

5.- Al bajar de los Autobuses para pasear media-hora, un Guía en cada salida nos ofrece unas frutas para ir comiendo mientras paseamos por la <u>Estación Central</u> y los alrededores.

Oyendo el sonido del Radio-Comunicación, todos regresamos a nuestros lugares correspondientes en los Autobuses y emprendemos el último Trayecto de 100/Kms. de esta Mañana. Así pues, recorremos los primeros 20/Kms. del primer Tramo hasta el **Primer Parador** llamado **"Hongo"** en esta Ruta de Oriente (- y "Jitomate" en la de Occidente -); lo pasamos de largo. Así también el **Segundo Parador** llamado **"Lirio"** en esta Ruta (- y "Algodón" en la de Occidente -). Paramos 15/minutos en el **Tercer Parador** llamado **"Plangton"** en esta Ruta (- y "Tomillo" en la otra -). Unos pocos Viajeros bajan a estirar las piernas un poco por las cercanías, y al sonido de la Bocina Portátil nos volvemos a acomodar todos en nuestros lugares y recorremos los dos últimos Tramos de 20/Kms. cada uno de esta Mañana; queremos llegar a las 2/P.M., que es la hora señalada para la Comida, a la próxima Ciudad. Así pues, pasamos de largo a toda velocidad el **Cuarto Parador** llamado **"Alga"** en esta Ruta de Oriente (- y "Canela" en la de Occidente -); y en 20/minutos hacemos el último Tramo hasta la Estación Central de la **Ciudad-Estación Pequeña** **"Eslovaquia"** en Oriente (- y "Chile" en Occidente -).

Todos nos sentimos contentos y alegres por el **"Viaje a LA ATLÁNTIDA"** de esta Mañana, y nos sentamos a disfrutar de la Comida que nos tienen preparada en los Restaurantes de la Estación.

* * * * * * * * * * * * * * * *

<u>Capítulo -22-:</u> (De Occidente)

<u>Desde</u>   Ciudad – Estación GRANDE: **"OCÉANO PACIFICO"**,

<u>pasando por</u>   Ciudad – Estación Pequeña **"Ecuador"**,

<u>y por</u>   Ciudad – Estación Pequeña **"Perú"**,

<u>y por</u>   Ciudad – Estación Pequeña **"Chile"**,

<u>y por</u>   Ciudad – Estación Pequeña **"Argentina"**,

<u>hasta</u>   Ciudad – Estación GRANDE **"MAR CARIBE"**.

(-Recorrido: 500/Kilómetros-)

6.- Los Exploradores de **LA ATLÁNTIDA** que recorren la Ruta de Occidente, a su horario correspondiente por el Sol, - por tanto, retrasados un poco en el tiempo real -, también disfrutaron de la Comida que les ofrecieron en la **Ciudad-Estación Pequeña "Chile"** en Occidente (- y "Eslovaquia" en Oriente -). Han paseado una hora, después de la Comida, por las Calles cercanas a la Estación y ya está la Caravana dispuesta a recorrer los Trayectos de Travesía de esta Tarde.

7.- Así pues, emprenden el primer Trayecto del 100/Kms. metiéndose en el primer Tramo de 20/Kms. hasta el **Primer Parador** de esta Ruta de Occidente que se llama **"Gardenia"** (- y en la de Oriente "Barracuda" -); lo pasa de largo a toda velocidad, y de igual forma pasan el **Segundo Parador** llamado **"Nardo"** en esta Ruta de Occidente (- y ".......") en la de Oriente -). A las 4'30/P.M. (de la tarde) hora local por el Sol, llega la Caravana al **Tercer Parador** llamado **"Nochebuena"** en esta Ruta de Occidente (- y "Tintorera" en la de Oriente -). Paran los Autobuses 15/minutos y seguidamente emprenden los siguientes Tramos de Travesía pasando de largo el **Cuarto Parador** llamado **"Jazmín"** en Occidente (- y "Coralillo" en Oriente -), y llegan a las 5/P.M. a la Estación Central de la **Ciudad-Estación Pequeña "Argentina"** en Occidente (- y "Albania" en Oriente -).

8.- Se les da a los Viajeros media-hora para pasear por la Estación y los alrededores que aprovechan para tomar unos refrescos o un Té o Café, cada uno a su gusto, y ver el panorama de la Ciudad en las Calles cercanas.

9.- Pasado el tiempo señalado, todos vuelven a sus correspondientes lugares en los Autobuses, y la Caravana emprende la marcha del último Tramo de 100/Kms. de esta Tarde y de este día.

Así, midiendo el tiempo, pasamos de largo el **Primer Parador** que en esta Ruta de Occidente se llama **"Gladiola"** (- y en la de Oriente "Perla" -); de igual modo pasamos el **Segundo Parador** llamado aquí **"Cempasúchil"** (- y "Nutria" en la del Oriente -). Paramos 15/minutos en el **Tercer Parador** llamado **"Lirio"** en esta Ruta de Occidente (- y "Tritón" en la del Oriente -). Los Viajeros ya tienen ganas de llegar al destino final de este día; así que, pasamos de largo el **Cuarto Parador** que se llama **"Crisantemo"** en esta Ruta de Occidente (- y "Sirena" en la del Oriente -), y a las 6'30/P.M. hora local por el Sol, estamos llegando a la Estación Central de la **Ciudad-Estación GRANDE "MAR CARIBE"** en esta Ruta de Occidente (- y "MAR CANTÁBRICO" en la de Oriente -).

10.- Paseamos una media-hora por la Estación y alrededores para darnos cuenta de dónde estamos, y vemos que ciertamente esta Ciudad es grande y de mucha vitalidad a estas horas de la tarde. El movimiento humano y de transporte es también intenso en la Estación: de gente que sale y llega a ella tanto en Trenes como en Autobuses y coches pequeños. En seguida se da uno cuenta de que estamos en una de esas **Ciudades-Estación GRANDES** que concentran la actividad humana en muchos aspectos.

Nosotros, según el horario de todos los días, a las 7/P.M. (de la tarde) hora local por el Sol, vamos a los grandes Restaurantes de esta grande <u>Estación Central</u> que nos dan la **"Bienvenida"** y que nos tienen preparada la Cena de esta noche. Todos comemos a gusto comentando todo lo que hemos visto y percibido en el día. Y a partir del final de la Cena, cada uno se siente muy libre para ir a descansar a los Hoteles que también tienen la **"Bienvenida"** a los Expedicionarios del **"Viaje a LA ATLÁNTIDA"**.

* *

* * * * * * * * * * * * * * *

Día- 1- de Abril del Año-2100
(-Décimo-segundo día de "Viaje a La Atlántida-)

<u>Capítulo -23-:</u> (De Oriente)

<u>Desde</u>	**Ciudad – Estación GRANDE: "MAR CANTABRICO",**
<u>pasando por</u>	**Ciudad – Estación Pequeña "Grecia",**
<u>y por</u>	**Ciudad – Estación Pequeña "Turquía",**
<u>y por</u>	**Ciudad – Estación Pequeña "Yugoslavia",**
<u>y por</u>	**Ciudad – Estación Pequeña "Ucrania",**
<u>hasta</u>	**Ciudad – Estación GRANDE "POLO NORTE".**

(-Recorrido: 500/Kilómetros-) *-en TREN de <u>"Alta Velocidad"</u>-*

1.- En este día de hoy hay un programa especial para los <u>Expedicionarios del **"Viaje a LA ATLÁNTIDA".**</u> Por eso todos los Viajeros se alistan pronto por la mañana; bajan de sus Hoteles a los Restaurantes para el Desayuno ansiosos por experimentar <u>la novedad del **Viaje**</u> en este día.

2.- Terminado el Desayuno, el Guía-Jefe explica por Radio-Comunicación, para que todos entiendan en el lenguaje que prefieren, el Programa de este día y su novedad: *"Viajeros de LA ATLÁNTIDA"*, hoy vamos a hacer el recorrido de 500/Kms. hasta la próxima <u>Ciudad-Estación GRANDE</u> en **"TREN de Alta Velocidad"**, *el último modelo de Transporte Terrestre de Pasajeros*. Tomen de su Equipaje en los Autobuses lo que necesiten para este día, porque los Autobuses ya van a salir inmediatamente "vacíos" de Pasajeros con esta misma Dirección y nos esperarán en nuestro destino de hoy; ellos emplearán el doble de tiempo que nosotros que saldremos más tarde en ese **TREN tan especial.** Solamente se detiene 10/minutos en cada una de las <u>4-Ciudades-Estación Pequeñas</u> del Trayecto. Como **este TREN** pasa puntualmente a las 12/medio-día, vamos a ocupar estas horas de la Mañana visitando esta **<u>Ciudad-Estación GRANDE "MAR CANTÁBRICO"</u>**, y sin alejarnos mucho de la Estación Central. Comeremos la Comida fuerte del día a las 2'30/P.M. en la Ciudad de destino de hoy.

3.- Cada Excursionista o por Grupos pequeños, después de tomar de su Equipaje lo que necesitan para el día, se dirigen en distintos rumbos o direcciones a pasear por las Calles cercanas a la Estación Central.

Se ve el dinamismo, el movimiento y la vitalidad que tiene esta Ciudad que está a 1000/Kilómetros de la Gran Capital Central "LA GRAN ATLÁNTIDA". La distribución de la Ciudad parece similar a las otras Ciudades-Estación GRANDES que ya hemos visto, pero, quizá por la cercanía a la Gran Capital Central, parece tener más actividad que las otras ya vistas en días anteriores.

4.- A las 11'30/A.M. suena en el Radio-Comunicación la señal de encaminarnos a la Estación del Tren del lado Norte que es nuestra Dirección y estar dispuestos a subir al **"TREN de Alta Velocidad"** inmediatamente que se estacione donde tiene señalado. Así ocurre todo, y a las 11'50/A.M. entra el **impresionante TREN** a la Estación donde estamos preparados para subir y colocarnos en el lugar que el Boleto señala a cada uno.

* * * * * * * * * * * * * * * * * *

Capítulo -24-: (De Occidente)

Desde   **Ciudad – Estación GRANDE: "MAR CARIBE",**

pasando por **Ciudad – Estación Pequeña "Uruguay",**

y por   **Ciudad – Estación Pequeña "Bolivia",**

y por   **Ciudad – Estación Pequeña "Paraguay",**

y por   **Ciudad – Estación Pequeña "Cuba",**

hasta   **Ciudad – Estación GRANDE "POLO SUR".** Recorrido: 500/Kilómetros

-en "TREN de Alta Velocidad" –

5.- Los Viajeros de la Ruta de Occidente van haciendo el mismo Programa del día desde la mañana en la **Ciudad-Estación GRANDE "MAR CARIBE";** Pero retrasados en la hora real del Programa simultaneo del otro Grupo, por su horario por el Sol que es posterior. Todos están alineados en la parte Sur de la Estación de Trenes esperando que llegue y se estacione **este TREN tan especial.** Llega, y a la 12/medio-día en punto, hora local propia por el Sol, emprende la marcha este **"TREN de Alta Velocidad"** de la Ruta del Occidente, con 10-Unidades y 200 Pasajeros más.

6.- Arranca insensiblemente y se desliza en silencio casi total; sólo se oye una música suave por el sonido interior y la **"Bienvenida"** a los Expedicionarios del **"Viaje**

a LA ATLÁNTIDA" por parte del <u>Capitán del **TREN**</u>. Sin darnos cuenta ya estamos pasando a velocidad vertiginosa el **Primer Parador** llamado **"Caballa"** en esta ruta de Occidente (- y "Lucio" en la del Oriente -). *Casi sin hablar nadie, impresionados por la sensación que causa en cada uno este TREN*, pasamos igualmente el **Segundo Parador** llamado **"Salmonete"** en esta Ruta (- y "Sepia" en la otra -). Todo se nos va mirar hacia fuera por las ventanas para percibir *la velocidad impresionante que alcanza* principalmente en los Tramos de 20/Kms. de Unidades de Travesía entre Paradores. Así pasamos el **Tercer Parador** llamado **"Barbo"** en esta Ruta (- y "Morena" en la de Oriente -).

Disminuye un poco la "Alta Velocidad" al entrar en el **Cuarto Parador** llamado **"Guachinango"** en esta Ruta de Occidente (- y "Congrio" en la del Oriente -). En el último Tramo de 20/Kms. se nota que va frenando más todavía para entrar a velocidad normal en la <u>**Ciudad-Estación Pequeña "Uruguay"**</u> en esta ruta de Occidente (- y "Grecia" en la Ruta del Oriente -). Y a las 12'30/P.M. estamos entrando en la <u>Estación Central</u>. *Todos respiramos tranquilos durante 10/minutos como cuando se termina la carrera vertiginosa del juego mecánico de una "Montaña Rusa".*

7.- Puntualmente vuelve a emprender la marcha este **impresionante TREN,** y percibiendo la pequeña elevación de los <u>Puentes de Entrada-Salida</u> volvemos a experimentar lo que es la **"Alta Velocidad"**.

Así pasamos el **Primer Parador** llamado **"Corvina"** en esta Ruta de Occidente (- y "Anchoveta" en la del Oriente -). Igualmente el **Segundo Parador** llamado **"Robalito"** en este lado de Occidente (- y "Caviar" en el de Oriente -). También el **Tercer Parador** llamado **"Cazón"** en esta Ruta (- y "Mantarraya" en la otra -). Y por fin, el **Cuarto Parador** llamado **"Lobina"** en esta Ruta de Occidente (- y "Arenque" en la Ruta del Oriente -). Lo mismo que antes, el **TREN** comienza el frenado ya desde los últimos 20/Kms. antes de llegar a la <u>**Ciudad-Estación Pequeña "Paraguay"**</u> en esta Ruta de Occidente (- y "Turquía" en la Ruta del Oriente -), en cuya Estación Central entramos a las 13'10/P.M. hora local.

8.- Exactamente al cabo de los 10/minutos reglamentarios, el **TREN** emprende una vez más la marcha para hacer el siguiente Trayecto de 100/Kms. en **"Alta Velocidad"** en lo que empleará media-hora.

A su velocidad propia, pasa el **Primer Parador** llamado **"Raya"** en esta Ruta de Occidente (- y "................" en la Ruta de Oriente -). Del mismo modo el **Segundo Parador** llamado **"Esturión"** en esta Ruta (- y "..................." en la de Oriente -). Igualmente el **Tercer Parador** llamado **"Salamandra"** en este lado de Occidente (- y "Rana" en el de Oriente -). Y por fin, el **Cuarto Parador** que en esta Ruta de Occidente se llama **"Sanguijuela"** (- y en la de Oriente "Tortuga" -).

A las 13'50/P.M. está entrando **este TREN** en la <u>Estación Central</u> de la <u>**Ciudad-Estación Pequeña "Bolivia"**</u> en esta Ruta de Occidente (-y "Yugoslavia" en la Ruta de Oriente-).

9.- Pasados 10/minutos reglamentarios exactos, este **maravilloso TREN** de **"Alta Velocidad"** vuelve a emprender la marcha casi sin sentirlo y, adquiriendo *su propia velocidad vertiginosa de Crucero*, pasa el **Primer Parador** llamado **"Chipirón"** en esta Ruta de Occidente (- y "Berberecho" en la del Oriente -). El **Segundo Parador** llamado **"...................."** en este lado de la Ruta (- y "Lamprea" en el otro -). El **Tercer Parador** llamado **"..................."** aquí (- y "Ameba" allá-). Y por fin, el **Cuarto Parador** llamado **"Charal"** en esta Ruta de Occidente (- y "Gamba" en la del Oriente -).

Vuelve a sentirse la disminución de la velocidad y la pequeña elevación de los Puentes de Entrada-Salida de la **Ciudad-Estación Pequeña "Cuba"** en esta Ruta de Occidente (- y "Ucrania" en la del Oriente -), que los pasa a velocidad normal hasta que entra silenciosamente en la Estación Central. Puntual siempre al tiempo de los minutos de parada, *tan suave y silencioso como entró en la Estación así sale de ella* a emprender el último Trayecto del Viaje de este día para nosotros, Aventureros de **LA ATLÁNTIDA**.

Como es su propio modo impresionante de correr, va pasando a velocidad de suspiro el **Primer Parador** llamado **"....................."** en esta Ruta de Occidente (- y "Pólipo" en la del Oriente-). Igualmente el **Segundo Parador** llamado **"Piraña"** en esta Ruta (- y "Anémona" en la otra -). E igualmente el **Tercer Parador** llamado **"Caimán"** en esta Ruta de Occidente (- y "Molusco" en la del Oriente-). Y por fin, el **Cuarto Parador** llamado **"Cocodrilo"** en esta Ruta de Occidente (- y "Medusa" en la Ruta del Oriente -).

Volviendo otra vez a disminuir la velocidad durante el último Tramo de 20/Kms., pasa a velocidad normal los Grandes Puentes de Entrada-Salida de la **Ciudad-Estación GRANDE "POLO SUR"** en esta Ruta de Occidente (- y "POLO NORTE" en la Ruta de Oriente -)

Siendo las 3'10/P.M. hora local por el Sol, entra en la grande Estación Central de esta Ciudad. *Empleó en el recorrido de 500/Kilómetros 3/horas y 10/minutos* contando los diez minutos de cada una de las cuatro Paradas. **¡¡ Una maravilla de TREN !!**

11.- Impresionadísimos por el **"Viaje a LA ATLÁNTIDA"** de este día en **"TREN de Alta Velocidad"** nos bajamos todos de este **"Galgo de los Mares"**, que así se llama **este TREN**, y con ganas y con hambre nos dirigimos a los grandes Restaurantes de esta Estación Central para comer la Comida fuerte del día, un poco más tarde que otros días; pero no tenemos prisa, porque esta Ciudad es la meta del Viaje de este día.

Después de comer, cada uno va a aprovechar las horas que quedan de la Tarde para ver la Ciudad tranquilamente, Cenar a la hora señalada e irse a descansar a los Hoteles que nos dan la **"Bienvenida"** a "Los Exploradores de **LA ATLÁNTIDA"** .

Mañana vamos a recorrer el último Trayecto de la **Primera Parte** del **"Viaje a LA ATLÁNTIDA"**.

* * * * * * * * * * * * * * * *

* * * * * * * * * * * * * *

Día- 2- de Abril del Año-2100
(-Décimo-Tercer día de "Viaje a La Atlántida-)

- Último Trayecto de la Ruta Trans-Atlántica -

Capítulo -25-: (De Oriente)

Desde	**Ciudad – Estación GRANDE: "POLO NORTE",**
pasando por	**Ciudad – Estación Pequeña "Lituania",**
y por	**Ciudad – Estación Pequeña "Letonia",**
y por	**Ciudad – Estación Pequeña "Estonia",**
y por	**Ciudad – Estación Pequeña "Rusia",**
hasta	**la Capital Central "LA GRAN ATLANTIDA".**

(-Recorrido: 500/Kilómetros-)

1.- Los Exploradores de **"LA ATLÁNTIDA"** hoy se levantan con un animo especial, porque es el último día y el último Trayecto por la **Ruta Trans-Atlántica** hasta llegar *al Centro, "al Corazón" de esta novedosa instalación humana*, a la Gran Capital Central **"LA GRAN ATLÁNTIDA".**

Ansiosos de comenzar ya el recorrido de este día del **"Viaje a La Atlántida",** están todos antes de tiempo en los Restaurantes de la Estación Central de esta **Ciudad-Estación GRANDE "POLO NORTE"** en esta Ruta de Oriente (- y "POLO SUR" en la Ruta de Occidente -). Mientras llega el Servicio del Desayuno, comentan y comentan bulliciosos las experiencias pasadas y lo que esperan recibir en este día.

2.- A las 9/A.M. (de la mañana) en punto, como todos los días, arranca la Caravana de Autobuses con sus 200 Viajeros a bordo. Al ir saliendo nos damos cuenta que esta Ciudad ya lleva bastante tiempo de existencia porque se ve bastante completa tanto en su interior como en los Puentes de Entrada-Salida, quizá por ser la más próxima de su clase a la Gran Capital, y por eso tiene todavía más vida.

Recorremos el primer Tramo de Travesía de 20/Kms. hasta el **Primer Parador** que se llama "................" en esta Ruta de Oriente (- y "Carpa" en la de Occidente -). No paran los Autobuses, pero, al ir pasando por él un poco despacio, nos damos cuenta que está completo en sus Servicios de vida estable y a los Pasajeros. Hacemos el siguiente Tramo de 20/ Kms. hasta el **Segundo Parador** que se llama **"Angula"** en esta Ruta de Oriente (- y "................" en la de Occidente -). Entra la Caravana por la Calle lateral, dejando la Vía rápida de paso, y recorre lentamente el Kilómetro que tiene de largo el Parador, y, sin más, en el otro extremo se vuelve a introducir en la Auto-Pista; y así, a la velocidad que logran alcanzar estos Autobuses en 20/Kms.

llegamos al **Tercer Parador** que se llama **"Anguila"** en esta Ruta de Oriente (- y "...................." en la de Occidente -); vuelven a tomar la Calle lateral de este Parador en el que se detienen hacia la mitad de él para una breve Parada.

Sin bajar nadie de los Autobuses, nos detenemos durante unos minutos constatando la situación bastante completa de este Parador y emprendemos el siguiente Tramo de 20/Kms. hasta el **Cuarto Parador** que se llama **"Anchoa"** en esta Ruta de Oriente (- y "Mojarra" en la de Occidente -); lo pasamos de largo un poco más despacio y nos metemos en el último Tramo de 20/Kms. que termina en la **Ciudad-Estación Pequeña "Lituania"** en esta Ruta de Oriente (- y "Jamaica" en la de Occidente -). Cuando entramos en la <u>Estación Central</u> de esta Ciudad son las 10'30/A.M. (de la mañana) hora local por el Sol.

3.- Después de un descanso de media-hora, que los Excursionistas aprovechan para pasear un poco y ver los alrededores y algunos tomarse un refresco o un Té o un Café, la Bocina Portátil de un Guía nos avisa para regresar a nuestros lugares para proseguir la marcha. También nos damos cuenta, al ir saliendo, que esta Ciudad, dentro de su nivel y clasificación, está bastante completa.

Recorremos a velocidad de Crucero y a todo lo que dan de sí éstos Autobuses tan espectaculares, el primer Tramo de 20/Kms. hasta el **Primer Parador** llamado **"Calamar"** en esta Ruta de Oriente (- y "Mero" en la de Occidente -). Casi sin bajar la velocidad pasamos este Parador, y nos encaminamos al **Segundo Parador** llamado **"Caracol"** en esta parte de Oriente (- y "Robalo" en la parte de Occidente -). También lo pasamos a toda velocidad, y en el **Tercer Parador** llamado **"Langosta"** en esta Ruta (- y "Lisa" en la otra -) entra la Caravana de Autobuses en la Calle lateral donde nos detenemos unos minutos a la mitad del Parador sin bajarnos. Inmediatamente vuelve a arrancar la Caravana y a toda velocidad de Crucero recorremos los 20/Kms. hasta el **Cuarto Parador** que se llama **"Pulpo"** en esta Ruta de Oriente (- y "Bagre" en la de Occidente -); lo pasamos de largo, y después del Tramo de los últimos 20/Kms. llegamos a la <u>Estación Central</u> de la **Ciudad-Estación Pequeña "Letonia"** en esta Ruta de Oriente (- y "República Dominicana" en la parte de Occidente -)

4.- Son las 12'30/medio-día. Bajamos todos a dar un paseo de media-hora comiendo unas frutas que nos ofrecen los Guías de cada Unidad de Autobuses; damos una pequeña vuelta por los alrededores y al aviso de la Bocina Portátil volvemos otra vez a nuestros lugares de transporte.

Tanto al entrar en la Ciudad como ahora al salir nos damos cuenta, por lo que se ve cerca de las Vías del Tren y de la Auto-Pista, que es una Ciudad bastante completa en el nivel o clase que le corresponde.

5.- Una vez mas la Caravana se lanza a recorrer el último Trayecto de esta Mañana antes de comer. Así, a toda velocidad de Crucero pasamos los 5-Tramos de 20/Kms. de cada uno entre Paradores:

Pasamos el **Primer Parador** llamado **"Almeja"** en el Oriente
(- y "Ostión" en el Occidente -);

pasamos el **Segundo Parador** llamado **"Ostra"** en el Oriente

(- y "Langostino" en el Occidente -);

pasamos el **Tercer Parador** llamado **"Mejillón"** en el Oriente

(- y "Jaiba" en el Occidente -);

y pasamos el **Cuarto Parador** llamado **"Cangrejo"** en el Oriente

(- y "Camarón" en el Occidente -).

6.- Por fin, a las 2'30/P.M. (de la tarde), hora local por el Sol, llegamos a la Estación Central de la **Ciudad-Estación Pequeña "Estonia"** en esta Ruta de Oriente (- y "Haití" en la Ruta de Occidente -). Vemos que nos dan la **"Bienvenida"** en los Restaurantes de la Estación y está la Comida preparada para todos; así que: ¡ A Comer!

* * * * * * * * * * * * * * * * * *

- Último Trayecto de la Ruta Trans-Atlántica -

Capítulo -26-: (De Occidente)

Desde   **Ciudad – Estación GRANDE: "POLO SUR",**

pasando por   **Ciudad – Estación Pequeña "Jamaica",**

y por   **Ciudad – Estación Pequeña "República Dominicana",**

y por   **Ciudad – Estación Pequeña "Haití",**

y por   **Ciudad – Estación Pequeña "Puerto Rico",**

hasta   **la Capital Central "LA GRAN ATLANTIDA".**

(-Recorrido: 500/Kilómetros-)

7.- Los Expedicionarios de **"LA ATLÁNTIDA"** que recorren la Ruta del Occidente ya están igualándose en el tiempo real con los de la Ruta de Oriente. Así que, terminando de comer, dedican una hora a pasear por las Calles cercanas a la Estación Central de esta **Ciudad-Estación Pequeña "Haití"** en este lado occidental de la Ruta (- y "Estonia" en el lado oriental -).

8.- Al sonido de la Bocina Portátil de los Guías, de la que todos están pendientes, cada grupo que pasea cerca vuelve a ocupar sus lugares en los Autobuses, unos abajo y otros arriba en el Segundo-Piso de la Unidad. A las 4'30/P.M. emprende la marcha la Caravana, y a velocidad de Crucero, recorre el penúltimo Trayecto de 100/Kms. entre Ciudades atravesando cada Tramo de 20/Kms. entre los 4-Paradores y pasándolos a toda velocidad posible.

9.- Pasamos el **Primer Parador** llamado **"Pingüino"** en esta Ruta de Occidente

(- y "................" en la de Oriente -);

pasamos el **Segundo Parador** llamado **"Morsa"** en esta Ruta de Occidente

(- y "Trucha" en la de Oriente -);

pasamos el **Tercer Parador** llamado **"Foca"** en esta Ruta de Occidente

(- y "Merluza" en la de Oriente -);

y pasamos el **Cuarto Parador** llamado **"Camarón"** en esta Ruta de Occidente

(- y "Salmón" en la de Oriente -).

10.- A las 5'30/P.M. (de la tarde) está entrando la Caravana de Autobuses en la Estación Central de la **Ciudad-Estación Pequeña "Puerto Rico"** en esta Ruta de Occidente (- y "Rusia" en la Ruta de Oriente -).

Descansamos media-hora bajando todos de las Unidades de Transporte y paseando por la Estación y sus alrededores cercanos. Los Guías de la Expedición aprovechan para comunicarse por Radio con los otros Guías de la Excursión que recorre la Ruta de Oriente en este **"Viaje a LA ATLÁNTIDA".** Están los dos Grupos, el de Oriente y el de Occidente, a la distancia mutua de 200/Kilómetros. Estos últimos Trayectos de 100/Kilómetros de cada Grupo, hasta la Gran Capital Central a la que se dirigen, los van a hacer en tiempo paralelo y simultáneo Tramo por Tramo. Así que van a caminar en constante comunicación los dos Grupos para lograr esa simultaneidad en el tiempo real del Meridiano 45 hasta encontrarse en un mismo punto en **"LA GRAN ATLÁNTIDA".**

11.- **Arranque simultaneo:** Así pues, a la misma hora real, que son las 6/P.M. del **Meridiano 45 y Trópico de Cáncer,** los Guías de uno y otro Grupo llaman a sus Excursionistas correspondientes, y de Occidente y de Oriente emprenden la marcha a la misma hora real para recorrer los últimos 100/Kms. de esta **Primera Parte** del **"Viaje a La Atlántida"** por la Ruta Trans-Atlántica del Occidente y del Oriente.

12.- **Último Trayecto:** Los Descubridores de **"LA ATLÁNTIDA"** de la Ruta de Occidente salen de la **Ciudad-Estación Pequeña "Puerto Rico";** y los Exploradores de **"LA ATLÁNTIDA"** de la Ruta de Oriente salen de la **Ciudad-Estación Pequeña "Rusia"** . Las dos Expediciones toman el rumbo y Dirección hacia la Capital Central **"LA GRAN ATLÁNTIDA".**

Los de Occidente recorren a "Velocidad de Crucero" los 5-Tramos de 20/Kms. cada uno, pasando por:

El	**Primer**	**Parador**	llamado	**"Orca",**
el	**Segundo**	**Parador**	llamado	**"Cachalote",**
el	**Tercer**	**Parador**	llamado	**"Tiburón",**
y el	**Cuarto**	**Parador**	llamado	**"Ballena".**

Los de Oriente, a su vez, y simultáneamente, recorren también a "Velocidad de Crucero" los 5-Tramos entre Paradores de 20/Kms. cada uno, pasando por:

El	**Primer**	**Parador**	llamado	**"Atún",**
el	**Segundo**	**Parador**	llamado	**"Bonito",**
el	**Tercer**	**Parador**	llamado	**"Bacalao",**
y el	**Cuarto**	**Parador**	llamado	**"Sardina"**

13.- **Acercamiento**: A las 6'45/P.M. pasan los dos Grupos de Expedicionarios el último Parador correspondiente a sus Rutas respectivas, y emprenden el último Tramo de 20/Kms. A las 7/P.M. (de la tarde), hora local por el Sol en el Meridiano 45, y en tiempo real simultaneo, están entrando las dos Caravanas a la Gran Capital Central **"LA GRAN ATLÁNTIDA",** los del Oriente por los grandes Puentes de Entrada-Salida de Oriente y los del Occidente por los otros grandes Puentes de Entrada-Salida de Occidente.

14.- **Vitalidad de "las proximidades"**: A pesar de la gran velocidad con la que recorremos los últimos Trayectos y Tramos entre Ciudades y Paradores, nos dimos cuenta de la gran vitalidad y dinamismo que tienen estos núcleos urbanos cercanos a la Gran Capital; todos están ocupados completamente y poblados de gente muy activa en todos los aspectos de la vida social y económica. Realmente es *"un Mundo Nuevo" de Humanidad* y *de reto de establecimiento humano en un lugar tan difícil como es el Océano.*

15.- **Entrada**: La entrada en **"LA GRAN ATLÁNTIDA"** *es impresionante para todo Viajero.* Los Puentes de Entrada-Salida a los dos lados de la Gran Ciudad son mucho mayores que los que hemos visto en otras Ciudades. *El recorrido hasta la **Gran Estación Central**, que lo hacemos lentamente para ir apreciando tantos detalles al paso, es maravilloso; da la impresión de estar entrando en "un País Encantado", de sueño, inimaginable. Todo se nos va mirar a todas partes con la boca abierta con expresiones de sorpresa y admiración:*

> **"Ooooooooh....................., ¡ qué maravilla !**
> **"Uau................................, ¡ qué cosa !**

Y cuando comenzamos a ver las Dependencias de la **Gran Estación Central** es *"la Apoteosis" y el grado más alto de sorpresas y entusiasmo.*

16.- **Punto de "Encuentro"**: Comunicándose continuamente los Jefes-Guías de las dos Expediciones, se ponen de acuerdo de encaminarse a un mismo punto predeterminado en el Programa de Excursión: La Zona Norte de la **Gran Estación Central**. Así que, los que hacen la maniobra más complicada para llegar ahí son los que vienen por la Ruta de Occidente que vienen por la Dirección Sur y tienen que pasar a la Dirección Norte.

Pero todo se arregla con exactitud, y a las 7'30/P.M., hora local por el Sol, las Dos Caravanas de Tres Autobuses Dobles cada una se estacionan frente a frente ante unos grandes Restaurantes que tienen escrito en grandes letreros espectaculares la **"Bienvenida"** a los Expedicionarios del **"Viaje a LA ATLÁNTIDA".** *Es un momento de suprema sensación que cada uno lo va viviendo como experiencia única de su vida.*

17.- **Encuentro de los Dos Grupos en la Cena:**

Todos los Viajeros bajan de las 12-Unidades (- ó 6-Autobuses Dobles -) con sus pertenencias ligeras de mano. Se saludan efusivamente entrecruzándose y fundiéndose todas las personas de los Dos Grupos en unos abrazos incansables e interminables. A la invitación, por las Bocinas Portátiles, de entrar en los grandes Restaurantes que están muy juntos, uno a continuación del otro, se van acomodando en las mesas por *grupos heterogéneos de hombres, mujeres, de una fisonomía y de otra, de una vestimenta típica y otra, de una lengua y otra*, etc..... etc...... Todo el esfuerzo es querer entenderse transmitiéndose tanto la alegría del momento como las experiencias vividas durante el **Viaje** desde el principio. Casi no se hace caso de la Cena sabrosa que se está sirviendo; por eso dura la Cena mucho más tiempo que de ordinario de los demás días.

18.- **Proyecto de Plan para el día siguiente**:

Quizá ya son la 10/P.M. (de la noche) cuando los dos Guías-Jefes de los dos Grupos, de Oriente y de Occidente, se dirigen a todos, así como están sentados y por el Radio-Comunicación, para que cada uno lo oiga bien en la lengua que prefiera, comunicándoles el **Plan de Exploración** de "LA ATLÁNTIDA" en el día de mañana y días sucesivos.

Les dicen: **"Viajeros de LA ATLÁNTIDA",** llegados aquí de Oriente y de Occidente desde todo el Mundo, terminamos el día de hoy todos juntos con esta escena de **"Encuentro Humano",** comiendo juntos esta Cena, y compartiendo nuestras vivencias unos con otros, *como signo expresivo y realidad satisfactoria de lo que quiere realizar en la Historia de la Humanidad* **"La Sociedad Internacional de LA ATLÁNTIDA"** (- **I.S.A.**-). Mañana, después de Desayunar todos juntos aquí mismo a las 8/A.M., haremos la presentación mutua formal de un Grupo al otro, que nos ocupará toda la Mañana. Ahora cada uno tome todo su Equipaje pesado que trae en su Autobús y retírese cuando quiera a descansar en los Hoteles que les dan la **"Bienvenida".** Y mañana planearemos la **Segunda Parte** del **"Viaje a LA ATLÁNTIDA",** en esta Gran Capital Central **"LA GRAN ATLÁNTIDA".** Hasta mañana y descansen.

FIN de la **Primera Parte**
del **"Viaje a La Atlántida"**

* * * * * * * * * * * * * * * * * *

* * * * * * * * * * * *

SEGUNDA PARTE:

del "Viaje a La Atlántida"

Exploración y *Descubrimiento* de *LA GRAN ATLÁNTIDA*

****

Día -3- de Abril del Año-2100

(Décimo-cuarto día del "Viaje a La Atlántida"

Capítulo–2 7-: (Los dos Grupos juntos)

Día de "Encuentro" y **Planeación y Descanso**

en "LA GRAN ATLÁNTIDA"

       1.- De los 400-Excursionistas que se hospedaron en los grandes Hoteles de la **Estación Central**, a más de la mitad ya se les vio salir a muy temprana hora por las puertas de los Hoteles a reconocer el lugar andando por los alrededores de esta enorme **Estación Central de "LA GRAN ATLÁNTIDA"**.

       Esta Zona de la Ciudad es todo un mundo multi-color de Edificaciones y de presencia y movimiento humano. Donde están hospedados los dos Grupos es en la Parte-Norte; y ya solamente la Estación de Auto-Pista parece todo un mundo; a parte, igualmente con Servicios similares, está la Estación de Trenes; y en la Parte-Sur es lo mismo con la Estación de Auto-Vía y la Estación de Trenes, independientes y con todos sus Servicios de Restaurantes, Hoteles y Comercios.

       2.- Ya comenzamos a ver una de las características más llamativas de *esta Ciudad tan especial:* Los **Canales de Navegación Menor** por los que circulan infinidad de Embarcaciones pequeñas de transporte público y particulares. A esta enorme **Estación Central** hay acceso por todos los lados y por todos los medios; incluso hay un "Heli-puerto" a nivel de la Calle expresamente modelado para esta finalidad.

       Otra de las características que comenzamos a notar de esta **gran Ciudad** es el carácter heterogéneo de la gente que anda por la Calle: de todas las fisonomías étnicas, de una variedad infinita de vestimentas, se oye hablar lenguajes variadísimos; incluso comportamientos de las personas que hasta resultan extraños de unos para otros y practicados con toda naturalidad como si estuvieran en sus propios Países.

       3.- Muchos Exploradores de la Expedición del **"Viaje a La Atlántida"** pasan las primeras horas tempranas de la mañana comenzando el Descubrimiento de esta Gran Capital por la enorme **Estación Central.** Al ser el lugar de cruce y encuentro de todo visitante y residente de **"LA ATLÁNTIDA"** es también una visión sintética de toda ella y del Mundo entero humano.

4.- Faltando ya poco para las 8/A.M. ya casi todos los Excursionistas están dentro de los Restaurantes o en lugares cercanos conversando animadamente de sus experiencias y de lo que les espera en este día.

Así animados en la conversación tomamos el Desayuno servido con efectividad a pesar de ser tantos (-400 personas -). Disfrutamos de las horas de este día dejando pasar felizmente una hora más después del Desayuno sin tener ninguna prisa.

5.- A las 9/A.M., los Guías de los dos Grupos con sus Guías-Jefes al frente se disponen a comenzar a presentarse primeramente ellos a todos en conjunto. Se juntan todos los Expedicionarios en el Restaurante mayor que tiene un Estrado o Podio en una esquina y donde está instalado el Micrófono. Se presentan los 6-Guías del Grupo de Oriente contando su experiencia de Servicio de Guía en cada Unidad de Autobuses; lo mismo hacen los otros 6-Guías del Grupo de Occidente. Todos se manifiestan contentos y satisfechos del trabajo realizado hasta aquí.

6.- Se abre la posibilidad de participación voluntaria de todo el que quiera compartir sus impresiones de esta **Primera Mitad del "VIAJE" por la Ruta Trans-Atlántica.**

Cada uno, según su profesión y sus inquietudes, manifiesta sus impresiones: los que son Ingenieros se fijan en cosas técnicas y urbanización; los juristas se fijan en la forma de organización humana; los Industriales, en la producción de tantas cosas que vieron; los de salud, en el clima y el ambiente humano en el que vive la gente; los Deportistas, en las posibilidades deportivas que prevén en la vida social de **"LA ATLÁNTIDA"**, etc, etc.

Escuchando con interés y agrado a unos y a otros se nos pasan casi tres horas, porque muchos quieren decir algo a los demás y manifestar su felicidad en público de ser participantes en este **"Viaje a La Atlántida"**.

7.- A las 12/medio-día, vemos que unos servidores del Restaurante pasan dejando a cada uno un "Lunch" o Bocadillo y preguntando qué quieren para beber. Mientras comemos con calma lo que se nos ofrece, siguen pasando por el Micrófono los que quieren decir algo a los demás; van disminuyendo los hablantes a medida que aumenta el comentario entre todos alrededor de las mesas en grupos. Así, en animada conversación, llegamos a la 1/P.M.

8.- A esta hora los dos Guías-Jefes piden silencio porque van a proponer el Plan de Visita o **Exploración** y **Descubrimiento** de la Gran Capital Central **"LA GRAN ATLÁNTIDA"**.

Nos dicen:

Viajeros, Expedicionarios, Exploradores, Aventureros, Descubridores de "LA ATLÁNTIDA": Desde esta tarde, después de comer, comenzaremos la **Segunda Parte** del "Viaje a La Atlántida".

Será un recorrido panorámico, lento y pausado en los Autobuses por la Ciudad viendo lo exterior de las partes principales de ella que visitaremos en los días que nos quedan de Expedición: Los Centros Cívicos Principales y Secundarios, las partes Comerciales e Industriales, los Puertos de Mar Turístico y Mercantes, el Aeropuerto Internacional, las Zonas Turísticas de Playas, alguna Zona Residencial, el Perímetro de Circunvalación o Periférico de la Ciudad, los grandes Puentes de Entrada-Salida de la Ciudad, etc., etc. Disponemos para esta vuelta panorámica de tres horas: desde las 3'30/P.M hasta las 6'30/P.M., para poder Cenar a las 7/P.M. aquí mismo. Cada par de Guías de cada Autobús-Doble escoge libremente el itinerario, para que no vayan juntos todos los Autobuses.

9.- Entre Planeación y Comentarios pasa el tiempo y llega la hora de la Comida. A las 2/P.M. se distribuyen los 400-Excursionistas entre los dos Restaurantes que tienen la Comida dispuesta para nosotros. Todos comemos muy a gusto y con satisfacción y no cesando el comentario abundante entre los comensales sentados a las mesas acerca de tantas impresiones de **"VIAJE"**.

10.- Hacía las 3'15/P.M. nos invitan los Guías a acomodarnos en nuestro propio Autobús cada uno, porque vamos a hacer el recorrido panorámico de *esta grandiosa Ciudad, única en el mundo*.

Cada Autobús-Doble toma distinta dirección según el par de Guías les van indicando a los Conductores. Lentamente salen de esta grandísima **Estación Central**, unos hacia el Norte, otros hacia el Sur, otros hacia el Este, otros hacia el Oeste. Comienzan a recorrer despacio las grandes Avenidas que conducen a los 4 puntos cardinales. Se llenan de Viajeros los Pisos de arriba de los Autobuses porque todos quieren contemplar desde lo más alto lo que se ofrece a la vista.

11.- Unos y otros, por los distintos rumbos de la Ciudad, van viendo lo más notable que se puede ver al exterior: Las grandes Avenidas de doble dirección y de cuatro carriles cada una, los Puentes de paso sobre las separaciones de 20/Metros entre Unidad y Unidad Flotantes; los Canales de Navegación Menor transitados por infinidad de Embarcaciones pequeñas de carga y principalmente Turísticas, incluso pequeños Yates y Veleros, observando la dirección que se les señala. Todos los Autobuses, por un rumbo o por otro, procuran pasar por uno de los dos Centros Cívicos Principales, Norte o Sur, como *lugares emblemáticos y distintivos de esta Ciudad* **"LA GRAN ATLÁNTIDA"**; es un momento de mucha emoción para todos los Expedicionarios el paso por estos lugares tan especiales de la Ciudad; van acumulándose los deseos de las experiencias de días sucesivos que se dedicaraán a ver en detalle cada una de estas partes que ahora se ven rápida y panorámicamente.

12.- Cada Autobús sale de los Centros Cívicos Principales con dirección distinta para continuar el recorrido hasta completar la Tarde de este día.

Pasan por las <u>Zonas Comerciales</u> viendo que hay representaciones de todas clases y de todos los Países; igualmente las <u>Zonas Industriales</u>. Les encanta a los Excursionistas ver la tranquilidad en la que vive la gente en las <u>Zonas Habitacionales</u> y cómo habitan no sólo los Edificios Altos sino también las Separaciones que hay entre las Unidades Flotantes bajo el nivel de la Calle: Esos Pasillos enormes y tan llenos de Jardineras y gente sentada y paseando, así como el Jardín Central de cada Unidad Flotante Habitacional con su Kiosco o Torreta en medio.

El paso por <u>las Playas</u> más cercanas les llama la atención y despiertan el deseo de disfrutar de ellas en días sucesivos. También les es muy satisfactorio ver el Mar abierto en la Zona del Periférico que escogió cada Autobús para ver la <u>Vía de Circunvalación de la Ciudad</u>.

Una Visión Panorámica especial es el paso por los <u>Puertos de Mar</u>, Norte y Sur, y el <u>Aeropuerto Internacional</u>. Parece todo hecho "a lo grande". Nueva York, Tokio, Londres, Róterdam, Hamburgo, Marsella, Barcelona, Venecia, etc.... *se quedan pequeñas ante esta grandiosidad* de **"LA GRAN ATLÁNTIDA"**.

13.- Ya faltan nada más 3/4 de hora para las 6'30/P.M., y cada Autobús se dirige hacia el punto de partida de la vuelta panorámica de esta Tarde: **La gran Estación Central**, nuestra **"Base e Operaciones"**, donde nos hospedamos; así que, por distintos rumbos y direcciones cada uno se encamina al final del recorrido rápido y panorámico de esta Ciudad tan especial: **"LA GRAN ATLÁNTIDA"**.

Aprovechan el regreso para ver otras partes de la Ciudad recorriendo otros caminos distintos: Los <u>Centros Cívicos Secundarios</u> con sus estructuras tan especiales; los grandes <u>Puentes de Entrada-Salida</u> del Este y del Oeste; las Zonas de Unidades Flotantes de <u>Almacenamiento y Estacionamiento</u> de Trenes y Vehículos de Carretera, etc.

14.- A las 6'30/P.M. más o menos, van llegando los 6-Autobuses-Dobles a su punto de partida desde los distintos rumbos de la Ciudad.

Al volver a encontrarse los Expedicionarios en las puertas de los Restaurantes donde vamos a Cenar, todos son comentarios entusiasmados de lo que acaban de ver, *como si hubieran hecho un "viaje relámpago" al "País de las Maravillas" o a un "País Encantado", a un "País de Ensueño", a un "País Imaginario" del que uno se queda "pasmado", "boquiabierto", "maravillado", "callado" y sin saber qué decir, pensando si será realidad o será "un sueño".*

15.- Así impresionados, cenan todos sabrosamente intercambiándose unos con otros lo que les espera ver y descubrir en días sucesivos del **"Viaje a La Atlántida"** en esta grandiosa <u>Ciudad Capital</u> **"LA GRAN ATLÁNTIDA"**. Esta Visión panorámica fue para despertar aún más el interés.

Después de Cenar, unos se retiran ya a sus habitaciones y otros pasean por los alrededores platicando más; todos pensando en que mañana les espera un gran día de "Descubrimientos".

* * * * * * * * * * * * * * * * * * *

* * * * * * * * * * * * * *

Día – 4 – de Abril del Año-2100
(Décimo-quinto día del "Viaje a La Atlántida")

Capítulo–28-: (El Grupo venido de Oriente)

"**Exploración**" del **Centro Cívico Principal – Norte**

de "**LA GRAN ATLÁNTIDA**".

1.- Cada Grupo de Expedicionarios, el venido de Oriente y el venido de Occidente, van a ir "descubriendo" por separado las distintas partes de esta Capital Central de toda "**La Atlántida**": "**LA GRAN ATLÁNTIDA**", para no formar un solo Grupo demasiado grande que aleja a los participantes y hasta puede ser molesto e inmanejable; además ya están acostumbrados a sentirse juntos como Exploradores de este "**Nuevo Mundo**" y por eso se sienten a gusto y en confianza como Grupos tanto en cada Unidad de Autobuses como paseando.

2.- Así pues, a las 9/A.M., hora local, el Grupo de Oriente, después de Desayunar junto con el otro Grupo, son invitados por sus Guías a subir a los Autobuses correspondientes y encaminarse hacia el **Centro Cívico Principal-Norte** de la Ciudad.

Los 3-Autobuses en Caravana, uno detrás de otro, van recorriendo una de las grandes Avenidas Centrales de doble dirección y con 4-Carriles cada una desde la grande Estación Central hasta el **Centro Cívico Principal-Norte.** Son 5/Kilómetros de Zona Comercial. Quizá es la Zona de Comercio más intensa de la Ciudad junto con la Zona-pareja de la Parte Sur; por eso es muy llamativo todo lo que se ve al pasar.

3.- Y, por fin, llegamos al lugar tan pensado, imaginado y deseado para un Explorador, el "cerebro y corazón" de toda "**LA ATLÁNTIDA**": El **Centro Cívico Principal-Norte** de "**LA GRAN ATLÁNTIDA**".

Siguiendo por la Avenida Central recorremos la distancia de las Unidades Flotantes circundantes, que es de 1000/Metros, hasta que nos encontramos en la **Unidad Flotante Central** de 2000 x 2000/Metros, y ante el "**Emblema**" de "**LA ATLÁNTIDA**", que es **una "Gran Pirámide"** rodeada de cerca, tocándose, por **cuatro Pirámides** más pequeñas, y por otras **12-Pirámides** más alejadas hacia los lados de la Unidad Flotante. *Es enormemente impresionante esta Visión; parece que no cabe en los ojos ni en la mente; parece la visión de un sueño; pero está ahí ante nosotros.*

Bajamos de los Autobuses, atónitos, pasmados, mirando lentamente para todas partes con los ojos abiertos de par en par hacia arriba, hacia abajo, y hacia todos lados. Somos invitados por el Radio-Comunicación Portátil de los Guías, al que todos estamos sintonizados, cada uno en la lengua que prefiere, a ir acercándonos a **"esa gran mole"** que es la **"Pirámide Mayor".** Es un enorme <u>Volumen Piramidal</u> casi suspendido en el aire, apoyado en grandes <u>Edificios-Columnas</u> que lo sostienen en alto.

4.- Al ir entrando por el espacio que está debajo de la **Pirámide Mayor** parece que entra uno en una "Zona de Misterio"; hasta da la impresión que pudiera caerse todo esto y desaparecernos en un cavidad que nunca hemos visto. Pero la circulación de tanta gente y de tantas clases de personas por esta espacio nos da confianza y llegamos a los <u>Edificios-Columnas</u> del centro de la **Pirámide Mayor.**

Cada Explorador tiene un "Boleto de Entrada" con el que, guardando el turno necesario puede subir en Ascensores hasta el "Mirador" del Cono de la Pirámide por cualquiera de los cuatro <u>Edificios-Columna</u> del centro de la Pirámide.

5.- Ya arriba, en el **"Gran Mirador",** recibimos una de las impresiones más imborrables de nuestra <u>Exploración de **"LA ATLÁNTIDA"**</u>: La Visión Panorámica de **"LA GRAN ATLÁNTIDA"** desde 500/metros de altura sobre el nivel de la Calle. *Algo único.*

En este **"Gran Mirador"** el Grupo de Descubridores nos encontramos con otros muchos más turistas y visitantes que circulan continuamente por ahí. Hay espacio para todos porque es muy amplio el **"Mirador".** Todos y cada uno vamos dando vueltas despacio alrededor de su borde mirando con atención lo que se divisa desde ahí hasta la lejanía casi imperceptible del horizonte del Mar; *parece uno pequeño ante la inmensidad de todo lo que se ve de cerca y de lejos.*

6.- Se nos pasa el tiempo sin darnos cuenta, y siendo ya las 12/medio-día, se nos invita por el Radio–Comunicación a bajar por los Ascensores o por las larguísimas Escaleras interiores hasta la <u>Base de la Gran Pirámide</u> donde podemos pasear por el exterior de su Base y de las Bases de las otras <u>cuatro Pirámides</u> que la rodean por los cuatro lados; todas estas <u>Bases de las Pirámides</u> están a 50/Metros de altura sobre el nivel de la Calle. Es un paseo curioso: Son espacios "ajardinados" alrededor de las <u>4-Pirámides</u> menores y <u>la Mayor</u>; son "Miradores-Azoteas" como <u>jardines elevados</u> y <u>Puentes elevados de paso</u> de un Edificio-Columna a otro; todo muy amplio y cómodo para contemplar desde ahí, sentados tranquilamente, todo el movimiento y bullicio de la Calle; y va uno dándose cuenta, andando sobre ello, de *la forma tan especial de construcción de las Pirámides levantadas sobre esos Edificios-Columnas.*

7.- Cada Expedicionario o de dos en dos o en pequeños grupos circula y pasea libremente por todas partes con el Radio-Comunicación encendido para enterarse de las indicaciones de los Guías.

A la 1'30/P.M. se oye la invitación a reunirse en el Restaurante de la Gran Pirámide Mayor, que está en su Base que es el nivel donde estamos, para Comer todos juntos a las 2/P.M.

Capítulo–29-: (El Grupo venido de Occidente)

"Exploración" del **Centro Cívico Principal–Sur**

de **"LA GRAN ATLÁNTIDA".**

8.- El Grupo de <u>Exploradores venido de Occidente</u> hizo el mismo Programa de la Mañana dirigiéndose y "descubriendo" el **Centro Cívico Principal-Sur;** y también a esta misma hora están comiendo juntos en el Restaurante-I de la Pirámide Mayor.

Lo único notablemente distinto de este Conjunto Monumental arquitectónico es que <u>las Pirámides</u> no son cuadrangulares, como las de la Parte Norte, <u>sino circulares o cilíndricas</u> en "forma de Cono-Truncado"; pero *todo igualmente impresionante por sus formas y su grandiosidad.*

9.- A las 3/P.M. son invitados por el Radio-Comunicación a descender hasta el nivel de la Calle, porque vamos a visitar a pie algunos de los demás <u>Conjuntos Piramidales-Circulares</u> de esta **Unidad-Flotante Central Mayor.** Tenemos dos horas para que cada uno o en pequeños grupos "descubramos" las formas y los contenidos interiores de los otros Conjuntos periféricos de esta **Unidad Flotante Mayor Central del <u>Centro Cívico Principal Sur.</u>**

Así que, los Exploradores se dirigen libremente unos hacia un lado y otros hacia otro. Al ir alejándonos del <u>Conjunto Central</u> en el que estuvimos, volteamos la vista hacia él con admiración y respeto *por la impresión que causa verlo delante y pensando cómo es posible construir tal cosa y que todo esto esté flotando sobre el Mar.* Nos dicen que ya recibiremos explicaciones sobre todas estas preguntas e inquietudes en días sucesivos de la Expedición a través de **"LA GRAN ATLÁNTIDA".**

10.- Los otros **<u>12-Conjuntos Piramidales</u>** de la **Unidad Flotante Central-Sur** son igualmente impresionantes cuando uno se va acercando a ellos; son enormes, y no hay tiempo ni fuerzas para visitarlos todos; son semejantes unos a otros.

Todos los espacios posibles a nivel de la Calle son aprovechados para "jardinería" y "arbolado" pequeño y de sombra haciendo los "Paseos" muy cómodos, amplios y agradables. La circulación vehicular, aunque es muy abundante, no molesta mucho porque son grandes Avenidas en las que se siente lejano el Tráfico.

11.- Cada pequeño grupo de Exploradores se decide a "descubrir" por su propio pie algunos de los **Conjuntos Piramidales.** Estos Conjuntos constan de una <u>Pirámide Circular o Cilíndrica</u> apoyada en <u>Edificios-Columnas también "cilíndricos".</u> Cada Pirámide Circular termina en "Cono-Truncado", que en todas sirve para "Mirador Turístico". Desde esos "Miradores" se percibe todavía mejor el gran <u>Conjunto Central de la Pirámide Mayor,</u> todavía más impresionante desde ahí.

Ya nos explicarán en días sucesivos en qué se usan todos estos Conjuntos de Edificios de la **Unidad Flotante Central Mayor Sur**.

En el tiempo que disponemos por la Tarde de este día para "explorar" y "descubrir" por nuestra cuenta algo más de esta **Unidad Flotante Mayor** solamente alcanzamos a visitar dos o tres Conjuntos periféricos de la Unidad; pero con esto ya nos damos cuenta que en ellos operan Oficinas y espacios culturales de Servicio Público, además de todas las atenciones necesarias para turistas y paseantes.

12.- Ya cansados de tanto andar, subir y bajar en Ascensores y por escaleras, nos avisan por el Radio-Comunicación que se acerca la hora de volver a los Autobuses para comenzar el camino de regreso a nuestra **"Base de Operaciones"** u hospedaje en la grande **Estación Central** de esta Ciudad tan especial **"LA GRAN ATLÁNTIDA"**.

A las 6/P.M. arranca la Caravana de Expedicionarios. Recorre lentamente la distancia de 6/Kilómetros a través de otra Avenida Central distinta a la que recorrió por la mañana, y ya cerca de la hora de las 7/P.M. estamos otra vez en los Restaurantes que nos van a dar la Cena.

Allí nos encontramos con el otro Grupo, el venido de Oriente, y todos cargados y llenos de impresiones inolvidables del **"Descubrimiento"** de este día que comentamos animadamente, contentos y satisfechos.

Cenamos, paseamos un poco más por los alrededores, y nos retiramos a descansar con todo lo que hemos visto y esperamos ver en esta Exploración de **"LA GRAN ATLÁNTIDA"**.

* * * * * * * * * * * * * * * * * * *

* * * * * * * * * * *

Día – 5– de Abril del Año-2100
(Décimo-sexto día del "Viaje a La Atlántida")

Capítulo – 30 - : (El Grupo venido de Oriente)

Segundo día de "Descubrimiento" de "LA GRAN ATLÁNTIDA";

Hoy: "Conferencia Explicativa" en el Centro Cívico Principal Sur.

1.- Hoy también cada uno de los dos Grupos de Expedicionarios, el que vino de Oriente y el que vino de Occidente van a "Explorar" y "Descubrir" por separado un poco más de la Gran Capital **"LA GRAN ATLÁNTIDA"**. Al Grupo de Exploradores venidos de Oriente hoy les corresponde conocer el **Centro Cívico Principal Sur.**

2.- Así pues, bien desayunados como es costumbre, y a las 9/A.M como todos los días, se encamina la Caravana de Autobuses en Dirección al Sur de la Ciudad por la Avenida Central que termina en el **Centro Cívico Principal Sur.**

Esos 5/Kilómetros de recorrido es también una Zona Comercial, y de las más importantes y concentradas de Servicios de todas clases, además de los Canales de Navegación Menor que llegan hasta el Puerto Marítimo Sur y al Aeropuerto Internacional que también está en el Oeste de la Parte Sur de la Ciudad.

Ya desde lejos se comienza a ver al fondo la **Gran Pirámide Mayor Circular** en el centro de la **Unidad Mayor**. Acercándonos más se ve que ese gran Volumen esta sostenido en el aire por unas Edificaciones-Columnas también "cilíndricas" a los cuatro lados y por otras cuatro Pirámides Circulares más pequeñas en el medio igualmente cilíndricas y por más columnas altas macizas de una sola pieza. Vuelve a impresionarnos otra vez aquí, como ayer en la Parte Norte, *este atrevimiento arquitectónico que parecería imposible realizarlo, pero esta ahí delante de nosotros.*

3.- La Caravana de Autobuses, antes de llegar cerca de la **Pirámide Mayor Circular**, da la vuelta lentamente por las Calles perimetrales de la **Unidad Mayor** recorriendo los dos Kilómetros de cada lado, que es eso lo que mide la **Unidad Flotante Mayor Central**. Vemos a la derecha las Zonas de Paseos anchos y frondosos de los bordes laterales de la Unidad; vamos viendo a la izquierda cada uno de los **12-Conjuntos arquitectónicos** perimetrales de esta **Unidad Mayor Central**, muy semejantes unos a otros: con una Pirámide Circular sostenida por Edificios-Columnas cilíndricos. Cuando terminamos la vuelta completa de 8/Kms. de perímetro de la **Unidad Mayor**, nos estacionamos a media distancia del **Conjunto de la Gran Pirámide Mayor.**

4.- Disponemos de una hora para que cada uno, con el Boleto de Ascensor en mano, suba al "Cono-Truncado" que es el **"Mirador"** más alto de la Parte Sur de la Ciudad.

Desde ese **"Mirador"** que esta a 500/metros de altura sobre el nivel de la Calle se divisa casi toda la Parte Sur de **"LA GRAN ATLÁNTIDA":** el Puerto de Mar Mixto a la izquierda, el Aeropuerto Internacional a la derecha, el Centro Cívico Secundario de la Zona Mercantil del Sur al frente; incluso en el Horizonte lejano hacia el Sur se puede ver el Mar; y como un punto lejano hacia el Norte a 15/Kms. de aquí se ve un poco la **Pirámide Mayor** de la Parte Norte localizada por el potentísimo **"Faro"** que tiene en lo alto y del que se ven sus destellos en pleno día. *Es una Visión enmudecedora que deja a uno boqui-abierto y que no se cansa de contemplar.*

5.- Pero ya va a ser la hora de las 11/A.M. y el Radio-Comunicación nos convoca en el Segundo Piso que está arriba de la Base de la Pirámide Mayor, en el Salón de Reuniones, para una Conferencia explicativa de **"LA ATLÁNTIDA".**

Los Conferenciantes son: Un **Ingeniero** urbanista, un **Técnico** en población humana y un **Titulado** en el Área Jurídica Internacional. Emplean media-hora cada uno para decirnos lo que a cada uno se le encomendó explicarnos.

6.- El **Ingeniero urbanista** nos explica la distribución de la Ciudad **"LA GRAN ATLÁNTIDA"**. Con un "Plano" grande de la Ciudad y algunas "Proyecciones" por medio de "Video" nos va indicando las distintas Partes y Zonas destinadas a actividades cívicas y laborales especificas: Los dos **Centros Cívicos Principales**; el de la Parte Norte destinado a ser Sede de la Autoridad General de toda la **"Sociedad Internacional de LA ATLÁNTIDA" ("I.S.A."**) con todas sus Dependencias y Departamentos; el de la Parte Sur, donde estamos, destinado a ser Sede de la Autoridad Local de la Ciudad Capital **"LA GRAN ATLÁNTIDA",** y también con todas sus Dependencias y Departamentos. Los **Centros Secundarios**, destinados a ser la Sede de las Autoridades y Coordinación de las Zonas de la Ciudad. Las **Zonas Comerciales-Industriales** ocupando las líneas de Unidades Flotantes de 1000 x 500/Metros hacia los cuatro puntos cardinales teniendo como punto central los **Centros Cívicos Principales Norte y Sur.** Los **Puertos de Mar:** Mercante y Turístico al Norte y Mixto al Sur con sus respectivos **Centros Secundarios Mercantiles.** El **Aeropuerto Internacional** al Sur-Oeste con sus Pistas de "Despegue y Aterrizaje" y sus Oficinas y Hoteles. Las **Zonas Habitacionales-Residenciales** en varios lugares de la Ciudad con unidades Flotantes de 500 x 500/Metros y sus respectivos Centros Cívicos Secundarios. Las **Zonas de Playas** a los cuatro lados de la Ciudad con sus Unidades Flotantes de 1000 x 2000/Metros. La línea de Unidades Flotantes que forman el **Anillo de Circunvalación** de toda la Ciudad. Y, en fin, la gran **Estación Central** con sus cuatro líneas de Unidades Flotantes de Ruta hacia el Este y hacia el Oeste que terminan en los **Puentes de Salida-Entrada** de la Ciudad.

Es interesantísima la presentación de la distribución de la Ciudad **"LA GRAN ATLÁNTIDA"** porque cada día vamos a ir conociendo cada una de estas Zonas especificas.

7.- El **Técnico** en Población Humana nos explica qué gente habita permanentemente la Ciudad, y a qué se dedican; quiénes son los visitantes que pasan transitoriamente por ella, como nosotros ahora; su situación estratégica **en medio del Océano Atlántico** entre los Continentes de Europa-África y América; las múltiples oportunidades que ofrece esta Ciudad al mundo entero en todos sus sentidos: de residencia, de producción, de exhibición y comercio, de cultura inter-étnica, de turismo, de tránsito comercial y humano entre Continentes, etc., etc.

8.- Por fin, la **Titulada** Jurídica nos explica el "Estatuto Jurídico Internacional" de la Sociedad **"LA ATLÁNTIDA":** La relación inseparable con la **O.N.U.** (-Organización de Naciones Unidas -), la relación con cada Nación y Gobierno de los Países del Mundo, la **"Ciudadanía Internacional"** de sus habitantes, con su mística y filosofía profunda, de cada persona que pertenece legalmente como miembro con plenos derechos y deberes a **"La Sociedad Internacional de LA ATLÁNTIDA"** (- I.S.A. -), etc., etc.

9.- Al termino de la intervención de los tres Expositores se abre el tiempo y la oportunidad para manifestarse los Expedicionarios de **"LA ATLÁNTIDA"** con sus ideas, inquietudes, sugerencias, dudas y preguntas personales.

Se mencionan temas importantísimos: Las inquietudes ecológicas, las ideas sobre la mezcla de las Razas Humanas, la inter-acción de las Culturas étnicas, las dudas y temores ante <u>catástrofes en el medio marino,</u> e infinidad de preguntas matizadas por la Profesión de cada uno de los Expedicionarios: Ingenieros, Médicos, Sociólogos, Psicólogos, Trabajadores, Estudiantes, etc., etc. Para todos hay alguna respuesta aunque sea breve, y todos terminan contentos de este acto tan ilustrativo.

10.- Es la hora 2/P.M., y por tanto es la hora de Comer como todos los días. Así pues, es invitado el Grupo de Exploradores a la Comida fuerte del día en el <u>Restaurante-II</u> que está en el <u>Primer Piso</u> de esta **Pirámide Mayor Circular** del **Centro Cívico Principal Sur.**

Sin dejar de comentar entre todos tantas impresiones recibidas de continuo, comen alegres y contentos todos los Expedicionarios de este <u>Grupo de Oriente</u> del **"Viaje a LA ATLÁNTIDA".**

* * * * * * * * * * * * * * * *

Capítulo – 31 - : (El Grupo venido de Occidente)

Segundo día de "<u>Descubrimiento</u>" de "LA GRAN ATLÁNTIDA";

Hoy: en el <u>Centro Cívico Principal Norte</u>.

11.- El Grupo de Expedicionarios que <u>llegó de Occidente</u> a la <u>Gran Capital Central</u> **"LA GRAN ATLÁNTIDA"** hoy les corresponde "<u>Explorar</u>" y "<u>Descubrir</u>" el **Centro Cívico Principal Norte** de la Ciudad.

Hicimos aquí el mismo Programa de la mañana que el otro Grupo que fue al Surrecibiendo las mismas impresiones fuertes, la correspondiente <u>Conferencia explicativa</u> y las intervenciones personales. Así pues, a las 3/P.M. terminan de comer alegres y contentos en el <u>Restaurante-II</u> de Primer-Piso de la **Pirámide Mayor** cuadrangular.

12.-Dedican una hora para pasear tranquilamente por los <u>Jardines elevados</u> de las azoteas de los Edificios-Columnas sobre los que se apoyan a la altura de 50/Metros el <u>Conjunto de las 4 - Pirámides</u> alrededor de la **Pirámide Mayor** con la que están relacionadas. Es un paseo gratificante por la especial situación de estos "<u>Jardines elevados</u>" y por la sensación de tranquilidad y felicidad que producen; por eso los pequeños grupos que se forman de Excursionistas pasean tranquilamente alrededor de la **Gran Pirámide** o se sientan en los <u>Jardines elevados</u> a disfrutar de su tranquilidad.

13.- A las 4/P.M. se oye en el Radio-Comunicación la invitación a bajar al nivel de la Calle para dedicar lo que queda de la Tarde a visitar las <u>Unidades Flotantes de 1000 x 1000/Metros</u> que circundan a la **Unidad Flotante Mayor Central**, que también son parte del **Centro Cívico Principal Norte, o Sur.**

Como son **<u>12-Unidades Flotantes</u>** muy grandes y no hay tiempo para verlas todas a pie y por dentro, nos dedicamos a verlas todas por fuera y en la Caravana de Autobuses; y bajamos de los Autobuses para ver en detalle una o dos Unidades Flotantes recorriendo a pie algunos lugares.

Las **12-Unidades Flotantes** ocupan 16/Kilómetros de perímetro exterior alrededor de la **Unidad Flotante Mayor Central**. Cada una tiene una distribución urbanística distinta y unas formas arquitectónicas variadísimas. Coinciden todas en que tienen como punto concéntrico un Edificio Central que encabeza y preside armoniosamente todo el resto de las Edificaciones sobre la Superficie de cada Unidad.

14.- Al cabo de media-hora de ir recorriendo lentamente las grandes Avenidas que corren por los bordes laterales de cada una de estas Unidades Flotantes, y de adentrarnos en el interior de la Superficie de algunas de ellas donde lo permite el espacio para la maniobra de los grandes Autobuses-Dobles en los que viajamos, nos detenemos en una de ellas para conocer, andando, algunos detalles del interior de su Superficie.

Todas y cada una de estas 12-Unidades Flotantes circundantes a la **Unidad Mayor Central** del **Centro Cívico Principal Norte** tienen la finalidad de servir a las necesidades de la **Dirección General** de toda **"LA ATLÁNTIDA"**. Por ejemplo, la que nos detenemos a explorar está dedicada a todo lo que es la **Planeación y Ejecución de la Construcción de "LA ATLÁNTIDA"** en toda su amplitud. Así pues, todos los Edificios están acomodados a esta función general; el Edificio Central es para las Oficinas de la Secretaría correspondiente, y todos los demás son para cumplir los variadísimos aspectos de esta finalidad. En todas las Unidades Flotantes de esta clase se ve a mucha gente ir y venir por todas partes, indicando eso la gran actividad de sus Oficinas.

15.- A las 5'30/P.M. volvemos a emprender la marcha lenta por sus Avenidas exteriores y sus Calles interiores donde es posible la maniobra a los Autobuses-Dobles. Volvemos a detenernos en la última Unidad flotante después de dar la vuelta entera por todas las demás y bajamos brevemente de los Autobuses para pasear media-hora libremente percibiendo cada uno el contenido de su Superficie y tomando un refresco o un Té o un Café que hay al Servicio del Público, de Trabajadores o Paseantes. Esta Unidad Flotante está dedicada a la Coordinación de toda la Producción Industrial en toda **"LA ATLÁNTIDA"**.

16.- A las 6/P.M. somos invitados a volver a los Autobuses para el regreso a nuestro lugar de hospedaje en la **Gran Estación Central** en medio de la Ciudad, nuestra **"Base de Operaciones"**.

En nuestro regreso recorreremos otras Avenidas distintas a las que recorrimos por la Mañana a través de la Zona Comercial para ir conociendo otras rutas de la Ciudad, y todas a cual más interesante.

A las 7/P.M. estamos ya en los Restaurantes de nuestro hospedaje donde nos encontramos con el otro Grupo con el que intercambiamos todas las impresiones del día y cenamos apetitosamente. Después de Cenar, cada uno es libre para pasear un poco por los alrededores y retirarse a descansar cuando quiera en los Hoteles donde está instalado, sabiendo que mañana es día de **Descanso y Playa** en esta Exploración de la Capital Central **"LA GRAN ATLÁNTIDA"**.

* * * * * * * * * * * * * * * * * * *

* * * * * * * * * * *

Día – 6– de Abril del Año-2100
(Décimo-séptimo día del "Viaje a La Atlántida")

Capítulo – 32 - : (El Grupo de Oriente)

Día de "Descanso":

"Día de Playa" en la Parte Norte de "LA GRAN ATLÁNTIDA".

1.- Hoy los Grupos de Excursionistas tienen un Programa muy suave y placentero. Van a "Descubrir" las Playas y lugares de Descanso de esta Capital Central **"LA GRAN ATLÁNTIDA"**.

El Grupo que llegó de Oriente se va a dedicar hoy a "Explorar" y disfrutar las Playas que tiene esta gran Ciudad en la Parte Norte.

2.- Así pues, inmediatamente después de terminar de Desayunar todos juntos, salen los Exploradores del Grupo de Oriente en la Caravana de los 3-Autobuses-dobles en dirección al Este de la Ciudad; recorren lentamente los 18/Kilómetros de las 4-Líneas de Unidades Flotantes que constituyen la Ruta de Transito hasta el Canal de Navegación Menor fijándose en las Instalaciones de Estacionamiento y Almacenamiento que tienen estas Unidades en este Trayecto; ahí comienza la Zona de Playas del Nor-Este.

3.- A las 9'30/A.M. estamos en la primera Unidad Flotante de Playa. La Caravana de Autobuses entra en ella con un poco de dificultad porque las Calles no son tan anchas en esta Zona. No se detiene sino que continúa despacio por todo lo largo de la Unidad Flotante de Playa, y pasa a la siguiente y a la siguiente. En el extremo de la Ciudad, en la línea de Unidades Flotantes de Circunvalación y Rompe-Olas, da la vuelta por la segunda línea de Unidades Flotantes de Playa; y hace lo mismo en el otro extremo de la línea de Unidades Flotantes del Canal de Navegación Menor Turístico y así sucesivamente hasta la última línea de Unidades Flotantes de Playas.

4.- Esta especial maniobra de recorrido lento por todas las Unidades de Playa de esta Zona es para que los Expedicionarios se den cuenta de cómo es toda una Zona de Playas, concretamente la Nor-Este.

Siendo ya las 11/A.M. se bajan los Excursionistas de los Autobuses, y los Guías, acompañados de un Técnico de la Ciudad, convocan a todos los Exploradores a una reunión explicativa en pleno Paseo de la Calle antes de disfrutar unas horas del Baño del agua de las Playa.

5.- Les dicen: En este recorrido lento por todas las Unidades Flotantes de Playa de esta Zona Nor-Este de la Ciudad ya han visto Ustedes desde los Autobuses algo de cómo es una Unidad Flotante de Playa. Como ven, mide 2000/Mts. de largo por 1000/Mts. de ancho, aunque más de la mitad de su anchura está bajo el agua y no se ve.

La parte más alta es donde estamos nosotros ahora a nivel de las Calles; como ven, en el medio de esta parte más alta hay una línea de Edificaciones estrechas y largas en todo lo largo de la Unidad Flotante para varios Servicios a los Vacacionistas y bañistas. A uno y a otro lado de esta línea de Edificios están las Calles por todo lo largo también. A los lados exteriores de las Calles están estos Paseos "ajardinados" como el que estamos pisando ahora nosotros

A continuación de este paseo, como ven, desciende el nivel hasta la Arena de la Playa por los dos lados de la Unidad. Todo lo demás de anchura de la Unidad está bajo el agua hasta llegar a tocarse con las Unidades Flotantes de la otra línea de Playas; esta agua tiene distintos niveles de profundidades que se junta con el agua de distintos niveles también de las Unidades contiguas.

6.- Como ven, pueden llegar aquí las Embarcaciones pequeñas por el Canal de Navegación Menor porque están comunicadas con él todas las Playas de la Zona. Otros detalles ya los iremos comentando otros días que volvamos a disfrutar del Baño de las Playas de esta Ciudad **"LA GRAN ATLÁNTIDA"**.

Ahora cada uno disfrute durante dos horas del Baño cálido y fresco de esta Zona de Playas. A las 2/P.M. serviremos a cada uno la Comida aquí mismo en la Playa para que la disfruten en esta ambiente tan agradable.

7.- A la hora indicada llegan varias Camionetas cargadas con la Comida en bandejas individuales desechables para cada Excursionista y el líquido que cada uno solicite para comer.

* * * * * * * * * * * * * * * * * *

Capítulo – 33- : (El Grupo de Occidente)

Día de "Descanso":

"Día de Playa" en la Parte Sur de "LA GRAN ATLÁNTIDA".

8.- El Grupo de Expedicionarios venidos de Occidente también salió, igual que el de Oriente, a las 9/A.M., después de Desayunar por la mañana, en dirección a la Zona de playas del Sur-Oeste de **"LA GRAN ATLATIDA"**, hicieron también un recorrido parecido por la Parte Sur reconociendo esta Zona de Playas del Sur-Oeste; recibieron igualmente las explicaciones antes de las horas de <u>Baño en la Playa</u>; y también están terminando de Comer en la Playa lo que cada uno recibió de Comida en una bandeja individual.

Todavía continuaron disfrutando del Sol cálido en la <u>Arena de la Playa</u> dos horas más de esta Tarde.

9.- A las 4/P.M., un Guía llama por la Bocina Portátil a todos los Excursionistas que, advertidos previamente del horario, están pendientes y acuden a reunirse en torno a los Autobuses.

Hacia las 5/P.M. la Caravana emprende el recorrido de regreso. Procura pasar por Zonas todavía no vistas por la mayoría del Grupo, como visión anticipada de lo que van a ver en otros días sucesivos. Así, pasan por una <u>Zona Industrial</u>, por una <u>Zona Habitacional</u>, por la <u>Zona de Circunvalación y Rompe-Olas</u> que limitan con el <u>Aeropuerto Internacional</u> que está en esta Parte del Sur-Oeste, por el <u>Centro Cívico Secundario Mercantil</u> del Sur, y se encamina ya directamente hacia la **Gran Estación Central**, nuestra **"Base de Operaciones"** y Hospedaje, pasando por el **Centro Cívico Principal Sur** que, un vez más, deja admirados a todos.

Con este largo recorrido de regreso y a marcha lenta, el Grupo emplea el resto de la Tarde hasta llegar a la hora de la Cena.

10.-A las 7`30/P.M. se encuentra con el otro Grupo en los <u>Restaurantes</u> de la **Estación Central** para Cenar juntos. Cenan todos juntos comentando unos con otros las experiencias de cada uno, y satisfechos por este día de "Descanso" y de <u>Exploración y Descubrimiento</u> de las <u>Playas</u> de **"LA GRAN ATLANTIDA"**. Mañana vamos a continuar "explorando" y "descubriendo" otras Zonas de esta <u>Gran Capital Central</u> de **"LA ATLÁNTIDA"**.

* * * * * * * * * * * * * * * * * * * *

* * * * * * * * * *

Día – 7– de Abril del Año-2100
(Décimo-octavo día del "Viaje a La Atlántida")

<u>**Capítulo – 34 -**</u> : (El Grupo de Oriente)

"<u>Exploración</u>" de los <u>Centros Cívicos Secundarios</u> de la <u>Parte Norte</u> de "<u>LA GRAN ATLANTIDA</u>".

1.- Descansados y relajados por el día de ayer en las Playas, hoy están los <u>Descubridores de</u> **"LA ATLANTIDA"**, y concretamente <u>los llegados de Oriente</u>, dispuestos a dedicar el día a "Explorar" los **Centros Cívicos Secundarios** de la <u>Parte Norte</u> de la gran <u>Capital Central</u> **"LA GRAN ATLANTIDA"**.

2.- Satisfactoriamente desayunados, a las 9/A.M. como todos los días, sale la Caravana de Autobuses desde la **grande <u>Estación Central</u>** de la Ciudad, **"Base de nuestras Operaciones"** de Exploración, en dirección a la <u>Parte Norte</u> de esta tan <u>especial</u> **"Ciudad Flotante"**.

Los **Centros Cívicos Secundarios** están estratégicamente situados en medio de las Zonas <u>Comerciales</u>, Zonas <u>Industriales</u>, y Zonas <u>Habitacionales</u>. El mismo lugar donde estamos hospedados, la **Estación Central,** es un **Centro Cívico Secundario** de la <u>Zona de Ruta de Transito</u>.

Nos dirigimos, en primer lugar, a los dos **Centros Cívicos Secundarios Comercial-Industriales** del Nor-Este. Están en medio de las líneas de <u>Unidades Flotantes Comercial-Industriales</u> (-de 1000 x 500/Mts.-) que comienzan en el **Centro Cívico Principal Norte** y llegan hasta el <u>Canal Turístico de Zona de Playas</u> hacia el Este. Así pues, pasamos lentamente una vez más por las <u>grandes Avenidas</u> que llevan en esa dirección observando todo lo que se ofrece al paso.

3.- A las 10/A.M. estamos en el primer **Centro Cívico Secundario Comercial-Industrial** del Nor-Este. Se compone, como casi todos, de una <u>Unidad Flotante central</u> de 1000 x 1000/Mts. y <u>12-Unidades Flotantes</u> de 500 x 500/Mts. alrededor de ella.

Dedicamos hora y media a recorrer a pie todo lo que cada Expedicionario puede andar de este Conjunto. Este **Centro Cívico** tiene más carácter <u>Comercial </u>que Industrial porque coordina la actividad "comercial" de las <u>Zonas Comerciales</u> que parten del **Centro Cívico Principal** hacia los lados Este, Oeste y Sur.

4.- La **Unidad Flotante Central**, la más grande de la Zona, con 1000 x 1000/Mts., tiene un gran **Edificio en el medio** con una arquitectura muy atrevida y <u>acompañado de Edificios más pequeños</u> alrededor y cercanos a el; y más alejados, otro círculo grande de <u>Edificaciones perimetrales</u> armoniosamente situadas, y dejando grandes espacios para <u>Jardinería</u> y <u>Paseos</u>.

El gran **Edificio Central** tiene un **"Mirador"** Turístico arriba; así que, casi todos lo Exploradores se animan a subir a él para contemplar desde ahí el Panorama alrededor de toda esta Zona. Desde este **"Mirador"** se percibe perfectamente, porque es el Edificio más alto de toda la Zona, las <u>Unidades Flotantes de 500 x 500/Mts.</u> que rodean a ésta, y además las Unidades Flotantes de las <u>Zonas Comerciales e Industriales</u>. También contemplamos, desde distintos puntos vista, la <u>Gran Pirámide</u> del **Centro Cívico Principal Norte** que se ve desde todas partes.

Este <u>Edificio-Torre</u> en medio de esta <u>Unidad Flotante,</u> así como los demás <u>Edificios más pequeños</u> que lo rodean, son dedicados a <u>Oficinas </u>de coordinación comercial. Tienen mucha actividad humana.

5.- Vamos bajando de este <u>Edificio Central </u>y disfrutamos de los <u>Paseos</u> "ajardinados" que hay a nivel de la Calle. Es todo muy amplio. Nos animamos a visitar y "explorar" las <u>Unidades Flotantes circundantes</u> a ésta; unos en una dirección y otros en otra atravesamos los <u>Puentes sobre el Canal de Navegación Menor </u>que separa las Unidades Flotantes.

Las <u>Unidades Flotantes circundantes</u>, de 500 x 500/Mts. también están ocupadas por <u>Conjuntos de Edificaciones</u> armoniosamente situadas y son complementarias a la finalidad de este **Centro Cívico Secundario Comercial.**

6.- A las 11`30/A.M. oímos por el Radio-Comunicación la invitación a regresar a los Autobuses y encaminarnos al siguiente **Centro Cívico Secundario** hacia el Este, que está a 5/Kilometros.

Al paso de la Caravana por esta Zona vemos que son Unidades Flotantes dedicadas a la "Producción" Industrial de muy variados productos.

A las 12/medio-día tenemos una **"Conferencia explicativa"** de un **Técnico** de este **Centro Cívico Secundario** en el Salón de Exposiciones.

7.- Nos dice: La Zona de la Ciudad que les tocó a Ustedes visitar esta mañana es Comercial-Industrial. Esta Ciudad, **"LA GRAN ATLÁNTIDA"**, tiene varias Zonas Comerciales, principalmente las que hacen cruceta con los dos **Centros Cívicos Principales**, Norte-Sur. Son Unidades Flotantes 1000 x 500/Metros cuyas Edificaciones de Superficie y algo del interior de cada una están dedicadas a toda clase de Comercio y Servicios: grandes Supermercados, Servicios Bancarios, Hospitales, Centros Educativos, Deportivos, Oficinas variadas, etc., etc.

Cada una de estas Unidades Flotantes Cuadrangulares las construyen las Empresas dedicadas a ese Servicio correspondiente en sus Países o internacionalmente. La infraestructura de "Flotación" de la Unidad la construyeron las Compañías Constructoras de **"LA ATLÁNTIDA"**; y el contenido de Edificaciones de la Superficie ya lo construyó la Empresa interesada en el Servicio que ofrece. + Muchas de estas Unidades Flotantes Cuadrangulares "Comerciales" fueron adquiridas por los Gobiernos de las Naciones, para tener una presencia especial en **"LA ATLÁNTIDA"**, y las utilizan como lugares de exhibición de su producción Nacional o de sus cualidades típicas y especificas como País. Así lo hicieron los Gobiernos más fuertes; pero los menos fuertes se asociaron para explotar juntos en condominio esa misma finalidad. Nadie quedó sin la oportunidad de tener su presencia nacional en **"LA ATLANTIDA"**, bien sea aquí en esta Ciudad Central, o también en las Ciudades-Estación Grandes o Pequeñas que Ustedes vieron en el **Viaje** hacia aquí.

8.- Las Unidades Flotantes "Industriales" se construyeron también de modo semejante a las anteriores: Las Compañías Constructoras de **"LA ATLÁNTIDA"**, especializadas en la Construcción de Unidades Flotantes, construyeron todo el Volumen Flotante y las Empresas Fabricantes-Productoras construyeron el contenido de Edificaciones de la Superficie según sus necesidades de Producción, es decir, la Fábrica.

También en esta modalidad "Industrial" hay Empresas fuertes y poderosas, nacionales e internacionales que, cada una por sí misma, se apropian todo el derecho de la Unidad Flotante. Pero también cabe la posibilidad, y así se hace, de asociarse varias Empresas, y juntos en condominio, adquirir y explotar una Unidad Flotante, en esta Ciudad o en las demás Ciudades de **"LA ATLÁNTIDA"**. Hay oportunidad para toda clase de Empresas Productoras, porque el *margen de capacidad de cada Unidad Flotante es grandísima.*

Una cosa muy importante que se procura hacer desde el principio de la Construcción de **"LA ATLÁNTIDA"** es observar estrictamente las necesidades y Leyes de la Ecología.

*No se permite absolutamente nada la **"Contaminación del Ambiente"** atmosférico o marino, y se exige **el respeto absoluto y total a la Naturaleza**.*

9.- Con esta y otras muchas explicaciones que nos dieron durante una hora y media, conocimos el proceso de Construcción y la Utilización de las Unidades Flotantes de las Zonas Comercial-Industriales de la gran Capital Central **"LA GRAN ATLÁNTIDA"**. Hubo un tiempo para preguntas, inquietudes, dudas, sugerencias, opiniones de los Exploradores y sus correspondientes respuestas. Todos quedaron satisfechos de este acto.

10.- A las 2/P.M. somos invitados a ir a un grande Restaurante que está en el Primer Piso de este Edificio-Torre Central de esta Unidad Flotante Principal de este **Centro Cívico Secundario** de esta Zona Industrial.

Comemos con ganas la sabrosa Comida que nos ofrecen y después de pasear un poco después de comer, nos disponemos a seguir "descubriendo" **"LA GRAN ATLÁNTIDA"** durante la Tarde.

* * * * * * * * * * * * * * * * *

Capítulo – 35 - : (El Grupo de Occidente)

"Exploración" de los Centros Cívicos Secundarios de la Parte Sur de "LA GRAN ATLANTIDA".

11.- El Grupo de Expedicionarios venidos de Occidente hizo, durante la mañana en la **Parte Sur de la Ciudad**, lo mismo que el Grupo de Oriente. A las 3/P.M. también terminan de Comer en el Restaurante del Edificio Central del **Centro Cívico Secundario** de la Zona Industrial del Sur-Oeste. Dedican una hora a pasear libremente por toda esta Unidad Flotante y las Unidades circundantes que componen el **Centro Cívico Secundario**.

12.- A las 4/P.M. somos llamados por el Radio-Comunicación a subir a los Autobuses porque vamos a conocer los otros dos **Centros Cívicos Secundarios Comercial-Industriales de la Zona Sur-Este.**

Lentamente, la Caravana recorre la Avenida de Oeste a Este; atraviesa el **Centro Cívico Principal Sur** y se adentra en la Zona Comercial-Industrial del Sur-Este de la Ciudad. Como en todas las demás Zonas de esta clase, se ve mucho movimiento tanto en las primeras Unidades Flotantes, que son las Comerciales, como en las otras siguientes más adelante que son las Industriales.

13.- Llegamos al primer **Centro Cívico Secundario** de esta Zona que también bulle de vida y actividad a estas horas de la Tarde. Para disfrutar del Panorama de esta Zona y quizá ver alguna novedad, muchos Exploradores suben al **"Mirador Turístico"** del **Edificio Central** de la **Unidad Flotante Mayor** que es el lugar más alto de toda la Zona. De verdad que no se cansa uno de ver la Ciudad desde estas alturas tan estratégicas.

Como estas visitas son complementarias a las que hicimos por la mañana, no nos detenemos mucho en ellas, aunque sí gozando y disfrutando de la armonía y gusto arquitectónico variadísimo y atrevidísimo de todas las Construcciones. Este **Centro Cívico Secundario** también concentra y coordina toda la actividad Comercial de las Unidades Flotantes que hacen cruceta con el **Centro Cívico Principal Sur.**

14.- Avisados una vez más por el Radio-Comunicación, volvemos a los Autobuses que, en Caravana y lentamente, recorren los 5/Kilómetros del Trayecto hasta el segundo **Centro Cívico Secundario** de esta Zona Sur-Este.

Cada uno de los Exploradores pasea libremente tanto por la **Unidad Flotante Grande** como por las **Unidades Flotantes que la circundan,** observando todo lo que cada uno logra captar. Se ve que en estas horas de la Tarde abundan más los paseantes sin prisas que la gente de labores y trabajos; pero está todo lleno de gente.

15.- A la señal del Radio-Comunicación damos por terminada nuestra Visita Exploratoria de la Zona, y regresando a los Autobuses, tomamos el camino de regreso a nuestra **"Base de Operaciones"** en la gran Estación Central de **"LA GRAN ATLÁNTIDA".**

Son casi las 7/P.M. cuando nos encontramos con el otro Grupo de Oriente que "exploró" la Zona Norte. Conversamos todos animadamente comunicando las impresiones y los **"Descubrimientos"** de este día bien aprovechado.

En los Restaurantes de siempre cenamos con ganas y satisfacción, y después de Cenar cada uno pasea unos momentos por los alrededores de esta **Estación Central** tan llena de actividad, o se retira cuando quiere a descansar en el Hotel donde está instalado. Así terminamos un día más de **"Exploración"** en nuestro **"Viaje a LA ATLÁNTIDA".**

* * * * * * * * * * * * * * * * *

* * * * * * * * * * *

Día – 8– de Abril del Año-2100
(Décimo-noveno día del "Viaje a La Atlántida")

Capítulo – 36 - : (El Grupo de Oriente)

Visita-Descubrimiento de las Zonas Comerciales-Industriales de la Parte-Sur de "LA GRAN ATLANTIDA".

1.- El Grupo de Expedicionarios procedentes del Oriente hoy les toca "descubrir" las **Zonas Comerciales-Industriales** de la Capital Central **"LA GRAN ATLÁNTIDA".** De esta manera este Grupo alterna con el otro Grupo de Occidente que ya estuvo ayer por estas Zonas con motivo de conocer los Centros Cívicos Secundarios.

2.- Así pues, como todos los días de este **"Viaje a LA ATLÁNTIDA"**, a las 9/A.M. del **"Meridiano 45"** y Paralelo **"Trópico de Cáncer"** donde está situada **"LA GRAN ATLÁNTIDA"**, y después de Desayunar satisfactoriamente los dos Grupos juntos en los Restaurantes de la **"Base de Operaciones"** de esta Expedición, sale la Caravana de Autobuses del Grupo de Oriente en dirección a las **Zonas Comerciales-Industriales de la Parte Sur** de la Ciudad.

3.- La primera parada para conocer la Zona está muy cerca: Son las primeras Unidades Flotantes que están antes del **Centro Cívico Principal** a partir de la Estación Central de donde salimos.

En esta gran Ciudad, como en las demás de **"LA ATLÁNTIDA"**, las distancias se miden por las Unidades Flotantes que hay por medio. Estas **Unidades Flotantes Comercial-Industriales** miden 1000 x 500/Mts. Así pues, según la colocación de las Unidades, la distancia desde la Estación Central hasta el **Centro Cívico Principal** es de 5/Kms., porque son diez líneas de Unidades y cada Unidad Flotante mide 500/Mts. de anchura. Hay 40-Unidades Flotantes en esa Zona, y tienen la finalidad de **"Comerciales"** y de representación y presencia de los Países y Naciones con sus exposiciones especificas y propias individuales cada País o "colectivas" en condominio entre varios Países, así como también las Compañías Comerciales.

4.- La Caravana de Exploradores que transita por la Gran Avenida Central se detiene hacia la mitad el Trayecto en una de las Unidades Comerciales. Descendemos de los Autobuses todos los Expedicionarios y nos sentimos situados ante una de las actividades más dinámicas de esta Gran Capital: **"El Comercio"**.

Se ven los Edificios alineados armónicamente a un lado y al otro; amplios y abundantes espacios "ajardinados" por todas partes que invitan a pasear tranquilamente; las Vías de Trafico también se ven repartidas en concordancia con todo el conjunto; unas Vías son Avenidas de Trafico de paso rápido y otras son Calles espaciosas de Tráfico local más lento. Las Edificaciones se ven bastante elevadas en su altura.

Cualquier persona que ve **esto tan grande** se hace continuamente la pregunta de si es posible que todo este "Volumen" tan enorme sea un **"objeto flotante en el Mar"**. Toda la impresión que se tiene personalmente es que está uno en **"tierra firme"** por la estabilidad absoluta y total que se observa. Incluso asomándose a los Canales de Navegación Menor que pasan por la Zona no se observa ninguna detalle de que **esto sea "un Objeto Flotante"**.

5.- Los Exploradores en pequeños grupos se dirigen a un lugar y a otro de la Unidad Flotante para ir "explorando" el contenido de Edificios y espacios en lo que se ocupa esta Unidad. Es una Unidad explotada en condominio por varios Países relativamente pequeños. Se distingue lo que pertenece a cada País por *las formas de Construcción de los Edificios y los Distintivos Nacionales* que ostentan a la vista en el exterior. Dentro de cada Edificio o Conjunto de Edificios se ven todas *las cosas y formas mostradas por cada País de sus propias características étnicas, culturales y de producción.*

6.- Cerca ya de las 11/A.M., nos avisan por el Radio-Comunicación que es hora de trasladarnos en Autobús a otra **Zona Comercial de la Parte Sur-Este** de la Ciudad.

La Caravana atraviesa el **Centro Cívico Principal-Sur**, que ya hemos visto otros días anteriores, y se dirige hacia la <u>Zona Comercial</u> que está al Oeste inmediatamente a continuación.

También son otros 5/Kms. de distancia que separan el **Centro Cívico Principal** del **Centro Cívico Secundario-Comercial del Sur-Oeste**. Nos detenemos en la mitad del trayecto en una de las Unidades Flotantes de esta Zona Comercial.

7.- Las <u>dimensiones de las Unidades Flotantes</u> son las mismas (-1000 x 500/Mts.-); los espacios de <u>Zonas Verdes</u> son igualmente muy amplios; las <u>Vías de Comunicación</u> son muy semejantes a las de otras Unidades Flotantes. Lo que sí cambia mucho de una Unidad a otra son las <u>formas y estilos de las Edificaciones</u>; es muy variadísimo, según el País o conjunto de Países y según las Compañías Comerciales que ocupan la Unidad bien sea individualmente o colectivamente en condominio.

Esta Unidad donde nos hemos detenido está explotada por <u>varias Compañías Comerciales</u> de mediano tamaño económico y financiero; y procedentes de distintas partes del Mundo.

8.- A las 12'30/P.M. nos citan por el Radio-Comunicación en un "Salón de **Conferencias**" para unas explicaciones de lo que estamos explorando este día:

Un **Técnico Urbanista** procedente del **Centro Cívico Secundario** "Comercial" de la Zona nos dice: Las **Zonas Comerciales**, tanto de la Parte Sur como de la Parte Norte de la Ciudad, son las que concentran la mayor actividad de esta <u>Gran Capital</u> situada estratégicamente entre los <u>dos Continentes de primer orden</u> del progreso humano: **Europa** y **América**. *En estas Zonas se expone a todo el mundo los productos más especializados y típicos de cada País* en las Unidades Flotantes que regentan los <u>Gobiernos</u> de las Naciones o Países bien sea individualmente o colectivamente en condominio. También en estas Unidades Comerciales *exponen sus Servicios y Productos <u>las Compañías y Empresas</u> más activas de cada País y del Mundo entero.*

9.- A la 1'30/P.M. terminan las explicaciones de esta Mañana acerca de esta **Zona de Unidades "Comerciales"**. Los Exploradores aprovechan media-hora antes de Comer para ver lo más próximo, de paso que se dirigen a uno de los Restaurantes de la Zona.

* * * * * * * * * * * * * * * * * * *

Capítulo – 37 - : (El Grupo de Occidente)

Visita-Descubrimiento de las <u>Zonas Comerciales-Industriales</u> de la **Parte Norte** de "**LA GRAN ATLANTIDA**".

10.- El Grupo de Expedicionarios de **"LA ATLÁNTIDA"** <u>venidos de Occidente</u> también exploró durante la Mañana las <u>Zonas Comerciales</u> que hacen cruceta con el **Centro Cívico Principal Norte** y recibieron las mismas explicaciones en ese lugar de la Parte Norte, que el otro Grupo en la Parte Sur.

Después de Comer también en un amplio Restaurante de la última Unidad Flotante que visitaron, y después de un paseo de reconocimiento por esa Zona, se dispone este Grupo de Occidente a seguir "explorando" las **Zonas Industriales de la Parte Norte** de esta <u>Ciudad Capital</u> **"LA GRAN ATLÁNTIDA"**.

11.- Las **Zonas Industriales** se sitúan alrededor de los **Centros Cívicos Secundarios** en dirección al Este o al Oeste, y terminan en el <u>Canal de Navegación Turística</u> que limita la <u>Zona de Playas</u>.

A las 4/P.M. arranca la Caravana desde donde estuvo en la **Zona Comercial** en dirección a las **Zonas Industriales**.

En el primer tramo de 5/Kms. hasta el segundo **Centro Cívico Secundario** se entremezclan <u>Unidades Flotantes Comerciales e Industriales</u>. Después de este **Centro Cívico Secundario Industrial** ya tienen todas las Unidades Flotantes la finalidad y uso **"Industrial"**.

Es en esta última Zona donde se detienen los "Exploradores" de **"LA ATLÁNTIDA"** para conocer <u>cómo se realiza la "Industria"</u> de esta *Ciudad tan especial,* que es **"LA GRAN ATLÁNTIDA"**.

12.- La Unidad donde nos detenemos, yendo por la <u>Avenida Central</u> de la Zona, está a la mitad de la distancia de 3/Kms. de trayecto. Como es común ver en todas la <u>Unidades Flotantes de la Ciudad,</u> y en todos los lugares, se ven bastantes <u>espacios verdes ajardinados y arbolados;</u> las <u>Vías de Comunicación</u> son bastante amplias, tanto las de tráfico rápido como las locales de tráfico más lento. *Los <u>Edificios-Fábricas</u> están construidos en forma armónica, con gusto y con estilos arquitectónicos novedosos y atrevidos, y se ven con sorpresa y agrado.*

Entramos todo el Grupo en uno de ellos, que parece ser el más céntrico, y es donde nos van a dar "unas explicaciones" de estas **Zonas Industriales** de esta <u>Gran Ciudad</u>.

13.- **Un Técnico** de la Coordinación de la Zona nos dice: **"La Industria"** de esta Ciudad, **"LA GRAN ATLÁNTIDA"**, así como en general <u>todas las Industrias</u> que se instalan en la **"Sociedad Internacional de LA ATLÁNTIDA" (- I. S.A. -)** pretenden ser *productoras de lo más típico y específico de cada País del Mundo de acuerdo a su carácter y sus producciones nacionales antiguas o modernas.*

Estas **Unidades "Industriales"** las construyeron y las explotan tanto los **Gobiernos** de Países como **Empresas** particulares. Las hay de propiedad individual y también de <u>propiedad colectiva</u> en condominio entre <u>varios Productores,</u> tanto sean Gobiernos como particulares.

Una cualidad muy cuidada de la **"Industria productiva"** de **"LA ATLÁNTIDA"**, así como en cualquier otro aspecto de la vida social y laboral, es **"la Ecología"**; *Se tiene una preocupación grandísima y constante por la "limpieza del Ambiente" tanto el atmosférico como el marino. No se permite ni un descuido en este aspecto. Hay educación para los Productores y vigilancia por parte de la Autoridad.*

Con estas y muchas más explicaciones vamos "descubriendo" **la forma de Producción Industrial** de esta <u>Gran Capital</u> y de toda **"LA ATLÁNTIDA"** en general.

14.- A las 5'30/P.M. damos por terminada nuestra **Visita Exploradora** a esta **Zona Industrial** y nos invitan los Guías a regresar a los Autobuses y encaminarnos hacia las otras **Zonas Industriales** de la Parte Norte, pero ahora al Oeste de la Ciudad.

Siguiendo las grandes <u>Avenidas</u> que conducen en cualquier dirección de la Ciudad, una vez más y *cada vez más maravillados por su esplendor*, nos dirigimos a través del **Centro Cívico Principal Norte** y nos adentramos en la **Zona Comercial del Oeste** hasta llegar a la **Zona Industrial** de esta Parte Nor-Oeste de la Ciudad.

15.- Sin bajar de los Autobuses, recorremos lentamente las <u>Calles</u> de varias <u>Unidades Flotantes de esta Zona Industrial</u> del Nor-Oeste; nos damos cuenta, a simple vista desde fuera y de pasada que verdaderamente el **"Trabajo Industrial"** de **"LA GRAN ATLÁNTIDA"** *se desarrolla con los máximos adelantos técnicos y de la forma más civilizada que la Humanidad va adquiriendo.*

16.- Son las 6/P.M., y es la hora del regreso a nuestra **"Base de Operaciones"**. Allí nos encontramos con el otro Grupo de Exploradores que visitaron la Parte Sur; con ellos comentamos e intercambiamos las experiencias vividas durante este día de Expedición.

Así, a las 7/P.M. en animada conversación Cenamos alegres y contentos por los **"Descubrimientos"** hechos en este día. Cada uno o en pequeños grupos paseamos unos minutos por los alrededores de la <u>**Gran Estación Central**</u> y nos retiramos a descansar de la actividad tan intensa de este día de **Exploración de "LA GRAN ATLÁNTIDA"**.

* * * * * * * * * * * * * * *

Día – 9– de Abril del Año-2100
(20º día del "Viaje a La Atlántida")

<u>**Capítulo – 38 -**</u> : (Los dos Grupos juntos)

Día de "Descanso" "descubriendo" una vez más las Playas de "LA GRAN ATLANTIDA".

1.- Como los días pasados fueron de mucho movimiento por los grandes espacios de las Unidades Flotantes de esta <u>Ciudad Capital</u>, **"LA GRAN ATLÁNTIDA"**, hoy los Expedicionarios vamos a dedicar el día a **"descansar"** en las **Playas de esta Gran Ciudad**

Flotante para disfrutar de sus instalaciones y Servicios Turísticos y para intercambiar entre todos nosotros las impresiones que hemos recibido hasta ahora. Por eso ***los dos Grupos "juntos"*** *vamos a convivir en una* <u>*Zona de Playas.*</u>

2.- Partimos en espectacular Caravana los 6-Autobuses-Dobles y de doble piso, uno detrás de otro, desde la **Grande Estación Central** un poco más tarde que otros días, a las 10/A.M.

Tomamos la dirección de la **Zona de Playas del Sur-Este de la Ciudad**. Con toda tranquilidad y sin ninguna prisa, recorremos lentamente el trayecto de 18/ Kilómetros desde la **Estación Central** hasta el **Canal de Navegación Turístico** que es donde comienza la **Zona de Playas**. La baja velocidad de la Caravana nos da la oportunidad de fijarnos en muchos detalles interesantes de este Trayecto de la <u>Ruta de Entrada-Salida de la Ciudad </u>por la Parte Este: Unidades Flotantes de <u>Almacenamiento</u>, la <u>Auto-Pista</u> de Alta y Baja Velocidad, los grandes <u>Estacionamientos de Trenes</u> de todas las clases y categorías, etc.

3.- A las 11/A.M. se detiene la Caravana hacia la mitad de la **Zona de Playas** después de seguir en paralelo 4 ó 5/Kilómetros por la orilla del <u>Canal de Navegación Turística</u>. Ahí tenemos ante nosotros **dos Playas**, una a cada lado de la Unidad Flotante que mide 1000 x 2000/Metros, totalmente disponibles para disfrutarlas.

4.- Cada <u>Turista de **"LA ATLÁNTIDA"**</u> lleva lo necesario para el día y para disfrutar del Baño de la Playa. Las dos líneas de <u>Edificios</u> de sólo dos pisos de altura y un poco estrechos y largados con un ancho <u>Pasillo</u> intermedio y ajardinado y que están a lo largo de la parte central de la Unidad y a nivel de la Calle, nos sirven de Vestidores, de lugar de descanso y de surtido de comida ligera y bebidas frías o calientes.

Hacia <u>uno y otro lado de la Unidad Flotante</u> están **las Playas** bajando desde el nivel de la Calle y del Paseo ajardinado. Esta <u>Zona de "Arena"</u> blanca y limpia tiene 200/ Mts. de anchura y a todo lo largo de 2000/Mts. que mide la Unidad; esta zona de Arena está un poco inclinada-pendiente hacia el agua, como en las Playas naturales. La parte de agua sobre esta Unidad Flotante mide 150/Mts. en dos o tres profundidades distintas; esta anchura de agua se une a otra anchura igual perteneciente a la siguiente Unidad Flotante que está enfrente y sumando así en total 300/Mts. de anchura total de agua.

5.- Aquí vamos a pasar unas cuantas horas felices y contentos todos los Excursionistas-Exploradores del **"Viaje a LA ATLÁNTIDA"** descansando del ritmo de los días pasados y preparándonos para los venideros que todavía nos quedan.

El agua tiene señalamientos de profundidades distintas: de 1/Metro, de 1'50/Mt., de 2/Mts., y de 5/Mts. en la juntura de las dos Unidades Flotantes de cuyos bordes, bajo el agua, salen unas columnas que sostienen unos Pasillos de "Trampolines" a distintas alturas sobre el agua; hay para todos los gustos.

La anchura de la <u>franja de "Arena"</u> es de 200/Mts. y a todo lo largo de la Unidad. El <u>Paseo ajardinado,</u> que está a nivel de las Calles y al borde exterior y vista a las Playas, mide 30/Mts. de ancho y a todo lo largo de la Unidad. <u>La Calle</u> mide 20/Mts de anchura como casi todas las de la Ciudad. El lugar de los <u>Edificios largos en el centro</u> y en lo más alto de la Unidad mide 200/Mts. de anchura con dos líneas de Edificaciones de dos pisos, con amplio Patio interior ajardinado y anchas banquetas hacia la Calle. A uno y a otro lado de la Unidad Flotante hay los mismos espacios con las mismas medidas. *Es una repartición de espacios totalmente simétricos como en todas las <u>Construcciones de las Unidades Flotantes</u> de* **"LA ATLÁNTIDA"**, *<u>para facilitar el equilibrio de **"Flotación"**.</u>*

6.- Todas la **Unidades de Playa** son semejantes, y forman un Conjunto o Zona que verdaderamente **parece "un Paraíso"** por todo el acondicionamiento ambiental, la estabilidad y tranquilidad, y la posibilidad de disfrutar de momentos felices.

Los 400-<u>Excursionistas</u>, <u>Turistas</u>, <u>Exploradores</u>, <u>Expedicionarios</u>, se extienden por los dos lados de la Unidad Flotante, tanto en las <u>Playas de Arena</u> como en el agua y también paseando por los <u>Paseos panorámicos</u> ajardinados del nivel de la Calle. Acudimos a los Expendios de comida ligera y refrescos. Algunos incluso se dan una vuelta paseando hacia las Unidades de Playa siguientes y contiguas inspeccionando todo lo que pueden ver de esta **Zona de Playas.**

7.- A las 2/P.M. llegan varias "Camionetas" cerradas con toda la Comida y bebidas frías y calientes para todos. Somos convocados por las Bocinas Portátiles y por el Radio-Comunicación a una "Comida al aire libre" en la Playa. Recibimos nuestra ración abundante cada uno en una bandeja desechable individual y disfrutamos todos a satisfacción de este momento del día.

No hay prisa ninguna hasta las 6/P.M.; hora en la que nos llamarán para regresar a nuestra **"Base de Operaciones"** en la <u>**Gran Estación Central**</u> de nuestra Exploración de **"LA GRAN ATLÁNTIDA"**.

Así pues, cada uno planea el resto de la Tarde libremente como gusta y regresando a la hora señalada a los Autobuses.

8.- A las 6/P.M. ya estamos todos reunidos y dispuestos a regresar a nuestra **"Base de Operaciones"** en la <u>**Estación Central**</u>.

La Caravana de 6-Autobuses llega a los Restaurantes de nuestro Hospedaje diario. Cenamos con apetito a causa del **"día de Playas y Baño"** y pronto se retiran casi todos a descansar en su habitación del Hotel correspondiente.

Así hicimos este día de **"Descanso"** los dos Grupos juntos.

* * * * * * * * * * * * * *

Día – 10– de Abril del Año-2100
(21º día del "Viaje a La Atlántida")

Capítulo – 39 - : (El Grupo de Oriente)

"Exploración" de las **Zonas Habitacionales-Residenciales** de la **Parte Norte** de **"LA GRAN ATLANTIDA"**.

1.- Los Expedicionarios de **"LA ATLÁNTIDA"** venidos de Oriente a esta Capital Central hoy van a dedicar el día a "Explorar" las Zonas Habitacionales-Residenciales de la Parte Norte de *esta Ciudad tan especial* que es **"LA GRAN ATLÁNTIDA"**.

Recuperadas las fuerzas físicas con el Descanso de ayer, y después de levantarse temprano con nuevas ganas y Desayunar satisfactoriamente, sale de la **"Base de Operaciones"** en esta **Estación Central** la Caravana de Exploradores en dirección a la Parte Nor-Este de la Ciudad y a donde están las Zonas de Unidades Flotantes dedicadas a la **Habitación y Residencia** humana permanente.

2.- Vamos a visitar dos **Zonas Habitacionales** durante la Mañana, las de la Parte Este, y otras dos Zonas durante la Tarde, las de la Parte Oeste.

La primera **Zona Habitacional-Residencial** está muy cerca de nuestra **"Base de Operaciones"** desde donde partimos. Comienza prácticamente casi ahí mismo donde nos hospedamos. Tiene, como todas las demás Zonas, dos **Centros Cívicos Secundarios** desde donde se regula y coordina civilmente y localmente la vida estable y permanente de los Habitantes de estas Zonas.

La Caravana comienza a recorrer lentamente esta **Zona Habitacional** dando vueltas y alternando las Calles en dirección Norte y las Calles en dirección Este. Hay 5/ Kilómetros de distancia hasta el primer **Centro Cívico Secundario** de la Zona.

3.- Vemos que el tamaño de todas las Unidades Flotantes que componen estas Zonas Habitacionales es de 500 x 500/Mts. de Superficie. Se ve que son lugares tranquilos donde la gente pasea por las abundantes áreas ajardinadas principalmente por los bordes-lados de la Unidad y en el centro de ella. El Tráfico rodado por las Calles principales no es muy rápido. Al pasar por los Puentes que unen a las Unidades Flotantes vemos los Pasillos intermedios bajo el nivel de los Puentes tapando el Canal de separación y que están llenos de gente, especialmente niños con personas mayores que los cuidan; parecen lugares tranquilos y seguros para ellos. No se ven Canales de Navegación; todos están tapados por esos Pasillos ajardinados de Paseo. *Toda la Zona da la impresión de estar en un amplio terreno de* **"Tierra firme"**.

4.- Se detiene la Caravana de Exploradores un poco antes del **Centro Cívico Secundario**. Bajamos todos de los Autobuses para que cada uno o en pequeños grupos exploremos la **Unidad Flotante Habitacional** que queramos.

Unos se dirigen a una, otros a otra para conocer andando, "a pie", la distribución de la Superficie de 500 x 500/Mts. de cada **Unidad Flotante Habitacional-Residencial.**

Por los cuatro lados o bordes de cada Unidad hay un <u>Paseo ajardinado</u> de unos 20/Mts. de ancho con árboles de sombra y jardines; las <u>Calles de Circulación General</u> de 20/Mts. de anchura también y con dos Direcciones y un <u>Camellón intermedio</u> están a continuación en paralelo. Desde los Paseos laterales se ven, asomándose al borde, el <u>Pasillo intermedio</u> bajo el nivel de los Puentes en lugar del Canal y que da acceso a las puertas de cada <u>Departamento-.</u> Habitación del <u>Primer Piso habitado</u> y algunas escaleras de acceso al <u>Segundo Piso habitado</u> bajo el nivel de la Superficie de la Calle; los accesos a esos Pasillos intermedios están en las esquinas de la Unidad, cerca de los Puentes.

5.- Continuando el "Paseo exploratorio" llegamos al **Centro de la Unidad Flotante** y nos encontramos con un gran <u>Jardín o Parque</u> amplio en medio de la Unidad, ambientado con un <u>Kiosco o Torreta</u> o Caseta que marca el punto céntrico de la Unidad.

Muy a gusto y tranquila, la gente del lugar pasea por ahí o están tranquilamente sentados a la sombra de los árboles. El <u>Kiosco-Torreta</u> tiene dos Pisos además de la <u>Azotea-Mirador</u> a la que se puede subir por escaleras interiores. El Primer Piso es para necesidades inmediatas, principalmente comestibles ligeros y el Segundo Piso es para Oficina de la Autoridad de la Unidad y asuntos civiles.

Las <u>Edificaciones mayores</u> están armónicamente situadas <u>hacia los cuatro lados de la Unidad Flotante</u>. Son de distintos tamaños y en el Piso de la Calle tienen Comercios pequeños o Tiendas, y los otros Pisos son de Viviendas o Departamentos-Habitación.

Las <u>Calles de Circulación Local</u> dan acceso a todos los pequeños Comercios y a todas la entradas a las Viviendas o Pisos. Es muy agradable ver las formas urbanísticas de estas **Unidades Habitacionales-Residenciales** y la forma de vida que se desarrolla en ellas.

6.- Avisados por el Radio-Comunicación, nos concentramos todos en el **Centro Cívico Secundario** cercano para usar los Autobuses que nos lleven 5/Kilómetros más adelante hasta el segundo **Centro Cívico Secundario** de esta <u>Zona Habitacional-Residencial.</u>

Al ir la Caravana dando vueltas lentamente por las distintas Unidades Flotantes, ya sea hacia el Norte o hacia el Sur o hacia el Este, nos damos cuenta que hay <u>un solo Canal de Navegación Menor</u> que pasa por medio de la <u>Zona Habitacional de Oeste a Este</u> y que pasa por los dos **Centros Cívicos Secundarios** y termina en el <u>Canal de Navegación Turística</u> de la Zona de Playas; todas las demás separaciones entre Unidades Flotantes están cubiertas por los <u>Pasillos Peatonales</u> ajardinados que están bajo el nivel de los Puentes.

7.- Llegamos al segundo **Centro Cívico Secundario** en dirección al Este, donde nos van a dar **unas "explicaciones"** acerca de estas **Zonas Habitacionales-Residenciales**. Así pues, en un <u>Salón de Servicio Comunitario</u> un Experto urbanista nos dice:

Las **Zonas Habitacionales-Residenciales** de esta <u>Capital Central</u>, y en general de toda **"LA ATLÁNTIDA"**, son la cualidad especifica del **"Plan de Colonización del Mar"**; es decir, *habitar estable y permanentemente el Mar, con asentamientos humanos, o <u>"Ciudades"</u>, donde el Hombre puede desarrollar su vida cívica, social, laboral, cultural, vacacional, etc.... como en cualquier otra Ciudad.*

Estas **Zonas Habitacionales** son muy cuidadas por la Autoridad para que ahí encuentre vida social completa todo Habitante y <u>Ciudadano de **"LA ATLÁNTIDA"**</u>; *se pretende que sean los mejores lugares donde la convivencia prolongada y permanente multi-social y multi-cultural se realice con toda naturalidad y sea regulada por las más justas leyes cívicas y sociales* a las que todos obedezcan dando el resultado de una **"Sociedad Internacional (llamada) LA ATLÁNTIDA" (- I.S.A.-).**

Estas Zonas sólo se usan para <u>Habitación o Residencia</u> de las personas. Solamente se permiten pequeños negocios para que el Público de la Zona tenga cerca de su casa lo que necesita a diario. Y también el único <u>Canal de Navegación Menor</u> que atraviesa la Zona es con la finalidad recreativa de sus pobladores; por eso sólo pasa por los **Centros Cívicos Secundarios**. La seguridad y la tranquilidad deben ser las cualidades siempre pretendidas de estas **Zonas Residenciales**.

8.- Con estas y otras muchas más explicaciones llegamos a comprender el lugar importante que tienen estas <u>Zonas Habitacionales</u> en el **"Plan de Colonización"** de **"LA ATLÁNTIDA"**.

Es ya la hora 12/medio-día, y nos queda todavía por ver otra **Zona Habitacional-Residencial** durante esta Mañana. Así que somos invitados a tomar un pequeño "Lunch" o "Bocadillo" con un Refresco o Café o Té antes de subir a los Autobuses e irnos a otra **Zona Residencial**.

9.- La Caravana continúa hacia el Este a través de esta **Zona Habitacional** hasta el <u>Canal de Navegación Turístico</u> de la Zona de Playas. Ahí volteamos hacia el Norte y llegamos a la otra Zona de **Unidades Flotantes de 500 x 500/mts.** de la Parte Nor-Este de la Ciudad <u>cercana al Puerto de Mar Norte</u>.

La Caravana de Autobuses hace su recorrido de forma especial: *"serpenteando"* hacia el Oeste, hacia el Norte, hacia el Sur, para dar oportunidad a los Exploradores a ver mucha más variedad de **Unidades Flotantes Habitacionales** de la Zona. Así, haciendo esas maniobras, llegamos al primer **Centro Cívico Secundario** de esta Zona. Bajamos unos momentos a inspeccionar paseando por la Unidad Mayor de este **Centro Cívico** media hora.

10.- Al aviso acostumbrado de los Guías, volvemos a emprender la marcha en dirección al otro **Centro Cívico Secundario** de la Zona con la misma forma de recorrido y a paso lento para poder apreciar todo lo que cada uno pueda ver.

En esta última Parada de la Mañana nos ofrecen en un Restaurante de la <u>Unidad Mayor</u> del **Centro Cívico Secundario** una apetitosa Comida que la disfrutamos todos satisfactoriamente.

* * * * * * * * * * * * *

<u>Capítulo – 40 -</u> : (El Grupo de Occidente)

"<u>Exploración</u>" de las <u>Zonas Habitacionales-Residenciales</u> de la <u>Parte Sur</u> de "LA GRAN ATLANTIDA".

11.- Los Expedicionarios llegados a **"LA GRAN ATLÁNTIDA"** <u>desde Occidente</u> pasaron la Mañana de este día "<u>Explorando</u>" las **Zonas Habitacionales-Residenciales** de la Parte Sur de esta <u>Capital Central</u>. Por la Mañana visitaron las Zonas del Sur-Oeste, y ahora por la Tarde van conocer las **Zonas Habitacionales** de la Parte Sur-Este.

A las 2/P.M. disfrutaron de la Comida fuerte del día en un Restaurante del último **Centro Cívico Secundario** que visitaron. Están dedicando una hora al Paseo y reconocimiento de este **Centro Cívico** y algunas <u>Unidades Habitacionales</u> más cercanas mientras les llaman para continuar la gira por otras Zonas.

12.- A las 4/P.M. suena en el Radio-Comunicación la llamada a reunirnos en los Autobuses para seguir la Exploración de las **Zonas Habitacionales-Residenciales** que nos toca descubrir esta Tarde.

Sale la Caravana de Autobuses a marcha lenta haciendo *zig-zag* de Norte a Sur y siempre en dirección al Este para que podamos ver <u>Unidades Flotantes Habitacionales</u> en casi todos los lugares de la Zona . Atravesamos la Zona Comercial-Sur, que volveremos a ver mañana, y nos adentramos otra vez en la <u>Zona Habitacional Sur-Este</u>. Recorremos del mismo modo los 5/Kilómetros que hay hasta el primer **Centro Cívico Secundario** de esta <u>Zona Habitacional-Residencial</u>. *Vemos que en las Construcciones y en la repartición de las Superficies hay mucha variedad de estilos arquitectónicos y urbanísticos; unos, siguiendo estilos de habitaciones regionales según la Nación y la Cultura de los que las habitan; y otros, con estilos atrevidísimos, llamativos y modernos y ultramodernos.*

13.- Como nos dicen las explicaciones de los Guías en los Autobuses, y las que nos dan los Expertos locales en los **Centros Cívicos Secundarios** que vamos visitando, estas **Unidades Flotantes Habitacionales-Residenciales** las adquirieron y terminaron de construirla o por <u>Gobiernos de las Naciones,</u> individualmente o asociados en condominio, para sus nacionales que quieran instalarse en **"LA ATLÁNTIDA"**, o por <u>Empresas inmobiliarias</u> particulares que terminan de construirlas y después las negocian vendiendo las Viviendas a todo el que lo solicita.

Las <u>Compañías Constructoras de Flotación</u> propias de la **"I.S.A."** **(- "Sociedad Internacional de LA ATLÁNTIDA" -)** entregan la <u>Infraestructura de la Unidad Flotante</u> hasta la Superficie; de construir lo demás se encarga el que la adquiere; pero condicionado a las reglas propias de *Construcción establecidas rigurosamente, que es todo un Código establecido técnicamente para seguridad y estabilidad de las Unidades Flotantes.*

14.- Cerca de la hora de las 5/P.M. llegamos al primer **Centro Cívico Secundario** de esta Zona Habitacional. Hacemos un Paseo de reconocimiento durante media-hora. Casi todos los **Centros Cívicos** de estas Zonas tienen la misma finalidad y se ve la misma actividad de Servicio a la Zona.

Reemprendemos otra vez la marcha lenta recorriendo los otros 5/Kilómetros hasta el segundo **Centro Cívico Secundario** de la Zona. La Caravana de Autobuses da la vuelta completa a la Unidad Flotante Mayor Central de 1000 x 1000/Mts., lo cual suma otros 4/Kilómetros, y sin descender de los Autobuses se dirige la Caravana hacia el Este 3/Kms. más hasta el Canal de Navegación Turístico de la Zona de Playas. Voltea en dirección Norte, recorre otros 6/Kilómetros y vuelve a introducirse en otra **Zona Habitación-Residencial.**

15.- Se detiene en el primer **Centro Cívico Secundario** de esta Zona por el lado Este. Disponemos de una hora para Paseo de reconocimiento de este **Centro Cívico** y de las **Unidades Flotantes Habitacionales** más cercanas.

Algunos Expedicionarios quieren percibir desde lo más alto de la Zona, que es el **"Mirador"** del Edificio Central de la Unidad Mayor del **Centro Cívico,** el panorama que se ofrece de esta Parte de la Ciudad.

A las 6/P.M. somos invitados a tomar un refresco, un Té o un Café en el Restaurante que tiene esta Unidad Flotante Mayor del **Centro Cívico** . Y de ahí nos vamos a los Autobuses en los que salimos igualmente en marcha lenta hacia el último **Centro Cívico Secundario** que visitaremos esta Tarde.

16.- Recorremos la distancia de 5/Kilómetros más de la misma manera, serpenteando, observando, apreciando y gozando de todo lo que se ofrece a la vista.,

En el último **Centro Cívico Secundario** la Caravana de Expedicionarios le da la vuelta completa despacio y lentamente a la Unidad Mayor; todos los que pueden lo disfrutan desde el Segundo Piso de los Autobuses desde donde se percibe mejor todo el panorama.

Ya no se detiene la Caravana, sino que continua su marcha porque ya se aproxima la hora del regreso a la **"Base de Operaciones"** que tenemos en la Grande **Estación Central** que está precisamente muy cerca de aquí, al final de esta **Zona Habitacional-Residencial**, a 5/Kilómetros hacia el Oeste.

Llegando aquí a las 7/P.M., nos encontramos con el otro Grupo de Exploradores; conversamos animadamente todos sobre los **"Descubrimientos"** de este día; Cenamos con satisfacción; y, bien cansados, nos retiramos a descansar organizando las impresiones de este día e ilusionados por las que vamos a recibir mañana en este inolvidable **"Viaje a LA ATLÁNTIDA".**

* * * * * * * * * * * * * * *

Día – 11– de Abril del Año-2100
(22º día del "Viaje a La Atlántida")

Capítulo – 41 - : (El Grupo de Oriente)

"Exploración" del **Puerto de Mar – Sur (-Mixto-)**

y el **Aeropuerto Internacional** y su **Zona Comercial-Mercantil.**

1.-Parece que los Exploradores de **"LA ATLÁNTIDA"** no se cansan de *"Descubrir"* un día tras otro lugares, Zonas o aspectos nuevos de la Gran Capital Central **"LA GRAN ATLÁNTIDA"**. Hoy se levantan todos, como cada día, con ganas de *Explorar y Descubrir"* nuevas cosas que tiene esta gran *Ciudad tan especial.*

2.- A las 9/A.M. los Expedicionarios venidos de Oriente, con sus Autobuses en Caravana, se dirigen hacia el Sur de la Ciudad. Van a Explorar esta Mañana la **Zona del Aeropuerto Internacional,** y por la Tarde el **Puerto de Mar – Sur, Mixto.**

3.- Van muy ilusionados por ver una cosa muy especial de esta Ciudad. La Caravana toma la dirección hacia el Sur por la Gran Avenida Central de la Zona Comercial, atraviesa despacio, a marcha muy lenta el **Centro Cívico Principal Sur** . Van "paseando" subidos en los Autobuses, y en el Piso Superior todos los que pueden. No se cansan de ver una y otra vez esta Parte tan importante de esta Ciudad que *deja a todos admirados y pasmados cada vez que se pasa por ahí.*

La Caravana sigue por la Grande Avenida Central de la otra Zona Comercial Sur; recorre 4/Kilómetros más, y nos encontramos con **Unidades Flotantes** que tienen contenidos algo diferentes en sus Superficies : son las dos líneas de Unidades Flotantes de 1000 x 500 / Mts. que bordean al Aeropuerto; tienen Canal de Navegación Menor en medio; la primera línea la componen "Hoteles" y Servicios variados Mercantiles del Aeropuerto; la segunda línea de Unidades Flotantes se utiliza para Oficinas de servicio inmediato del **Aeropuerto**, ya que está al mismo borde de la Zona de las Pistas .

4.- Bajamos de los Autobuses en una **Unidad Flotante** de la segunda línea inmediata a las Pistas. Es espectacular la entrada a cada una de estas Unidades: el **Canal de Navegación** por delante, varios niveles de entradas a cada Unidad, los "espacios ajardinados" que hacen encantadora la visita, y todos los Edificios de sus Superficies situados con gusto y armonía y con arquitecturas sorprendentes pero muy prácticas.

Nos dedicamos cada uno de los Exploradores o en pequeños grupos a pasear, a ver, a observar, a fijarnos en mil detalles a cual más sorprendente y admirado. En los Edificios, construidos con estilos arquitectónicos variadísimos sobre las Superficies de estas Unidades, están todas las Oficinas necesarias para un excelente funcionamiento de un **Aeropuerto Internacional** de *primerísima categoría.* Y, como es natural por su clase o categoría, está muy concurrido por toda clase de personas que se mueven con finalidades variadísimas: desde Pasajeros de Viaje hasta toda clase de Servidores del Aeropuerto, o de visitantes sin prisa, como lo somos nosotros, que pasean tranquilamente .

5.- Como es tan extenso todo esto, no se puede caminar mucho a pie; por eso hay un **Tranvía** de varias unidades, abierto por ambos lados, que pasa muy despacio por los <u>dos lados largos de las Unidades Flotantes</u> y a todo lo largo de <u>17/Kilómetros</u> que es lo que mide la longitud del **Aeropuerto**. Se puede subir muy fácilmente cada persona a él, y en media hora da la vuelta completa a esta línea de Unidades por los dos lados. Cada uno puede subirse a él o bajarse cuando quiera y lo necesite; pasa cada 15/minutos; es el transporte mejor para *"Explorar"* y conocer toda la **Zona del Aeropuerto** exteriormente.

Los Expedicionarios se animan a usarlo cuando quieren para recorrer toda esta **Zona tan extensa del Aeropuerto**. Así pues, subidos a este <u>Trenecito,</u> vamos mirando panorámicamente las **Unidades Flotantes de Oficinas y las Pistas** de Despegue y Aterrizaje de Aviones y otros "Objetos voladores extraños".

6.- Las Pistas más cercanas a las Oficinas son para <u>Estacionamiento de Aeronaves</u>. Más lejos están las <u>Pistas de Aterrizaje,</u> y más allá otras varias <u>Pistas de despegue</u>. Y, a la distancia de 4/Kilómetros hacia el Sur, se ven a lo lejos otros <u>Estacionamientos y Hangares</u> de resguardo de Aeronaves. Se ve que el tamaño de las Unidades Flotantes para las Pistas es distinto: 2000 x 500/Mts. las de Estacionamiento; y hacia el medio de la **Explanada de Pista** se ven cuatro líneas de Unidades Flotantes de tamaño extraordinariamente grande: de 4000 x 500/ Mts., para el Despegue y Aterrizaje. *Es todo un desafío de Técnica de la Construcción;* aunque casi no se aprecia porque toda la Plaza o Explanada está al mismo nivel y sin Edificios.

7.- Mientras hacemos el recorrido podemos ver muchas veces el Despegue y el Aterrizaje de Aviones de todas clases, tamaños y finalidades. Esa inmensa Explanada no se siente monótona o aburrida porque esta muy ambientada por "cuadros ajardinados" que hacen agradable mirarlos; hasta parecen un grandísimo Jardín de todos los colores si no fuera por los espacios pavimentados de las Pistas.

8.- En todas estas "exploraciones" se nos va el tiempo de la Mañana. Cada uno por su cuenta tomó un refresco, Té o Café cuando quiso y donde quiso en todo este grande recorrido.

A las 12'30/mediodía se nos avisa por Radio-Comunicación que nos reunamos en la Unidad Flotante donde quedaron los Autobuses, para recibir una "explicación" de **un Técnico** acerca de esta **Zona del Aeropuerto Internacional** de la <u>Ciudad Central</u> **"LA GRAN ATLÁNTIDA"** .

9.- **El Experto Urbanista** de esta Zona nos dice:

Como han podido ver durante toda la Mañana, Exploradores de **"LA ATLÁNTIDA"**, este **Aeropuerto** de **"LA GRAN ATLÁNTIDA"** *es único en el Mundo*; primero, por el lugar donde está situado, en una *Ciudad Flotante en medio del Océano*; también por la grande extensión de su emplazamiento; y también por los Servicios completos que ofrece a todos; por la grandiosidad de sus Construcciones; y por la cantidad enorme de usuarios que se benefician de él.

Es *"nudo de relaciones comerciales" desde todo el Mundo.* Es, junto con la **Estación Central** de la Ciudad, *la puerta de entrada y primera impresión para todos los Visitantes* de **"LA ATLÁNTIDA".** Por eso, seguramente será una de las más imborrables impresiones que Ustedes reciben y llevan de su **"Viaje a LA ATLÁNTIDA".**

En la Construcción de las Unidades Flotantes de este Aeropuerto se superaron retos de Técnica de Construcción por sus especiales dimensiones necesarias para las Pistas de Despegue y Aterrizaje.

Con estas y otras muchas explicaciones nos ayudó este Experto a considerar en su lugar especial en todos los sentidos este **Aeropuerto Internacional** de **"LA GRAN ATLÁNTIDA".**

10.- Siendo ya cerca de la hora de las 2/P.M., somos invitados a una agradable y deseada Comida en uno de los muchos Restaurantes que hay en el **Aeropuerto.**

Todos disfrutamos de la sabrosa Comida platicando unos con otros animadamente las grandes impresiones y sorpresas que nos produjo la *"Exploración"* de este **Aeropuerto de "LA GRAN ATLÁNTIDA".**

* *

Capítulo – 42 - : (El Grupo de Occidente)

"Exploración" de los **Puertos de Mar de la Parte Norte:**

Puerto Mercantil y **Puerto Turístico;**

y **su Centro Cívico Secundario Comercial-Mercantil.**

11.- Los Exploradores venidos de Occidente ocuparon la Mañana "explorando y descubriendo" la Zona del **Puerto Turístico de Mar** de la Parte Norte de **"LA GRAN ATLÁNTIDA".** Tuvieron también su explicación de la función que desempeñan los **Puertos de Mar** en esta gran Ciudad Capital y en las demás Ciudades más pequeñas.

Al final de la Mañana llegaron para Comer en el **Centro Cívico Secundario "Comercial-Mercantil"** de la Zona; y ahí están dando un Paseo de reposo mientras llega el tiempo de continuar la Gira por la Tarde.

12.- Aprovechan este Paseo después de comer, al que hoy se le da más tiempo que otros días, para inspeccionar y reconocer este **Centro Cívico Secundario**

"Comercial-Mercantil" que está situado entre los **dos Puertos de Mar**, el <u>Turístico</u> y el <u>Mercante</u>, porque llegaron a él antes de comer y muy ajustados de tiempo.

Tiene, como los demás **Centros Cívicos Secundarios** una <u>Unidad Flotante Central</u> de 1000 x 1000/mts., y las <u>demás Unidades Flotantes que le rodean</u> con las dimensiones propias necesarias para los Servicios de la Zona Comercial-Mercantil. La finalidad de este **Centro Cívico Secundario** es de coordinar toda la actividad de los **dos Puertos de Mar** de la Parte Norte. El <u>Edificio-Torre del Centro</u> de la <u>Unidad Flotante Mayor</u> tiene una <u>Azotea-Mirador</u> para divisar desde la altura la Panorámica tan hermosa del Mar y de esa Parte de la Ciudad, y su <u>"Faro" de Puerto</u> como señal de localización de los Puertos. Muchos Exploradores del Grupo se animan a subir a disfrutar de esa Panorámica que se ofrece desde ahí.

13.- Todos los demás espacios de esta <u>Unidad Central Mayor</u> y los de las <u>demás Unidades Flotantes que la circundan</u> son usados para Oficinas de las necesidades de los **dos Puertos de Mar.**

Empleamos la hora y media que se nos da para pasear y reconocer lo más posible los detalles de todo este **Centro Cívico Secundario Comercial-Mercantil.**

14.- A las 4`30/P.M. suena la llamada por el Radio-Comunicación a reunirnos en los Autobuses para hacer una Gira por todo el **Puerto de Mar Mercante.**

Arranca la Caravana y recorre lentamente las Unidades Flotantes de 1000 x 500/mts. que están al borde del Puerto, y la línea paralela de Unidades Flotantes de iguales dimensiones que completa este Conjunto, y en medio de las dos líneas de Unidades está el <u>Canal de Navegación Menor</u> que comunica con los <u>Canales</u> del resto de la Ciudad.

Todas estas <u>Unidades Flotantes del Puerto de Mar **Mercante**</u> se utilizan para Almacenamiento y para Talleres Marítimos. Tiene 17/Kilómetros de largo todo <u>el borde del Puerto de Mar.</u>

15.- Se ven <u>Barcos y Buques Mercantes</u> de todas clases, desde los más ligeros hasta los de "gran calado", incluso un <u>Porta-aviones</u>. La actividad humana en torno a cada Buque y por todas partes desarrollando las atenciones que se requieren, y la carga y descarga de cada Barco, nos da a entender el gran dinamismo que desempeña **este Puerto de Mar.**

Nos admira y nos llama la atención la *"limpieza del agua"* de <u>este Puerto de Mar Mercante</u>, acostumbrados a ver otros Puertos de Mar de otra manera porque sabemos bien que los Barcos dejan siempre mucha suciedad. Con esta observación *nos damos cuenta de cuánto es el empeño y cuidado que las Autoridades ponen en <u>el aspecto ecológico de las Instalaciones</u> de* **"LA ATLANTIDA".**

16.- Adelantándonos un poco a la Exploración del <u>Anillo Periférico</u> de la Ciudad que haremos otro día, ahora a continuación recorremos las <u>dos líneas de Unidades Flotantes</u> que hacen la separación del Puerto y el Mar-abierto: la <u>línea interior</u> al borde del Puerto de Mar, y la <u>línea exterior</u> de "Rompe-Olas". Este Trayecto lo recorremos a muy baja velocidad para percibir la Panorámica general del Puerto de Mar.

En el lugar donde está situada la <u>Entrada-Salida de los Barcos</u>, que es hacia la mitad del Trayecto de 17/Kms., tenemos que esperar que los <u>Puentes Elevadizos</u> tengan su momento automático de Tránsito de Calle. Los Vehículos pequeños y las personas también pueden pasar en cualquier momento por un <u>Túnel de 800/mts.</u> de largo que tiene esta Unidad Flotante por debajo del agua, pero eso es sólo para emergencias. Así pues, pasamos los <u>Puentes Elevadizos</u> y continuamos nuestro recorrido.

17.- Volvemos a pasar, pero ahora con una "pasada de largo", sin detenernos, el **Centro Cívico Secundario Comercial-Mercantil** de Puertos y nos encaminamos ya finalmente en dirección a nuestra **"Base de Operaciones"** en la <u>Gran **Estación Central,**</u> donde damos por terminada la Exploración de este día de **"Viaje a LA ATLANTIDA".**

Allí nos encontramos con el otro Grupo de Expedicionarios. Comentamos entre nosotros y con ellos las experiencias de este día mientras Cenamos gustosamente. Después de pasear un poco la Cena por los alrededores de la **<u>Estación Central</u>**, cada uno se retira a descansar pensando ya en el día de mañana de este inolvidable **"Viaje a LA ATLANTIDA".**

* * * * * * * * * * * * * * * * * * * *

Día – 12– de Abril del Año-2100
(23º día del "Viaje a la Atlántida")

<u>**Capítulo – 43 -**</u> : (El Grupo de Oriente)

<u>"Exploración"</u> del <u>Anillo Periférico de Circunvalación</u> de la Parte <u>Norte de la Ciudad;</u> y los <u>Puentes de Entrada-Salida del lado Este</u> de "LA GRAN ATLANTIDA".

1.- Los <u>Expedicionarios venidos de Oriente</u> se disponen a realizar un día más de "Descubrimiento" de la <u>Capital Central</u> **"LA GRAN ATLANTIDA"**. Se levantan y desayunan ilusionados por las sorpresas que podrán encontrar hoy en esta *Ciudad tan especial.*

2.- Como casi todos los días de este **"Viaje a LA ATLANTIDA"**, a las 9/A.M., ya están todos situados en sus Autobuses. Arranca la Caravana en <u>dirección al Este de la Ciudad.</u>

Aunque ya han visto varias veces esta <u>Ruta Central de Entra-Salida,</u> no se cansan de observar todo lo que se ofrece a la vista; para eso la Caravana hace este recorrido despacio, sin prisa, lentamente, hasta los **Puentes de Entrada-Salida** de la <u>Ciudad en el lado Este.</u>

3.- Casi a las 10/A.M. está el Grupo en los **Puentes de Entrada-Salida** del <u>lado Este,</u> después de recorrer 25/Kilómetros desde el Centro de la Ciudad, la **<u>Estación Central</u>**, "Base de Operaciones" de nuestra Exploración de "LA ATLANTIDA".

Nos bajamos de los Autobuses. <u>Vamos a recorrer **los Puentes**</u> hacia una dirección y hacia la otra <u>paseando "a pie"</u> para observar todo mejor y para que nos impresiones más su grandiosidad.

4.- En la Dirección que llevamos, <u>hacia el Este</u>, comienza la **Zona de Puentes** con una elevación del nivel o altura, es decir, una rampa de suave subida hasta la parte plana y llana de lo más alto del Puente. Es una zona de pequeñas Edificaciones, pasillos y paseos ajardinados por los bordes u orillas proporcionando una vista muy agradable.

En paralelo con el <u>Pasillo Peatonal</u>, que es el que seguimos nosotros, corre la <u>Autopista de cuatro Carriles</u> y el <u>Tren con dos Vías</u>. En la parte plana o llana de lo más elevado están el "salto sobre el vacío" o <u>propiamente **"Puentes"**;</u> tienen <u>dos Tramos</u> con un espacio o apoyo de "lugar firme" en medio <u>como base de apoyo</u>. Cada Tramo sobre el vacío es lo suficientemente ancho y está suficientemente alto para que puedan pasar por debajo con toda seguridad y comodidad los <u>Buques más anchos y más altos</u> existentes o que puedan existir en el futuro.

5.- Es impresionante contemplar desde aquí toda la **Zona de Puentes**. La magnitud, la firmeza, la anchura, la altura y la grandiosidad de esta *Obra humana*; *una de tantas que hacen tan especial esta Ciudad de* **"LA GRAN ATLANTIDA".**

Vemos, incluso, pasar <u>Barcos</u> y <u>grandes Buques</u> por debajo de los Puentes con toda naturalidad y sobrándoles espacio por todos lados. Se quedaría uno aquí contemplando este Panorama horas y horas sin darse cuenta; para eso hay unos <u>"Miradores"</u> muy estratégicos. Pero nosotros continuamos nuestra Exploración porque todavía tenemos que dar la vuelta por la otra Dirección.

6.- Ahora nos corresponde descender los metros de altura que ascendimos antes, hasta el nivel de las <u>Unidades Flotantes de Ruta</u> que comienzan al final de la **Zona de Puentes.**

Se ve que estas <u>Unidades Flotantes</u> de la **Zona de Puentes** son de <u>medidas especiales</u>: en longitud, en anchura y en altura. Tienen a cada lado al final un <u>Túnel para Cambio de Sentido</u> para los Vehículos y unos <u>Pasillos en la Superficie</u> con la misma finalidad para las personas. Así que, damos la vuelta por la otra Dirección y recorremos los Tramos correspondientes: una suave subida, los dos Tramos de Puentes sobre el vacío y la suave bajada al nivel de la altura de las Calles de la Ciudad.

7.- Los Autobuses hicieron el mismo recorrido por el lugar del Trafico rodado y nos esperan al término de la Dirección de vuelta hacia la Ciudad. Y como ya pasa de la hora de las 12/medio-día, tomamos un refresco, un Té o un Café, algunos incluso un pequeño "Lunch" o "Bocadillo" para descansar de este gran Paseo exploratorio de la **Zona de Puentes** de <u>Entrada-Salida</u> de **"LA GRAN ATLANTIDA".**

8.- Cerca ya de la hora de 1/P.M., arrancamos de nuevo en Caravana recorriendo el **Anillo Periférico de Circunvalación** de la <u>Parte Norte</u> de esta <u>Ciudad Capital</u> **"LA GRAN ATLANTIDA".**

El **Anillo Periférico de Circunvalación** de la Ciudad está compuesto de dos líneas de <u>Unidades Flotantes de 1000 x 500/mts.</u> cada una. La <u>línea del exterior</u> tiene por el lado de afuera una anchura especial para <u>"Rompe-Olas"</u> compuesta con grandes piedras contra las que chocan las Olas como contra un Acantilado de la Costa.

En paralelo tiene un <u>Paseo Peatonal</u> para personas, y otro Paseo rodado o de Trafico para Automóviles. Cada Unidad Flotante tiene además <u>hacia el interior</u> la zona de <u>Edificaciones</u> que casi todas son <u>Turísticas y Hoteleras</u>. Y por la <u>parte interior</u> y en paralelo con la otra línea de Unidades Flotantes están las Vías de Comunicación con sus Calles correspondientes y sus Paseos ajardinados.

Este primer Tramo del **Anillo de Circunvalación** que estamos recorriendo está co-lindando con la <u>Zona de Playa</u>, por eso todas las Unidades Flotantes tienen finalidad Turística; y se ven muy concurridas y transitadas.

9.- Lentamente avanza la Caravana dando las vueltas que marca el Plano de la Ciudad, y así llegamos a las líneas paralelas de <u>Unidades Flotantes</u> que limitan con el <u>Puerto de Mar Turístico.</u>

En ese último Tramo de recorrido <u>observamos a veces el Mar</u> hacia afuera, y <u>observamos otras veces la Zona intermedia</u> de las dos líneas de Unidades Flotantes, a veces vemos también el <u>interior del Puerto Turístico</u>. A la mitad de ese Trayecto está la <u>Entrada-Salida al Puerto</u> desde el Mar abierto. Esperamos que se extiendan los <u>Puentes Levadizos</u> para poder pasar y terminar el recorrido en el **Centro Cívico Secundario Mercantil** que está entre los dos Puertos de Mar.

10.- Ya pasa un poco de las 2/P.M.; por tanto, es la hora de la Comida fuerte del día que nos dan en un Restaurante de la <u>Unidad Mayor</u> del <u>Centro Cívico</u>. Y como a este Grupo de Expedicionarios le tocó el día de ayer descubrir la Parte Sur, ahora aprovechan el Paseo después de Comer para inspeccionar y explorar este **Centro Cívico Secundario Mercantil** de la <u>Parte Norte</u> y algo de los dos **Puertos de Mar**: el **Turístico** y el **Mercante** de esta <u>Ciudad Capital</u> **"LA GRAN ATLANTIDA".**

<u>**Capítulo – 44 -**</u> : (El Grupo de Occidente)

<u>**"Exploración"** del **Anillo Periférico de Circunvalación de la Parte Sur de la Ciudad;** y los **Puentes de Entrada-Salida del lado Oeste** de **"LA GRAN ATLANTIDA".**</u>

11.- Los Expedicionarios venidos de Occidente dedicaron la mañana a "Explorar" la **Zona de Puentes de Entrada-Salida** de la <u>Parte Oeste</u> de la <u>Ciudad Capital</u> **"LA GRAN ATLANTIDA"**, y la mitad del **Anillo Periférico de Circunvalación** de la <u>Parte</u>

Sur-Este. Tuvieron la oportunidad de conocer el <u>Aeropuerto Internacional</u> de esta Ciudad, y ahora están dispuestos a terminar el recorrido explorador del **Anillo de Circunvalación** por la <u>Parte Sur-Este</u>.

12.- Después de Comer en el <u>Centro Cívico Secundario Mercantil</u>-Sur que está entre el <u>Puerto de Mar Sur</u> (Mixto) y el <u>Aeropuerto</u>, y después de un paseo de reposo y de reconocimiento de este <u>Centro Cívico</u>, abordan sus Autobuses correspondientes y emprenden la marcha para hacer el recorrido de la Tarde.

Siguen el **Anillo Periférico** por la doble línea de <u>Unidades Flotantes</u> que están delimitando el <u>Puerto de Mar Sur</u> (Mixto) con el <u>Mar abierto</u>, unas veces por el <u>lado de afuera</u> contemplando el Mar y la franja de "Rompe-Olas", otras veces <u>por el medio</u> de las líneas de Unidades Flotantes contemplando esos lugares urbanísticos y otras veces por el <u>lado de adentro</u> contemplado toda la amplitud del Puerto de Mar Sur (Mixto).

Hacia la mitad del Trayecto de 18/Kilómetros esperan que se extiendan los <u>Puentes Levadizos</u> de <u>Entrada-Salida al Puerto</u>, y continúan los demás Trayectos con las vueltas que figuran en el Plano-Mapa de la Ciudad. Pasan el Trayecto de la <u>Zona de Playas del Sur-Este</u>, y, siendo ya casi las 5/P.M., se encuentran en la **Zona de Puentes** del <u>Este de la Ciudad</u>.

13.- Como esta **Zona de Puentes** <u>del Este</u> es semejante a la otra **Zona de Puentes** <u>del Oeste</u> que exploraron por la Mañana, ahora van a utilizar el tiempo que les queda de la Tarde en una maniobra curiosa: Van a dar la vuelta hasta el **Primer Parador** saliendo de **"LA GRAN ATLANTIDA"** <u>por el Este</u>, para darse cuenta una vez más y en detalle de cómo es un <u>Trayecto de 20/Kilómetros</u> de Unidades Flotantes de Ruta <u>entre Parador y Parador</u> que tantas veces lo han recorrido durante la <u>Trayectoria de la Ruta Trans-Atlántica</u> en la **Primera Parte** de este **"Viaje a LA ATLANTIDA"**.

Así pues, a baja velocidad pasan los **Puentes de Entrada-Salida** de la Ciudad y se encaminan hacia el Este a través de las <u>Unidades Flotantes de la Ruta Trans-Atlántica</u>.

Estas <u>Unidades Flotantes de Ruta</u> cercanas e inmediatas a la <u>Gran Ciudad</u> están muy atendidas y usadas de muchas maneras no solo en sus espacios de Transporte (-Tren, Autopista y Carretera de Servicio-) sino en la <u>Zona de Canal Intermedio</u> con **"cultivos marinos"**, y las <u>Superficies</u> de las Unidades Flotantes con cultivos de **"Horticultura y Jardinería"**.

14.- Los Tramos de Ruta de 20/Kilómetros entre Parador y Parador están compuestos por **19-Unidades Flotantes en una dirección**, como las hemos visto en la **Primera Parte** del **"Viaje a LA ATLANTIDA"** a través de toda la Ruta, de <u>1000/metros cada una</u>, con dos <u>Puentes de 100/metros</u> de anchura o vacío; y otras **19-Unidades Flotantes en la dirección paralela contraría**, haciendo que los extremos de las Unidades de una línea coincidan con el medio (o la mitad) de las Unidades de la otra línea, para que el conjunto *no pierda la línea recta* por el efecto de las <u>Corrientes Marinas</u> o el movimiento general del Mar.

A la mitad del Trayecto de 20/Kilómetros se detiene la Caravana de Autobuses, bajan los Expedicionarios a recorrer "a pie", paseando, una Unidad Flotante completa de la Ruta, de extremo a extremo. Así nos damos cuenta de la magnitud y la firmeza de cada una de estas Unidades Flotantes de Ruta, lo agradable que es pasear por sus bordes peatonales, pasar a pie los 100/metros de cada Puente a la altura de 20/mts. sobre el nivel del agua, la contemplación tranquila de los "cultivos" de Superficie, y en general todo el entorno que una persona percibe cuando va andando. *Es impresionante pensar que podemos atravesar el Océano Atlántico "A pie": reto y conquista equiparable al hecho histórico de "pisar la Luna".*

15.- Entre admiración y admiración llegamos al otro extremo de la Unidad Flotante que estamos explorando "andando". Nos volvemos a subir a los Autobuses y continuamos el recorrido hasta el **Primer Parador** al Oriente de **"LA GRAN ATLANTIDA"**. Volvemos a bajar de los Autobuses para pasear unos minutos por el Parador y tomar un refresco o un Té o un Café. Es un Parador muy lleno de actividad y de Servicios por ser el más cercano a la Gran Capital.

16.- Para hacer el camino de regreso desde aquí a la Ciudad la Caravana de Expedicionarios decidimos hacerlo no por la Autopista normal, sino por la **Carretera de Servicio** local que transcurre por junto al Canal que está en medio de las dos líneas de Unidades de Ruta; es una Carretera normal en la que se pueden cruzar tranquilamente dos Vehículos; y como la recorremos despacio no hay peligro por lo voluminosos que son los Autobuses "dobles" y de "dos Pisos".

Esta vuelta de regreso por la **Carretera de Servicio** nos da la oportunidad de ver más de cerca los **"Cultivos Marinos"** del Canal entre las Unidades Flotantes.

17.- Cuando ya pasa un poco de la hora de las 6/P.M. estamos otra vez en la **Zona de Puentes** de Entrada-Salida de la Ciudad que no nos cansamos de observar y contemplar por su grandiosidad.

Y, ya sin parar, continuamos derecho en dirección a nuestra **"Base de Operaciones"** en la **Gran Estación Central** de **"LA GRAN ATLANTIDA"**.

Ahí nos encontramos con el otro Grupo que hizo el mismo programa por la Mañana y Tarde por el lado Oeste de la Ciudad. Todos tenemos muchas cosas que comentar durante la Cena y paseando por los alrededores después de la Cena.

Bien cansados por la actividad exploradora de este día, nos retiramos felices, contentos y satisfechos a descansar de un día más de **"Descubrimiento y Exploración"** de la Gran Capital Central **"LA GRAN ATLANTIDA"** en *este insólito e inolvidable "Viaje a LA ATLANTIDA".*

Día – 13– de Abril del Año-2100
(24º día del "Viaje a la Atlántida")

Capítulo – 45 - : (El Grupo de Oriente)

"Exploración" y "Descubrimiento" de "LA GRAN ATLANTIDA" a través de sus Canales de Navegación Menor de la Parte Norte de la Ciudad.

1.- Los Expedicionarios de **"LA ATLANTIDA"** se levantan hoy con una nueva ilusión a realizar durante este día de "Exploración": Descubrir esta *"grandísima Venecia"* a través de sus **Canales de Navegación Menor** que la atraviesan por todas partes, de Norte a Sur y de Este a Oeste.

A las 8/A.M. Desayunan juntos los dos Grupos comentando las expectativas que todos tienen para este día. A las 9/Horas el Grupo de Oriente se dirige a las Embarcaciones que están en el lado Norte de la Estación Central; y el Grupo de Occidente se dirige a las que están en lado Sur.

2.- A la **Estación Central** confluyan tres Canales por el lado Norte y tres Canales por el lado Sur. El Edificio Central de este **Centro Cívico Secundario** especial, que mide 2000 x 1000/mts. de área de Superficie, está rodeado por Canales.

A uno y a otro lado de esta **Estación Central** están esperando **las Embarcaciones** encargadas de transportarnos a través de todos los Canales de la **"LA GRAN ATLANTIDA":** 10-Embarcaciones pasearán al Grupo de Oriente por la Parte Norte, y otras 10-Embarcaciones pasearán al Grupo de Occidente por la Parte Sur de la Ciudad.

3.- Arranca la Caravana de **Embarcaciones** hacia el Norte con los Exploradores de Oriente. Navegando lentamente una Embarcación tras otra a través del **Canal del Centro**, recorren los primeros 5/Kilómetros que hay de distancia hasta el Centro Cívico Principal Norte cuya Pirámide Mayor se ve al fondo majestuosa e impresionante ya desde la salida de la **Estación Central**.

Cada uno de los Exploradores mira hacia todas partes con ganas de no perderse nada de los que se puede ver desde esta posición en los Canales; ésta es una perspectiva y percepción nueva, distinta de la que se tiene desde el Autobús por las Avenidas o andando por las Calles. El Canal mide 20/metros de ancho, que alrededor del Centro Cívico Principal se convierten en 40/metros. Las paredes laterales desde el nivel del agua hasta la Superficie de los Puentes y la Calle miden otros 20/metros; pero la mitad de esa altura (-10/metros-) de la parte de arriba están llenas de ventanas correspondientes a los dos Pisos de Habitaciones que tiene cada Unidad Flotante debajo de su Superficie.

4.- Llegando a topar con la Unidad Flotante Mayor del Centro Cívico Principal, cada Embarcación busca un lugar junto a una de las muchas Escaleras que hay de subida a la Calle para que desciendan sus ocupantes paseadores. Disponemos de 1/Hora para pasear por los Bordes de la Unidad Mayor y de otras Unidades circundantes. Disfrutamos de sus amplios Paseos ajardinados. Contemplamos desde distintos ángulos de visión la Gran Pirámide Mayor y las demás Pirámides y Edificaciones de todo el Centro Cívico Principal.

5.- Al oír la señal del Radio-Comunicación volvemos todos a nuestras respectivas **Embarcaciones** y la Caravana continua su marcha por **los Canales** de esta *"Gran Venecia" en medio del Océano.*

Tomando el rumbo del Oriente recorremos el trayecto de 5/Kms. por entre las Unidades Comerciales-Industriales. Pasamos el primer Centro Cívico Secundario Comercial; lo bordeamos y continuamos recorriendo los siguientes 5/Kms. hasta el segundo Centro Cívico Secundario Industrial que ya conocemos por haberlos visitado los días pasados. recorremos otros 3/Kms. más y nos encontramos en el **Canal Turístico** que está entre las dos líneas de Unidades Flotantes inmediatas a la Zona de Playas del Nor-Este.

6.- Es un **Canal de Navegación Menor** que une el Puerto de Mar Turístico Norte con el Puerto de Mar Sur (Mixto) pasando por las dos Zonas de Playas de la Parte Oriente de la Ciudad y pasando por debajo de los Puentes de la Ruta Central de Transito de la Ciudad. Casi todas las Edificaciones que hay en estas dos líneas de Unidades Flotantes a los dos lados del Canal tienen finalidad y utilidad turística.

Recorremos **este Canal** un poco en Dirección Sur para adentrarnos en la primera Playa de la Zona Nor-Este. Recorremos las aguas que están entre las dos primeras Playas hasta el extremo-Oriente o línea de Unidades Flotantes que componen el Periférico y Rompe-Olas. Damos la vuelta por en medio del segundo par de Playas; volvemos otra vez al **Canal de Navegación Turística** y una vez más recorremos las aguas de la Quinta y Sexta Playa; y así continuamos dando vueltas por las demás.

Con estas maniobras nos damos cuenta de la forma que tienen las Zonas de Playas, pero ahora visto desde el agua.

7.- Cuando llegamos a la altura del Canal que atraviesa la Zona de Unidades-Habitacionales-Residenciales del Nor-Este tomamos esa Vía hasta el primer Centro Cívico Secundario de esa Zona.

Pasamos al segundo Centro Cívico Secundario de esta Zona y terminamos muestra **Exploración de los Canales** durante la Mañana en el Centro Cívico Secundario Mercantil de la Parte Norte que está entre los dos Puertos. Aquí comeremos porque ya son las 2/P.M., hora de la Comida diaria.

* * * * * * * * * * * * * * * * *

Capítulo – 46 - : (El Grupo de Occidente)

"Exploración" y "Descubrimiento" de "LA GRAN ATLANTIDA" a través de sus Canales de Navegación Menor de la Parte Sur de la Ciudad.

8.- Los Expedicionarios venidos del Occidente hicieron un recorrido exploratorio de **los Canales de "LA GRAN ATLANTIDA"** semejante al Grupo de Oriente, pero por la Parte Sur de *esta "grande Venecia".*

También están comiendo a las 2/P.M. en el Centro Cívico Secundario Mercantil del Sur que está entre el Puerto de Mar Sur (Mixto) y el Aeropuerto.

9.- Después de pasear durante una Hora reposando la Comida y reconociendo mejor el Conjunto de Unidades Flotantes y Edificaciones de este Centro Cívico Secundario, a las 4/P.M. volvemos a nuestras respectivas **Embarcaciones** que están alrededor de la Unidad Mayor y reemprendemos el recorrido de la Tarde.

Saliendo de este Centro Cívico Secundario la Caravana toma la Dirección Oeste por **el Canal** que transcurre entre las dos líneas de Unidades Flotantes que están enfrente y a todo lo largo del Aeropuerto Internacional; son 19/Kilómetros de Paseo y vista espectacular que terminan desembocando en el **Canal Turístico** de la Zona de Playas del Sur-Oeste de la Ciudad.

Una vez más la **Embarcación** que va adelante señala a las demás la Dirección **"en zig-zag"** por toda la Zona de Playas para percibir bien su distribución y toda su amplitud para esta finalidad turística.

10.- Ya llevamos casi una Hora y media de Paseo Exploratorio; así que nos bajamos de las Embarcaciones en el primer Centro Cívico Secundario Comercial-Mercantil que esta en dirección al Centro Cívico Principal Sur. Dedicamos Media-hora para inspeccionar este Centro Cívico Secundario y tomar un refresco, un Té o un Café.

Volviendo otra vez a nuestras **Embarcaciones,** reemprendemos otra vez el recorrido de los últimos tramos de **Canales** durante esta Tarde atravesamos el segundo Centro Cívico Secundario Comercial, y por fin una vez más entramos en la Zona del Centro Cívico Principal Sur con su majestuosa e impresionante Pirámide Mayor cilíndrico-cónica junto con todas las demás que la rodean; ahora sin detenernos pero muy lentamente damos la vuelta a este Centro Cívico Principal Sur y nos metemos en el último Tramo de 5/Kms. de la Zona Comercial hasta llegar a nuestra **"Base de Operaciones"** en la Grande **Estación Central.**

11.- De esta manera exploramos y conocimos este aspecto tan importante, típico y atrayente de esta Capital Central **"LA GRAN ATLANTIDA",** que son los **Canales de Navegación Menor y Turística** que la recorren en todas direcciones para transporte y diversión de todo Explorador y Visitante de *esta grandísima "Venecia" en medio del Océano Atlántico.*

12.- Como todos estos últimos días, a las 6`30/P.M. nos encontramos los dos Grupos de Expedicionarios, el de Oriente y el de Occidente, en nuestra **"Base de Operaciones"** comentando incansablemente tantas impresiones, sorpresas y descubrimientos del día.

Cenamos todos juntos a las 7/P.M. en animada conversación. Y, contentos y satisfechos por este día, nos retiramos a descansar con un cúmulo de recuerdos e impresiones que *casi no sabemos si son sueños o es realidad* de esta Ciudad tan especial **"LA GRAN ATLANTIDA"**.

****

Día – 14– de Abril del Año-2100
(25º día del "Viaje a La Atlántida")

Capítulo – 47- : (Los dos Grupos juntos)

"Conferencia" sobre la "Construcción de una Unidad Flotante"; en el Centro Cívico Principal Sur de "LA GRAN ATLANTIDA".

1.- La "Exploración" y "Descubrimiento" de la Ciudad Capital **"LA GRAN ATLANTIDA"** y, en general, de toda **"LA ATLANTIDA"** hecho hasta ahora por los Expedicionarios del **"Viaje a LA ATLANTIDA"** fue por medio de actividades de visitas personales en Grupo a cada lugar y detalle, y alguna explicación técnica popularizada para todos para comprender lo que estábamos inspeccionando.

Pero ahora llega el momento, después de ver personalmente tantos lugares y cosas, recibir unas explicaciones más amplias y profundas acerca de todo lo que hemos visto y lo que **no** hemos visto todavía. Por eso vamos a dedicar estos últimos días del **"Viaje a LA ATLANTIDA"** a recibir unas **"Conferencias"** sobre los aspectos más importantes de **LA ATLANTIDA**. Esto lo haremos durante las Mañanas de cada día; y dedicaremos las Tardes a "Explorar" y "Descubrir" ya por nuestra propia cuenta cada uno lo que más le interesa a cada Quien de esta Gran Capital Central o completar lo que no se logró ver bien cuando cada uno fue junto con su Grupo correspondiente.

2.- Así pues, todos los Expedicionarios-Exploradores de **LA ATLANTIDA** se levantan hoy sabedores del programa interesante del día que les ayudará a comprender mejor la existencia de esta Gran Capital. Desayunamos todos juntos en los Restaurantes de costumbre de la **Grande Estación Central** deseosos de salir al destino de este dí

Como la **"Conferencia"** que van a recibir hoy es igual para todos, van a ir los dos Grupos juntos, es decir: los 6-Autobuses-dobles, al **Centro Cívico Principal Sur** donde está el material explicativo, y los encargados de dar la **"Conferencia"** y el lugar adecuado para eso.

3.- A las 9/A.M. sale la larga, llamativa y espectacular Caravana de 6-Autobuses-dobles y de doble Piso en dirección al Sur a través de las Avenidas Centrales. No se cansa uno de ver tantas novedades y tanta maravilla y cada uno ya se va haciendo las preguntas cuya respuesta va a dar la **"Conferencia"** de hoy: *¿Cómo es posible que exista esta Ciudad Flotante? ¿Cómo es posible que estemos "flotando" tranquilos y seguros* en este **Centro Cívico Principal Sur** *sobre un Volumen de Cemento de 2000 x 2000/metros*, el mayor hasta ahora construido, *en medio del Océano* y con estas gigantescas Edificaciones sobre su Superficie *como si estuviera sobre "Tierra Firme"?*

4.- Los 400 Exploradores-Expedicionarios-Descubridores de **LA ATLANTIDA** ya están acomodados en el gran **Salón de Conferencias** para escuchar la respuesta a estas inquietantes preguntas.

Con un Montaje Audio-visual y con palabra directa y personal de los **Técnicos** para algunos detalles recibimos la explicación de *"La Construcción de una Unidad Flotante de Concreto (-u Hormigón-) en medio del Océano"*.

5.- **PROCESO:**

A).- Plataforma de "Flotadores de Profundidad":

Un **"Flotador de Profundidad"** es un **Volumen de Acero** de 50 x 50/metros de Área por 50/mts. de alto o Volumen, fabricado en Astilleros de las Costas de las Islas o de los Continentes y trasladado, arrastrándolo flotando, hasta el lugar de Construcción en el Océano.

Tiene una Estructura suficientemente resistente para soportar en vacío la presión del agua no sólo a la profundidad de 100/metros que es la profundidad a donde llegan las Unidades Flotantes a construir, sino algo más (-unos 200 ó 300/mts.-) para poder extraerlo de su lugar hundiéndolo a más profundidad y sacándolo a flote a la superficie del agua arrastrándolo con cables.

Tiene tres aspectos indispensables: Uno es el **"Volumen Vacío"** que produce la Fuerza de Flotación, otro es el lugar de manipulación con **"Escotillas"** para regular la Fuerza de Flotación inyectando o extrayendo "Agua-Lastre", y el tercero es la **Plataforma plana** que, junto con las otras Plataformas de los demás Flotadores, forma la **gran Plataforma total** sobre la que se construye la Unidad Flotante.

Así pues, la Construcción de una Unidad Flotante de 500 x 500/mts. necesita de 100-Flotadores de Profundidad.

B).- El "Campo de Trabajo":

Alrededor de la gran Plataforma de 500 x 500/mts. que forman los 100-Flotadores de Profundidad se compone el **"Campo de Trabajo"** con **Flotadores de Superficie** que también están hechos con material de Acero; tienen una Superficie de Área de 20 x

20/mts. y por 20 /mts. de altura; también tienen tres partes: Una, el <u>Volumen Vacío</u> que produce la Flotación; otra, la <u>zona de Vigilancia</u> y Manipulación con las Escotillas y registros de regulación; y la tercera, la <u>Plataforma superior</u> donde, junto con las demás Plataformas de los otros Flotadores de Superficie, se depositan todos los materiales de construcción y por donde transitan los vehículos de transporte de material <u>en torno a la Obra.</u>

C).- <u>Etapas de Construcción de una Unidad Flotante</u>:

(1).- La <u>"Capa Aislante"</u>: En el <u>agua de Mar</u> hay que proteger toda construcción de Cemento y Acero (-e. d.: Concreto u Hormigón-) con una "Capa Aislante" de <u>material totalmente impermeable</u> para evitar la filtración y consecuente corrosión y asegurar así la perennidad y la perpetuidad de la Estructura.

Así pues, lo primero que se construye <u>en la Base de la Unidad Flotante</u> y en las <u>Paredes Laterales por el lado exterior</u> es una "Capa Aislante" que no permita pasar nada de agua del Mar hacia la Estructura.

(2).- <u>"Rejillas de Resistencia"</u>: Hay que hacer una pared de <u>Contención de la Presión</u> que produce el agua a 100/metros de profundidad y repartir uniformemente esa <u>Fuerza de Contención</u> en toda el Área de 500 x 500/mts.

La distribución más uniforme de esta Fuerza de Contención la efectúan <u>dos capas</u> de Rejillas de Resistencia super-puestas alternadamente una a la otra tomando como área de apoyo <u>el cuadrado</u> que forman las <u>Columnas Delgadas</u> y <u>el cuadro</u> que forman las <u>Columnas Gruesas</u>.

(3).- <u>"Estructura Delgada"</u> de Resistencia, o <u>Columnas y Trabes</u> "<u>Delgadas</u>": Es la <u>Estructura interior</u> de la Base y de las Paredes que reparte y distribuye <u>por áreas más pequeñas</u> la <u>Presión Total</u> que soporta la <u>Estructura Gruesa</u> que es la última y la más fuerte. Así pues, con el cuadrado de la <u>Estructura Delgada</u> coincide el cuadrado de una <u>Rejilla de Resistencia</u>.

(4).- <u>"Estructura Gruesa"</u> de Resistencia, ó <u>Columnas y Trabes</u> "<u>Gruesas</u>": Es la <u>última Estructura interior</u> de la Base y de las Paredes del lado interno de la Unidad Flotante que soportan y hace contención a <u>toda la Presión Total</u> que produce el agua, y con el cuadrado de esta Estructura coincide el cuadrado de la otra Rejilla de Resistencia.

<u>En resumen</u>: Una Base de Unidad Flotante y sus Paredes Laterales se componen de <u>cinco capas o estratos</u> distintos:

De la parte de adentro hacia afuera: (a) Una <u>Estructura Gruesa</u> hecha en cuadros de 20 x 20/mts. y 2/mts. de espesor que apoya cada uno de sus cuatro lados en las Columnas-Trabes Gruesas del Entramado interior de la Unidad. (b) Una <u>Estructura menos gruesa</u> (o "Delgada") también de Área de 20 x 20/mts. y 1/mt. de espesor y que apoya cada uno de sus cuatro lados en las Columnas-Trabes Delgadas del Entramado interior de la Unidad. (c) La <u>Primera Rejilla de Resistencia</u> que se apoya en el Área de los cuadrados de la Estructura Gruesa.

(d) La <u>Segunda Rejilla de Resistencia</u> que se apoya en los cuadrados formados por la Estructura menos gruesa o "Delgada". **(e)** Y la <u>Capa Aislante</u> que hace de revestimiento total a la Base y a las Paredes de la Unidad Flotante.

(5).- **<u>Las "Paredes Laterales"</u>:**

Las **Paredes Laterales** están construidas de igual modo que la <u>Base de la Unidad Flotante</u>, pero su grosor y el material de sus Estructuras interiores es <u>proporcional a las distintas presiones</u> del agua según los distintos niveles de profundidad.

Las Estructuras del material interior de las Paredes Laterales corresponden y se apoyan en el <u>Entramado de Estructuras Gruesas y Delgadas</u> y <u>Trabes Gruesas y Delgadas</u> del interior de la Unidad Flotante o "Vacío".

(6).- **"<u>Distribución del Interior</u>"** de <u>una Unidad Flotante</u>, es decir:

<u>Una Unidad Flotante tiene 120/metros de altura</u>: 100/mts. de <u>inmersión</u> bajo el nivel del agua y 20/mts<u>. sobre el nivel del agua</u>.

(a).- El **Primer Piso** a partir de la <u>Base de la Unidad</u> es dedicado en su totalidad a la finalidad de **"<u>Vigilancia</u>"** e <u>inspección</u> de la Unidad; mide 3/mts. de altura y está <u>dividido y cuadriculado</u> por las paredes que coinciden con las Trabes Gruesas y Delgadas; cada cuadro formado por estas paredes tiene una puerta de entrada desde el cuadro anterior y otra puerta de salida hacia el siguiente cuadro, de forma que se pueda pasar inspeccionando el <u>"estado en que se encuentra"</u> toda la <u>Base de la Unidad</u> desde un extremo hasta el otro de la misma.

(b).- El **Segundo Piso** mide 20/mts. de altura y esta formado por **"<u>Grandes Estanques</u>"** de Agua-Lastre (-e.d.: regulación de Peso o Inmersión-); miden de Área 20 x 20/mts. coincidiendo sus Paredes con las Trabes Gruesas Horizontales y Columnas Gruesas Verticales; menos un <u>Pasillo Lateral</u> por los cuatro lados que sirve para <u>inspección de todo el perímetro</u> alrededor.

(c).- Estos <u>Grandes Estanques</u> están tapados por el **Tercer Piso** que consiste en una serie de **"Tapaderas"** de cada Estanque en continuidad de manera que se pueda caminar sobre ellas incluso en vehículo.

(d).- Los **demás Pisos** que los forman los distintos <u>niveles de Trabes Gruesas y Delgadas</u> del <u>Entramado Interior de la Unidad</u> pueden ser utilizados para distintas finalidades: almacenamiento de agua potable, almacenamiento de aguas residuales, cultivos de sombra u oscuridad, etc.

(e).- Los **20/metros últimos** que ya están <u>sobre el nivel del agua</u> son los <u>Sótanos de las Edificaciones</u> de la Superficie de la Unidad Flotante; por tanto ya pertenecen al dueño que administra la Unidad. Todo lo anterior pertenece a la Seguridad y Administración Pública de **LA ATLANTIDA** o de cada Ciudad.

(f).- Y por fin, **la Superficie** donde están las Edificaciones que construyó el dueño de la Unidad Flotante y las hizo y las utiliza para finalidad que cada uno quiere darle.

(g).- En los espacios interiores de los 20/mts. últimos sobre el nivel del agua hay dos Pisos de Habitación Humana de una anchura de 20/mts. y a todo lo largo de los cuatro lados. Estos Pisos-Habitación están comunicados por medio de entradas-salidas desde el interior de la Unidad, y el Piso Bajo (o Primer Piso) puede tener puertas de entrada-salida hacia un Pasillo Peatonal cuando se cubre el Canal que hay entre Unidades con "unos Alerones" que sobresalen de cada Unidad hasta encontrarse (-pero sin tocarse-) los dos en medio del Pasillo Peatonal. En las Unidades que no tienen Pasillo Peatonal, sino sólo Canal de Navegación, las Habitaciones Humanas sólo tienen ventanas en los dos Pisos.

Los demás espacios interiores de los dos Pisos Superiores de la Unidad Flotante, menos los Sótanos, son Estacionamientos bajo la Calle a distintos niveles o Pisos. Las zonas ajardinadas tienen un grosor de tierra de abono de 4 ó 5/metros de grueso para la plantación de árboles.

D.- Retirada o Remoción de los Flotadores de Profundidad:

Cada Unidad Flotante en Construcción va adquiriendo Fuerza de Flotación "propia" a medida que avanza la construcción y se sumerge en el agua. Llega un cierto momento en que ya le sobra algún **Flotador de Profundidad**. Así pues, a medida que le van sobrando Flotadores de Profundidad se van extrayendo de su lugar alternadamente repartidos en toda su superficie de la Base. La forma de hacerlo es desamarrándolos de los ligamientos con los Flotadores adjuntos e inyectándoles "Agua-Lastre" para que cada uno se hunda hasta 150 ó 200/ metros de profundidad, y así, por debajo de toda la Unidad que se está construyendo, tirar de él con cables hasta subirlo a la superficie del agua y así se hacen recuperables y reutilizables para otra construcción después de repararlo de sus deterioros.

6.- Variedad de Volúmenes de las Unidades Flotantes:

El mismo sistema de Construcción que hemos visto para una Unidad Flotante de 500 x 500/mts. se usa para cualquier otra Unidad Flotante de cualquier otro tamaño o volumen; solamente varían el número de Flotadores de Profundidad que forman la Plataforma de Construcción de la Base.

Hay también Unidades Flotantes de 1000 x 500/mts.: son las Comerciales, las Industriales, las Mercantiles, las Turísticas. También de 1000 x 1000/mts.: son los Centros Cívicos Secundarios, y las Unidades que circundan los Centros Cívicos Principales. También de 1000 x 2000/ mts.: son las Unidades de Playa. También de 500 x 2000/mts. y de 500 x 4000/mts.: son las Unidades de Pistas del Aeropuerto. En fin, de 2000 x 2000/mts.: la Unidad Central de los dos Centros Cívicos Principales, Norte y Sur. Todas se construyen de la misma manera.

7.- Con estas explicaciones tan interesantes y otras muchas más acompañadas con todo el instrumental y montaje audio-visual oportuno y adecuado para cada idea se nos pasaron tres horas sin enterarnos del tiempo y consiguiendo alcanzar la respuesta a tantas preguntas que continuamente se hace cada uno de **¿Cómo es posible que exista esta Ciudad Flotante tan maravillosa, sorprendente e inimaginable?**. Pero ahí está, y ahora ya sabemos algo de **cómo** y **porqué**. Nos quedan para otro día las explicaciones sociológicas a estas mismas preguntas.

Pasan unos Camareros del Restaurante donde vamos a comer la Comida fuerte del día con unos "Aperitivos" para completar el tiempo que resta para la hora de la Comida mientras platicamos animadamente entre nosotros de todo lo que hemos oído y visto en la **"Conferencia"** de este día sobre la ***"Construcción de una Unidad Flotante"*** en medio del Océano.

8.- El tiempo de la Tarde de este día, después de comer y pasear brevemente por los alrededores de la Pirámide Mayor "cilíndrico-cónica" de este **Centro Cívico Principal Sur**, lo empleamos en ver con nuestros propios ojos y **explorar andando** el interior de una Unidad Flotante.

Hay varias Unidades Flotantes en distintos lugares de la Ciudad disponibles y preparadas para cumplir con esta finalidad que necesitan los Exploradores de **LA ATLÁNTIDA**. Así pues, para no formar grupos demasiados grandes que nos estorbaríamos unos a otros, cada uno de los 6-Autobuses se dirige a cada una de estas distintas Unidades Flotantes preparadas para ser exploradas y conocidas **en "su interior"**.

9.- Casi todas estas **Unidades Flotantes dispuestas y preparadas** para ser conocidas en su interior están en las Zonas Habitacionales-Residenciales y algunas alrededor de los Centros Cívicos Secundarios por ser Unidades Flotantes de 500 x 500/mts. Este recorrido se realiza **"andando"** y hay que bajar y subir distancias considerables, por eso escogemos las Unidades de menor volumen. Las Unidades de mayor volumen y extensión tienen un "Trenecito Turístico" para recorrer su interior más cómodamente.

Cada Grupo de Expedicionarios-Descubridores-Exploradores de cada Autobús, llegan a la Unidad Flotante señalada, y entran por la puerta de entrada al **Subterráneo** que está bajo el nivel de la Calle de la Unidad correspondiente que le tocó explorar. Es un largo Estacionamiento por los cuatro lados de la Unidad con entradas y salidas a la superficie de la calle en las cuatro esquinas. Bajamos al **Segundo** y **Tercer Nivel** y nos encontramos con más Estacionamientos y las puertas de entrada a los dos Pisos de Habitaciones que tienen luz y ventanas a los cuatro lados exteriores de la Unidad.

10.- Seguimos bajando **Niveles o Pisos** y encontramos grandes almacenamientos de líquidos: unos, de agua potable y otros de aguas residuales. También vemos espacios cuadrados de **"Cultivos" de sombra** u oscuridad como Champiñones, etc.

Vamos bajando en espiral por las cuatro esquinas de la Unidad Flotante y atravesando Pasillos por el medio del espacio interior de la Unidad. Cada lado de la Unidad mide 500/metros; así que cada vuelta completa (Norte-Sur-Este-Oeste) a la Unidad suman

2/Kilómetros. La diferencia de altura de un Nivel o Piso a otro es de 10/mts. Naturalmente, por estar preparada esta Unidad para ser visitada como modelo, está todo bien iluminado artificialmente y bien ventilado.

Llegamos al ante-último Nivel o Piso que son las **"Tapaderas"** de los Grandes Estanques de Agua-Lastre; lo recorremos por el medio del espacio de la Unidad y observamos estas **"Tapaderas"** de cada Estanque con sus registros de manipulación del agua tanto para extraerla como para inyectarla y la medición automática de la cantidad o nivel de agua que contiene cada uno. Todos estos datos y otros muchos los recogen los **Monitores** de la **Sala de Controles** de toda la Unidad Flotante; este dato del "nivel de flotación" es de los más importantes para la seguridad y estabilidad de toda la Unidad Flotante.

Seguimos bajando los **últimos 20/metros** hasta el **Primer Piso** que está debajo de los Grandes Estanques de "Agua-Lastre". Comenzamos el recorrido en una esquina y vamos haciendo "zig-zag" entrando y saliendo por las dos puertas de cada estancia que mide 10 x 10/mts. *Parece un laberinto* para perderse sino fuera por las claras indicaciones que están por todas partes, y cada uno puede abreviar lo que quiera el recorrido. No es del todo aburrido este recorrido porque los espacios están llenos por todas partes de **"Cultivos de sombra"** que se mantienen por la luz artificial con que esta iluminado todo el recorrido.

Al final nos queda la subida a la Superficie que cada uno la toma con calma deportiva después de tan largo **Paseo Exploratorio** desde que entramos. Para casos de necesidad hay dos Ascensores que facilitan la subida, y sino Escaleras Mecánicas de un Nivel a otro.

11.- Así, durante dos horas, hemos explorado y conocido el **"Interior"** de una Unidad Flotante. Ya que estamos todos fuera, en la Superficie, cada Grupo se encamina en su Autobús a la **"Base de Operaciones"** en la Grande Estación Central donde nos volvemos a encontrar los 400 Exploradores de **LA ATLÁNTIDA** para Cenar, comentar las impresiones de este día y descansar de toda la actividad hasta Mañana.

* * * * * * * * * * * * * * * * * *

Día – 15– de Abril del Año-2100
(26º día del "Viaje a La Atlántida")

Capítulo – 48- : (Los dos Grupos juntos)

"Conferencia": *"Historia de Construcción de LA ATLÁNTIDA"*

en el Centro Cívico Principal Norte.

1.- Hoy, durante la Mañana, los Expedicionarios-Exploradores de **LA ATLÁNTIDA** van a recibir otra **"Conferencia"** interesantísima que también responderá a infinidad de preguntas que se fueron haciendo cada uno durante todo este **"Viaje a LA ATLÁNTIDA"**: *¿Cómo se hizo todo esto? ¿Cómo surgió la Idea?, etc.*

Para esta **"Conferencia"** nos dirigimos todos los Expedicionarios en los 6-Autobuses en Caravana hacia el **Centro Cívico Principal Norte** de esta <u>Ciudad Capital Central</u> **"LA GRAN ATLÁNTIDA"**, <u>Sede de la Autoridad General</u> de la **"Sociedad Internacional de LA ATLÁNTIDA". (-I.S.A.-).**

Desde las 10/A.M., en una gran **Sala de Conferencias**, con todo el <u>Equipo Audio-Visual</u> necesario para esta finalidad, escuchamos la **"Conferencia"** y presenciamos la <u>Proyección</u> correspondiente al tema con toda atención e interés. Van a hablarnos de la *"Historia de la Construcción de LA ATLÁNTIDA".*

2.- <u>Estamos en el Año-2100</u>, y esto <u>comenzó en el Año-2001</u> en la mente e imaginación de **"un Julio-Verne-II",** con el <u>seudónimo de Preste-Juan.</u>

Los <u>Seres Humanos</u>, habitantes de los Continentes e Islas de este Globo Terráqueo, principalmente de los Países más civilizados y avanzados en Cultura e integración social y política, comenzaron a darse cuenta de que con las Guerras y Confrontaciones, parciales o totales como la Guerra Mundial de 1940-45, no se consigue el verdadero progreso de la Humanidad, y por eso *comenzaron a derribar "Muros" o separaciones* entre Países, Etnias y Culturas, y comenzó un <u>proceso de Globalización y cooperación</u> mutua entre todos para *conquistar el Macro-Espacio Cósmico y el Micro-Espacio de la Vida.*

En este ambiente y mentalidad de colaboración y cooperación, <u>a alguien se le ocurrió</u> que todavía faltaba algo muy importante: **Conquistar en plenitud el Gran Espacio "Marino",** que es la mayor parte de la extensión del Globo Terráqueo, y *conquistar una forma completa social de coexistencia humana* como síntesis armónica de todas las Razas, Etnias, Culturas, Caracteres que tienen los <u>Habitantes Humanos en esta Tierra</u>; *un modelo lo más perfecto posible* de **"Sociedad Internacional"** *en la que quepan todos los que quieran convivir en paz con los demás.*

3.- <u>Etapa de Investigación</u>:

Varios años pasó este **"PLAN y PROYECTO de-LA ATLÁNTIDA-"** en los <u>Centros de Estudios</u> y de <u>Investigación</u>, <u>Universidades</u>, <u>Tecnológicos</u>, etc...., aceptado por unos, soslayado por otros, indiferentes al principio la mayoría; pero poco a poco fue conquistando las mentes y el interés de cada vez más personas.

Infinidad de dificultades teóricas y prácticas paralizaron a muchos, pero siempre hubo algunos que no se dejaron paralizar, sino todo lo contrario, lo **tomaron como "reto" y "desafío"** para la <u>Ciencia</u> y para la <u>Técnica</u> que no tienen límites de posibilidades mientras el Hombre sea Ser Inteligente sobre la Tierra.

4.- <u>Etapa de Primeros Pasos Técnicos</u>:

Varios <u>Centros de Alta Investigación</u> fueron haciendo "<u>pruebas de Laboratorio</u>" para constatar la <u>posibilidad de este "Proyecto"</u>. Al mismo tiempo Especialistas ya entusiasmados por las perspectivas de este **"PLAN" y "PROYECTO"** se propusieron **"formularlo"** en teoría lo más completamente para <u>presentarlo a Instancias más efectivas</u> de realización: a los <u>Gobiernos</u> y al <u>Capital Financiero</u>.

5.- **Las Editoriales** de todas clases y tamaños fueron acomodando este **"Plan y Proyecto" de "LA ATLÁNTIDA"** al formato de <u>sus Ediciones</u> tanto para Grupos selectos y especializados de <u>Alta Cultura</u> como para la divulgación del <u>gran Público</u> en general; e igualmente hicieron los <u>Medios de Comunicación</u>: Revistas, Periódicos, Radio, Televisión en distintos Países. Fue curiosa la forma cómo lo tomo la <u>Literatura Novelística y Teatral</u> sin caer en los niveles de "Ciencia Ficción", así como también lo tomaron con entusiasmo los <u>Jóvenes Universitarios</u> de todas las Disciplinas para su prácticas académicas y <u>Tesis Profesionales</u>. Siempre se vió este <u>"Plan y Proyecto"</u> como una apertura de posibilidades insospechadas en cuyo dinamismo casi todo el mundo quería intervenir y participar de alguna manera.

6.- Los más despiertos y atrevidos del mundo del <u>Capital Económico</u> enseguida vislumbraron el panorama que se abría a <u>sus Inversiones</u> de futuro y procuraron ganar tiempo y meritos apoyando primero <u>las Investigaciones</u> y después los <u>primeros pasos de realización</u>. Cuando los demás Inversionistas vieron que el **"Proyecto de LA ATLÁNTIDA"** tomaba fuerza se volcaron todos a participar en el.

7.- Algunos **Gobiernos** de <u>Europa y América</u> comenzaron a mostrar interés por el **"Plan y Proyecto de LA ATLÁNTIDA"** por motivo de verlo situado localmente en un punto intermedio <u>entre los dos Continentes</u> y por todo <u>lo que evoca "El Océano Atlántico"</u> en la Historia de estos Pueblos desde el Descubrimiento de Cristóbal Colon y después por las relaciones tan intensas en todos los sentidos entre sus Gentes de ambas partes del Océano.

8.- Pero lo que llamó más la atención en aquellos años del principio de **este Siglo XXI,** que está terminando, fue el interés que manifestó la <u>Clase Científico-Técnica</u> **del Japón**, y, movido por esto, también <u>su Gobierno</u> le puso atención por ver que este **"Plan de Colonización del Mar"** y este **"Proyecto de Sociedad Internacional de LA ATLÁNTIDA"** respondía a sus necesidades y expectativas largamente vividas por el **Pueblo Japonés** a causa de su <u>demografía</u>, <u>escasez de terreno insular</u>, <u>experiencia de Mar</u> de tantos Siglos pasados, <u>inversión de Capitales</u> y oportunidad de canalización de <u>iniciativas e imaginación</u> y atrevimiento del **Pueblo Japonés**. Por eso ahora es el personal más abundante en la <u>Población de **LA ATLÁNTIDA**</u> tanto a niveles de <u>Dirección y Responsabilidades</u> públicas como de <u>trabajo y economías populares</u>.

Realmente fue <u>para el **Japón**</u> la <u>gran oportunidad</u> sobradamente aprovechada para interponerse <u>como Potencia Económica y Habitacional</u> entre **Europa y América**, con modos estrictamente competitivos, democráticos y en coordinación respetuosa con todos los <u>Poderes Mundiales</u> que se fueron uniendo a este **"Proyecto de LA ATLÁNTIDA"** (- sin volver a actitudes y situaciones conflictivas y de confrontación del pasado, ya superadas para siempre -).

9.- Los primeros que se animan a empezar, tanto Inversores de Capital como Empresas y Técnicos y Trabajadores, comienzan a Construir el **"Poblado Base de Operaciones"** a cierta distancia de este lugar preciso donde estamos ahora nosotros, que hoy es la Gran Capital Central **"LA GRAN ATLANTIDA"**.

La Construcción de este **"Poblado Base de Operaciones"** sirvió para familiarizarse con el Mar-Océano, para entrenarse en hacer Habitaciones Flotantes más o menos estables y lo más seguras que se podía entonces, y la forma de vivir en Sociedad en ellas; también para ir practicando la manera de surtirse de todo lo necesario para vivir y trabajar en la Construcción, en Alta-Mar.

Esas personas que cumplieron con esa tarea primera fueron los verdaderos Fundadores de **"LA ATLANTIDA"** y son y serán recordados y honrados uno a uno por sus propios nombres, desde el Técnico más preparado hasta el Trabajador más sencillo, como tales "Fundadores" por su valor y valentía; por eso son los primeros **"Ciudadanos" de "LA ATLANTIDA"**.

10.- En las Islas del Océano Atlántico y en las Costas de los tres Continentes que lo enmarcan van surgiendo Empresas de Construcción de Astilleros para fabricar los componentes pre-fabricados del material de Construcción de las Unidades Flotantes de **LA ATLANTIDA**,

Después de los componentes del material pre-fabricado del **"Poblado Base Habitacional"**, se fueron construyendo los **Flotadores del Campo de Trabajo** de la Gran Obra por ser los más pequeños todavía y ser útiles para varias finalidades.

Después de experimentar y entrenarse en la construcción de estos Flotadores de Campo de Trabajo se pusieron las Empresas Constructoras a fabricar y construir en los Astilleros los **Grandes Flotadores de Profundidad** para la construcción de las Unidades Flotantes de esta Ciudad **"LA GRAN ATLANTIDA"**.

11.- También fueron surgiendo Compañías Transportadoras tanto de todos estos Flotadores de Construcción como de todo otro material de construcción tanto del natural como del artificial pre-fabricado.

Se fue formando una continua comunicación entre el lugar de Construcción de **LA ATLANTIDA** y muchos lugares de trabajo y fabricación de componentes en las Islas y en las Costas de los Continentes.

Las Empresas Constructoras de las Unidades Flotantes ya comenzaron a ser coordinadas por una **"Dirección General de Obras"** de LA ATLANTIDA, con normas cada vez más precisas y justas de acuerdo con criterios consensuados por la mayor parte de Personalidades responsables .

12.- Como este proceso de desarrollo del **"Proyecto de LA ATLANTIDA"** ya implicaba bastantes aspectos "internacionales" tanto de operación de Obras como de Derechos Jurídicos, se vio oportuno y necesario que **la Organización de las Naciones Unidas (- O.N.U.-)** comenzara a coordinar, organizar, garantizar y responsabilizarse de aspectos *"sociales y políticos"* de todo este *Movimiento Constructivo Internacional*.

Poco a poco fue responsabilizándose la **O.N.U.** de la relación social y política de las personas que se asociaban a esta Magna Obra de una forma o de otra. También fue asumiendo la responsabilidad de acordar consensos entre los <u>Países y Gobiernos</u> en muchos aspectos. Y también se decidió a responsabilizarse de la **"garantía de la Construcción"** de LA **ATLANTIDA"**.

13.- Una fecha significativa, semejante a la que vamos a celebrar en estos días, fue el <u>comienzo y el final</u> de la Construcción de la **Primera Unidad Flotante** del **"Proyecto de LA ATLANTIDA"** en esta <u>Gran Capital,</u> por <u>ser el mayor objeto flotante construido por el Hombre en el Mar</u> en aquellas fechas de principio del Siglo XXI. Hoy día está superado ese "Reto" y esa "Hazaña" cientos de veces; pero entonces era la primera vez que se ponía a prueba máxima real tantos experimentos de Laboratorio y toda la Teoría de Arquímedes de los sólidos en los líquidos.

Mayor significado tuvo todavía la <u>"remoción"</u> o <u>retirada del</u> **Último Flotador de Profundidad** de esa **Primera Unidad Flotante**, constituyendo el triunfo de la Ciencia y la Técnica sobre la "Ley de la Gravedad". En su momento son impresionantes estos triunfos, aunque después nos acostumbramos a ellos y ya no les prestamos atención.

14.- Avanzando ya línea tras línea de Unidades Flotantes la <u>Construcción de la Parte Norte</u> de esta Ciudad Capital, **LA GRAN ATLANTIDA**, ya hubo gente emprendedora y valiente que se decidió a comenzar o hacer la <u>"Fundación"</u> de otras Ciudades señaladas teóricamente en los <u>Planos de la Ruta Tran-Atlántica</u>; tanto Ciudades-Estación Pequeñas como Ciudades Estación Grandes.

También, no sólo aquí en la <u>Ciudad Central, sino en cada una de esas Ciudades se rememora y se honra</u> a los **"Fundadores"** de cada una de ellas por ser tan vitales y necesarias para todo el dinamismo y vitalidad de **"LA ATLANTIDA"**.

Realmente es vivir y <u>repetir en el Mar</u> en tan sólo <u>durante 100 Años</u> lo que la Humanidad fue haciendo durante <u>tantos Siglos</u>: **"Fundando Ciudades"** (-que hoy habitamos-) a medida que se iba extendiendo a través de la Tierra.

15.- **Cada "Entidad"** (-pública, nacional o privada-) que se decidía a construir <u>una Unidad Flotante</u> en **LA GRAN ATLANTIDA** o en cualquier otra Ciudad de la Ruta Trans-Atlántica (-Empresas Comerciales, Compañías Industriales, Gobierno de algún País, o Gobiernos asociados de varios Países, o Asociaciones de Particulares, etc....-) <u>se comprometían</u> a que, al mismo tiempo, iban a ir construyendo **una Unidad de Travesía**, porque <u>esa Ruta Tran-Atlántica</u> es la que le da valía, vitalidad y dinamismo a las <u>Ciudades intermedias</u> y a la <u>Gran Capital</u> de todo el **"Proyecto de LA ATLANTIDA"**.

La Ruta de Travesía Trans-Atlántica se comenzó a construir por ambos lados de esta Ciudad Capital, Este y Oeste; también se comenzó a construir por los dos extremos del Océano Atlántico desde las Costas; y después se continuó por los lados Este y Oeste de cada Ciudad Intermedia que comenzaba a construirse. En estos días estamos celebrando la remoción o retirada del **último Flotador de Profundidad** de la **última Unidad Flotante de Travesía** con lo que se establece **"la continuidad"**, sin interrupciones, de la Ruta Trans-Atlántica; Ustedes han venido a celebrarlo con nosotros con este **"Viaje a LA ATLANTIDA"** que están haciendo como auténticos Exploradores y Descubridores de este **"Nuevo Mundo"** que estamos construyendo.

16.- Otra fecha significativa e histórica, allá hacia la mitad de este Siglo XXI, fue la terminación de la Construcción de la mitad Norte de esta Gran Ciudad, **"LA GRAN ATLANTIDA"**. Antes le habían precedido Celebraciones sobresalientes por motivo de cada "triunfo" de la Técnica al ir logrando *Bloques-Unidades Flotantes cada vez mayores*. Fue muy especial la Celebración cuando vimos en todo su esplendor constructivo a la **Unidad Central** de este **Centro Cívico Principal Norte** con todas las **Construcciones Piramidales** majestuosas sobre ella como lo estamos viendo hoy. Hasta ese grado técnico hemos llegado hasta ahora; *quién sabe a qué podremos llegar en el futuro; seguramente habrá más sorpresas y retos vencidos.*

17.- Fecha más notable todavía fue el día que vimos construida y terminada completamente esta Capital Central, **"LA GRAN ATLANTIDA"**, hace todavía pocos años antes del día de hoy que estamos aquí contemplándola en toda su grandiosidad. Era el día que se terminaba la Parte Sur de esta gran Ciudad Central y todas sus retadoras y grandiosas Construcciones: **Centro Cívico Principal Sur** y **Aeropuerto Internacional** y otros muchos detalles sobresalientes.

18.- Al mismo tiempo que todas estas conquistas en esta Gran Capital, se fueron consiguiendo las terminaciones de las Ciudades Intermedias de la Ruta Trans-Atlántica por lo menos en niveles y fases operativas de finalidad y de desenvolvimiento humano, aunque todavía en algunas de ellas quedan detalles por terminar de sus Planos originales y de cosas añadidas para perfeccionarlas.

19.- También fueron "Hechos importantes" durante este Siglo XXI que concluye la terminación de los Tramos de Unidades de Travesía entre Ciudades y Ciudades, porque cada vez que se lograba esa pequeña continuidad en la Ruta Trans-Atlántica adquirían más vida los Núcleos Urbanos que se unían y comunicaban normalmente entre sí.

Por eso también esta Celebración que vamos a hacer en estos días es, en este sentido, la más significativa de todas, porque conseguimos la **"Continuidad total"** de extremo a extremo de la Ruta Trans-Atlántica. Con ello conseguimos atravesar el Océano Atlántico **"sobre firme"**, y si queremos, **incluso "andando"**, *que es el modo original de trasladarse el Hombre para ir al encuentro de sus semejantes aunque tenga que ser de Continente a Continente.*

20.- Y llegó, en la Historia de LA ATLANTIDA, un momento importantísimo hace 15 Años. La **O.N.U.**, después de ir gradualmente responsabilizándose de distintos aspectos de la marcha y desarrollo del **"PROYECTO"** de LA ATLANTIDA y después de buscar y encontrar el consenso de todas las Naciones y Países, esta **Organización Mundial de Naciones** asumió toda la responsabilidad Política, Social, Económica y Constructiva de la **"Sociedad Internacional de LA ATLANTIDA" (- I.S.A.-).**

Por tanto, se comenzó a organizar la Vida Política y Social de **LA ATLANTIDA** conforme a un Código Internacional consensuado para todos, "instituyendo" la **Ciudadanía Internacional** personal, Derechos y Deberes de cada **Ciudadano Internacional**, Organización Democrática en la que caben todas las Razas, Etnias, Culturas, Identidades tanto personales como colectivas. También la responsabilidad democrática de las Autoridades coordinadoras tanto locales a distintos niveles como generales. La garantía de una Autoridad que asegure la firmeza perenne y permanente de la Construcción de "**LA ATLANTIDA presente**" y "**LA ATLANTIDA del futuro**".

Se está construyendo una Organización Política y Social que sea **"modelo casi perfecto"** de convivencia pacífica y de progreso de todos los Seres Humanos, de cualquier condición, *que quiera vivir en armonía con los demás, siendo aceptado él mismo por todos y aceptando él a todos como ciudadanos en igualdad de dignidad y condiciones de vida.*

21.- Un día más y una **"Conferencia"** más en la que se nos pasó el tiempo de tres horas sin darnos cuenta por lo interesantísima que nos resultó.

Es la hora de 1/P.M., y, como ayer, pasan unos Camareros del Restaurante donde vamos a comer con unos Refrescos y "Aperitivos" ligeros para descansar unos momentos y comentar entre nosotros tantas cosas que hemos oído esta Mañana.

También hay unas Máquinas automáticas computarizadas y programadas que responden por escrito o de viva voz a las preguntas que cada uno les quiera hacer acerca de **"LA ATLANTIDA"**, y concretamente sobre el Tema de hoy, completando así aspectos que cada uno quiere aumentar a lo recibido en la **"Conferencia"** y otros variadísimos temas.

22.- A las 2/P.M. comemos los 400 Expedicionarios en el Restaurante Mayor de este Centro Cívico Principal Norte. Y la Tarde, cada uno o en grupos pequeños, la dedicamos a Paseo libre.

Día – 16– de Abril del Año-2100
(27º día del "Viaje a La Atlántida")

Capítulo – 49- : (Los dos Grupos juntos)

"Conferencia": *"Sobre el Dinamismo, Vitalidad y Progreso*

que produjo y está produciendo la Construcción de "LA ATLÁNTIDA"

1.- Los Expedicionarios de **LA ATLÁNTIDA**, en estos últimos días del **"Viaje a LA ATLÁNTIDA"** y de la Exploración de la Gran Capital **"LA GRAN ATLÁNTIDA"**, están recibiendo intensa información sobre muchos aspectos que no hubo oportunidad de comentar en público durante la Expedición y ahora se comentan todos juntos con otros que ya se mencionaron en otras oportunidades del **Viaje.**

2.- Por esos hoy vamos a recibir otra **"Conferencia"** interesantísima. Para ello, a las 9/A.M. se dirige la larga Caravana de 6-Autobuses de Turismo tan llamativos hacia la Parte Sur de la Ciudad; concretamente a la Zona del Aeropuerto Internacional y Puerto de Mar Sur (-Mixto-).

En el **Centro Cívico Secundario Mercantil** de esa Zona hay instalado también un Salón de Conferencias con todo el Equipo necesario. Ahí comenzamos a recibir, a las 10/A.M., la **"Conferencia"** acerca de *"**El Dinamismo**, **Vitalidad** y **Progreso** que produjo la* **Construcción de LA ATLÁNTIDA".**

3.- El **"PLAN de Colonización del Mar"** y el **"PROYECTO de Construcción de la Sociedad Internacional de LA ATLÁNTIDA"** desde que comenzó a conocerse fue un despertador de iniciativas, cualidades, disposiciones y aptitudes, así como de posibilidades, que cada uno tenía en sí mismo, o de Colectivos enteros, y fueron comunicándose tanto en la teoría como en la práctica cada día con más empeño e ilusión.

Así, cada uno fue poniendo en conocimiento y a servicio de los demás sus ideas e iniciativas tanto en la etapa de Investigación y Pruebas de Laboratorio, como en las etapas siguientes de realización primero en los primeros comienzos y después en las siguientes etapas de desarrollo. Hoy día, a estas alturas de avance del **Proyecto**, se siguen sumando nuevas ideas y nuevas iniciativas, que, como se ve, son interminables. Parece que "todo el mundo" quiere poner algo de su parte en **esta Magna Obra.**

4.- Este extraordinario e inusitado **"PROYECTO"** hizo que la Ciencia y la Técnica emprendieran Investigaciones y Descubrimientos insólitos que, sino fuera por esta oportunidad, no se hubieran realizado al menos tan pronto y con tanto entusiasmo. Porque puso en actividad y dio materia de trabajo a Alumnos y Profesores de Universidades y Tecnológicos y de Centros de Estudio e Investigación a causa de la "amplitud de campos" o Disciplinas que abarcan este **"PROYECTO"** y por el carácter trascendente que se le ve a cualquiera aportación significativa de estos ámbitos de la Cultura y del Saber.

5.- Todo este entusiasmo teórico de los comienzos y la divulgación más asequible, alcanzable y comprensible del Público, fue adquiriendo su lugar en las disposiciones y planeaciones de los que administran **el Capital,** y comenzaron a ponerlo a servicio de este gran **"PLAN" y "PROYECTO"** de LA ATLÁNTIDA.

Al principio, ciertamente, sólo se atrevieron los más valientes y de visión económica más amplia y de futuro; pero inmediatamente después fueron entrando en este Dinamismo de Inversión todos los que previeron a corto o largo plazo posibilidades para sus Inversiones, valorando incluso y tan sólo por ganar méritos y un lugar merecido para el futuro. Hoy día, a estas alturas de la marcha del **"Proyecto de LA ATLÁNTIDA",** ¡ cuántos Capitales invertidos a tiempo en ello están regresando a sus dueños enriquecidos y crecidos por ese valor que tuvieron de atreverse en los primeros momentos !

6.- Un dato histórico importantísimo de Dinamismo y Vitalidad de este **"Proyecto de Construcción de LA ATLÁNTIDA"** fue la oportunidad y ***"la vida que dio a millones de personas"*** en todos los Países, incluso en los más desarrollados, de encontrar trabajo de acuerdo a sus cualidades y preparación desde los **Técnicos** mejor preparados con Título de Carrera en mano pero sin colocación, hasta el **Peón** más común que ofrece sus manos para el trabajo que no encuentra.

¡ Cuántos Gobiernos y Países reconocen hoy que, gracias a este **"PROYECTO"**, se solucionaron infinidad de problemas de des-ocupación que había en sus Sociedades ! Estamos hablando de millones y millones de personas en las Islas, en las Costas y en los Interiores de los Continentes sin contar los implicados directamente en la Obra de Campo en el Mar.

7.- Una profundidad moral humana especial que le dio este "PROYECTO" a la Humanidad de Hoy y del Futuro fue su "Filosofía y su Mística", es decir, la manera de pensar y de ser "inter-nacionalista", "inter-cultural", "inter-étnico", sentirse integrado en una **"Patria Mundial"**. Por eso fue satisfactorio para todos nosotros que integramos la **"Sociedad Internacional de LA ATLÁNTIDA"** (-I. S. A.-) participar oficial y jurídicamente en una **"Ciudadanía Internacional"** que *la poseen ya y la podrán poseer todos los que estén dispuestos a cumplir sus condiciones* y la apoyan todos los demás habitantes del Mundo aunque no están inscritos oficialmente.

Es una corriente mayoritaria de pensamiento y de sentimiento que recorre el Mundo Humano de extremo a extremo del Globo Terráqueo: Ser **"Ciudadano del Mundo"** en la **"Sociedad Internacional de LA ATLÁNTIDA"**.

8.- El **"PLAN de Colonización del Mar"**, que es la finalidad del **"PROYECTO de LA ATLÁNTIDA"** hizo, y ya está haciendo y seguirá haciendo que **"El Mar"** sea tan productivo para utilidad del Hombre como siempre lo fue **"La Tierra Firme"**. **"El Mar"** dejó de ser tan sólo espacio de transporte y fuente espontánea de alimentación para convertirse en otro *espacio fundamental de producción* para uso y utilidad humana; ***lugar de producción*** de todo lo que necesita el Hombre para vivir en este Globo Terráqueo.

Sólo faltaba concentrar la atención colectiva, la presencia y la actividad humana en el Mar para descubrir las infinitas posibilidades de Vida y Progreso que se pueden realizar en el medio marino.

9.- Por eso lo que más llama la atención a todo el que visita **"LA ATLÁNTIDA"**, y Ustedes son testigos con este **"Viaje"** Exploratorio y de Descubrimiento que están haciendo, es **ver al Mar "habitable"** permanentemente de modo normal **en Ciudades** de todos los tamaños y dimensiones y desempeñando sus Habitantes todas las actividades de la Vida Humana, tanto de vida común corriente y diaria como de vida especial y especificada de Personas y Grupos selectos.

10.- **El "PROYECTO de La Atlántida"** dio la oportunidad de construir los mayores bloques constructivos compactos que no había sido hecho posible hacer hasta ahora en toda la Historia de Humanidad.

11.- Esta "habitabilidad" continuada y enlazada en cadena continua con Núcleos Urbanos y Trayectos de Transporte puso *en relación total a los habitantes de los Continentes* más alejados, cumpliendo así con la finalidad humana más importante de *"acercar a los Seres Humanos" de todas las clases y lugares por muy distantes que estén* y relacionarlos e inter-comunicarlos en *todo lo que necesiten de los demás* y *puedan dar y compartir* con los demás. Ahí está para eso ese espacio que ofrece **"LA ATLÁNTIDA"** para **"Transporte"** que supera en rapidez al Barco y en cantidad al Avión.

12.- Atajando, y solventando **un acontecimiento que ocurrirá** a largo plazo que se viene anunciando ya desde hace más de 100 Años, y que por no hacer pleno caso a esas advertencias se acentuará cada vez más, **"La Construcción de LA ATLÁNTIDA"** da lugar de Vida a tanta Gente que **el nivel de las aguas de los Mares y los Océanos** está expulsando de sus Costas y Litorales Bajos por el "Calentamiento del Clima de la Tierra". Por ahora solamente son los Litorales Bajos, *pero pronto serán también las Ciudades costeras si el Hombre no se decide a cambiar su conducta en relación con la Naturaleza.* Ahí está **"LA ATLÁNTIDA"** para acogerlos a todos.

13.- En este proceso de absorción de Humanidad que tiene esta **"Sociedad Internacional de LA ATLÁNTIDA" (-I. S. A.-)** destaca la acogida en sus Instituciones, en sus Leyes y Derecho para tanta Gente de todos Países, principalmente de los menos desarrollados, que, a causa de la "Explosión Demográfica" de sus Sociedades no encuentran Vida plena en el lugar donde nacieron y tienen la oportunidad de encontrarla en esta Institución Internacional que *está abierta a todos y tiene posibilidades para todos los que quieran vivir en paz con los demás.*

14.- Por fin, que la **"Sociedad Internacional de LA ATLÁNTIDA" (-I.S.A.-)** es *un nuevo modo de poblar la Tierra* por el Ser Humano haciendo habitable y productible la mayor extensión del Globo Terráqueo que son los Mares y los Océanos, *inventando nuevas formas de vivir*, de trabajar, de practicar la Cultura, y principalmente de "Convivencia Social" pacífica, queriendo así acercarnos un poco al *"Ideal humanitario del Paraíso de Edén"*, que en vez de ser un lugar o situación que hemos perdido y de donde salimos es más bien "una meta de aspiración" por medio de todos los adelantos y progresos de la Ciencia, la Técnica y el Pensamiento Humano ejercidos al "servicio del Hombre".

15.- Así, contabilizando y detallándonos infinidad de detalles del Dinamismo, Vitalidad y Progreso que produjo durante 100 Años la **"Construcción de LA ATLÁNTIDA"** terminó la **"Conferencia"** de hoy para conocer la trascendencia excepcional que tiene este **"PLAN"** y **"PROYECTO"** equiparable a la que tiene la Exploración del "Espacio Macro-cósmico" o el descubrimiento del "Micro-cosmos" pretendiendo llegar al origen de la Vida para poder defenderla de todos los peligros que la amenazan. Terminamos siendo consientes de la importancia que tiene este nuevo espacio para la Vida en todos los sentidos.

16.- A la 1/P.M. pasan unos Camareros del Restaurante donde vamos a comer con unos variados "Aperitivos" que los disfrutamos con gusto mientras conversamos y conversamos sin cesar sobre tantas cosas que hemos oído y contemplado en el material audio-visual que nos expuso la **Conferencia** de hoy. En animada conversación llega la hora de las 2/P.M., hora de la Comida diaria. Nos trasladamos todos a los Restaurantes de este **Centro Cívico Secundario Mercantil Sur** y disfrutamos de una sabrosa Comida con la que terminamos el tiempo de esta Mañana.

17.- Toda la Tarde está a disposición libre de cada uno hasta la hora de las 6/P.M. en la que arrancará la Caravana de vuelta a nuestra **"Base de Operaciones"** en la Grande Estación Central de esta Ciudad Capital **LA GRAN ATLÁNTIDA.**

Así pues, cada uno o por pequeños Grupos programamos las restantes horas de la Tarde paseando y visitando algunos lugares de esta Zona Sur de la Ciudad, principalmente el Aeropuerto Internacional.

Día – 17– de Abril del Año-2100
(28º día del "Viaje a La Atlántida")

**Capítulo – 50- **: (Los dos Grupos juntos)

"Conferencia": Acerca de *"el Futuro"* de LA ATLÁNTIDA.

1.- Si las **"Conferencias"** de estos días pasados fueron interesantísimas, la de hoy es especialmente interesante; porque, si hasta ahora se nos habló de lo que más o menos hemos visto y pisado con nuestra propia persona, hoy se nos va a hablar de **lo que será "en el Futuro" LA ATLÁNTIDA.**

Por eso hoy se levantan los Expedicionarios de **LA ATLÁNTIDA** con nuevas ganas de enterarse de noticias sorprendentes. Desayunamos comentando las expectativas que se esperan de la **"Conferencia"** de hoy.

2.- Como todos los días, a las 9/A.M. sale la larga Caravana de 6-Autobuses-dobles y de doble Piso en marcha espectacular por las Avenidas Centrales en dirección, una vez más, al **Centro Cívico Principal Sur** donde recibiremos la **"Conferencia"** acerca de

"El Futuro de LA ATLÁNTIDA"

3.- Lo hecho hasta ahora, Año-2100:

Durante todo este Siglo XXI que termina hemos cumplido las primeras Etapas, las más costosas de este **"PLAN"** y **"PROYECTO"**: primeros momentos de Investigación, primeras realizaciones atrevidas, primeras inauguraciones y triunfos alcanzados; hasta estas fechas en las que damos por terminada la **"Continuidad"**, sin interrupción, de la Ruta Trans-Atlántica con todo lo que eso significa de conexión entre el Continente Europeo y el Continente Americano *con una cadena ininterrumpida de Asentamientos humanos a través de todo el Océano Atlántico.*

4.- **Proyectos "a Futuro"**:

Pero la aspiración de unir a todos los Seres Humanos separados por las grandes distancias de agua impulsa a extender el **"Proyecto" de LA ATLÁNTIDA** a otras Zonas del Globo Terráqueo; comenzaremos con las "Ramificaciones" en distintas direcciones de esta Ruta Central Trans-Atlántica.

a.- Está ya comenzándose en estos días la **"Ruta Europea"** hacia el Norte de Europa con desviaciones a **Finisterre** (España), a **Brest** (Francia) y **Land's End** (Inglaterra).

b.- Está en planeación la "Ruta Sur-Atlántica" que conecte a América del Sur con África tocando **Cabo San Roque** (Brasil) y **Cabo Palmas** (Liberia) como Puente entre los dos Continentes; y terminando con dos desviaciones a **Punta del Este** (Uruguay) y **Sur-África**.

c.- Quizá al mismo tiempo, (depende de las ganas que le ponga el Capital Financiero, los Técnicos y los Trabajadores), se vaya construyendo la **"Ruta-Caribe"** con desviaciones a las Islas principales y Centro América y terminando en el Sur de U.S.A. y en México con sus Ciudades Centrales correspondientes.

d.- Una Ruta importantísima, que toda Asia está deseando comenzar, es la **"Ruta-Pacífico"** desde el Oeste de U. S. A., pasando cerca de las Islas Hawai y terminado en una primera meta en Japón; pero con proyectos de ampliación hacia China, Filipinas, Australia, con sus respectivas desviaciones más convenientes.

e.- Una Ruta que debe relacionar y unir a Regiones, Zonas, Culturas y Seres Humanos *que siempre vivieron en continuas disputas e incomprensiones* es la **"Ruta Trans-Mediterránea"** desde España hasta Israel o Líbano con desviaciones a varios puntos de Sur-Europa y Norte-África y también con sus Ciudades Centrales.

Hay perspectivas de Trabajo y Vida para un **largo "Futuro"** y para *toda persona que quiera poner de su parte algo de sus cualidades y posibilidades para bien de la Humanidad.*

5.- Junto con la expansión y desarrollo de las "Rutas" a través de los Mares y los Océanos, *relacionando y uniendo a los Seres Humanos más distantes*, esperamos y planeamos perfeccionar la **"Convivencia Social Humana"** en esta Institución de la **"Sociedad Internacional de LA ATLANTIDA" (I. S. A.)** para que sirva de animación y modelo para las Sociedades Nacionales.

Se pretende que todos y cada uno de los Seres Humanos tenga en la práctica de la Vida los derechos y deberes que le corresponden de acuerdo a su sexo, edad, condición y cualidades personales, Cultura, Raza-Etnia, y en general, necesidades que presenta una Vida digna de un Ser Humano. Pretendemos perfeccionar al Ser Humano en cada Persona particular y viviendo colectiva y socialmente.

6.- También se prevén **"nuevos modos de Habitación Humana"**. Así como se prevé cómo habitar la Luna, Marte y otros Planetas o Satélites u otras Galaxias, así también se prevé **habitar el Mar** con otras formas novedosas e insospechadas, pero que serán posibles a su tiempo: por ejemplo, en "Burbujas sub-marinas" en las profundidades de los lechos planos de los Mares y los Océanos, etc. etc.

7.- En el futuro vamos a perfeccionar la Técnica de Construcción haciendo las Edificaciones más aptas para el "medio marino" y cada vez más confortables y seguras.

8.- Y principalmente vamos a construir una **"Sociedad Internacional"** que *absorba con alegría y satisfacción, y dé ocupación y trabajo, y crea un ambiente de desarrollo personal y comunitario para todos y cada uno de los habitantes humanos de este Globo Terráqueo*, aunque el número aumente en proporciones extraordinarias por consecuencia de la prolongación de la Vida y la multiplicación demográfica de nacimientos.

A todos les queremos ofrecer **el "Festín de la Vida"**. *Que nadie se quede a medio camino de la existencia,* y menos todavía *marginado al borde del camino* viendo cómo otros disfrutan de la Vida mientras él pierde este único don sin poder vivirlo en plenitud de sus cualidades y posibilidades.

9.- Si algún día los **"Ideales"** planeados y practicados por **"LA ATLANTIDA"** logran que se eliminen las "Fronteras Nacionales, Étnicas o Culturales", y *ningún Ser Humano impida el libre tránsito a otro Ser Humano hacia cualquier parte del Mundo*, entonces habremos alcanzado un nivel de "Utopía" hacia el que aspira la "Filosofía" y la "Mística" de la **"Sociedad Internacional de LA ATLANTIDA" (I. S. A.).**

10.- Con todas estas Ideas tan humanitarias y aspiraciones tan sublimes de **LA ATLANTIDA** se nos pasaron tres horas de esta Mañana sin darnos cuenta, dejándonos pensativos y con ganas de intercambiar ideas e ideales que a cada uno se le ocurren cuando se pone a pensar en las aspiraciones que bullen dentro de cada uno.

En esta **"Conferencia"** percibimos un poco de la "Filosofía y la Mística" que anima, alienta y mueve a la Construcción de **LA ATLANTIDA** y comprendemos porqué tanta Gente se une, de una manera o de otra, a este **"PLAN de Colonización del Mar"** y **"PROYECTO de Sociedad Internacional de LA ATLANTIDA" (I. S. A.)**

11.- Como en estos últimos días pasados, a la hora de 1/P.M. pasan unos Camareros del Restaurante donde vamos a comer, repartiendo un "Aperitivo" al gusto de cada uno para platicar e intercambiar impresiones sobre el Tema de la **"Conferencia"** de hoy.

Hay "Terminales" de Sistemas Electrónicos de varias modalidades que tienen una lista grande y variada de las preguntas e inquietudes más comunes que a cada uno se le ocurre acerca de **"LA ATLANTIDA"**, y puede uno ver u oír en la Lengua que prefiera la respuesta inmediata automática a cada pregunta que cada uno haga. Así que muchos Exploradores de la Expedición acuden también a este Sistema para aumentar y dar respuesta a muchas preguntas e inquietudes que a cada uno le surgen.

12.- A las 2/P.M., como todos los días, comemos una sabrosa Comida que se nos ofrece en el Restaurante Mayor del **Centro Cívico Principal Sur.**

Y cada día nos sentimos más compenetrados y conocedores mutuos entre nosotros los 400 Exploradores, principalmente en estos últimos días en los que asistimos todos juntos, los dos Grupos, el de Oriente y el de Occidente, a las **"Conferencias".**

13.- La Tarde de este día la tenemos libre para cada uno. Así que, cada uno o por pequeños Grupos, nos organizamos para ocupar, aprovechándolas bien, las restantes horas de la Tarde hasta las 6/P.M.; hora en que la Caravana de 6-Autobuses regresa a la **"Base de Operaciones"** de la Estación Central de esta Capital **"LA GRAN ATLANTIDA".**

* * * * * * * * * * * * * * * * *

Día – 18– de Abril del Año-2100
(29º día del "Viaje a La Atlántida")

Capítulo – 51- : (Los dos Grupos juntos)

"AUDIENCIA y RECEPCION"

con la Autoridad General de LA ATLANTIDA.

1.- Cuando llega el momento, en el programa de cada día, del acontecimiento que vamos a vivir, nos parece el más interesante; así pasa con el de hoy: Vamos a presentarnos como **Viajeros-Descubridores de "LA ATLANTIDA"** ante los **Responsables**, en la actualidad, de toda **esta Construcción e Instalación Social** tan especial.

Además, hoy celebra **"LA ATLANTIDA"** un acontecimiento especial de los muchos que ya celebró en la Historia de Construcción durante este siglo XXI y seguirá celebrando en el futuro: *"La Remoción del último Flotador de Profundidad"* de la *última Unidad Flotante* de la *Ruta Trans-Atlántica* concluyendo así **la "Continuidad"**, sin interrupción, de toda la Ruta de Continente a Continente. Este acontecimiento fue el motivo de la "organización" de este **"Viaje a LA ATLANTIDA"** .

Por eso hoy los 400 Aventureros-Expedicionarios de esta **"Exploración de LA ATLANTIDA"** se levantan nerviosos, inquietos y deseosos de que llegue el momento culminante de este **"VIAJE".** Durante el Desayuno la conversación entre unos y otros es sobre el número principal y casi único del Programa de este día: **"La Recepción y Audiencia con la Autoridad General de LA ATLANTIDA".**

141

2.- Como la **Sede de la Autoridad General de LA ATLANTIDA** está en el **Centro Cívico Principal Norte**, la Caravana de 6-Autobuses Dobles y de Doble-Piso toma la Dirección Norte de la Ciudad a la 9/A.M. por las grandes Avenidas Centrales.

Lentamente, como merece verse siempre esta Gran Ciudad, recorren la distancia de más de 5/Kilómetros hasta la primera Unidad Flotante de las que están alrededor de la Unidad Mayor que componen el **Centro Cívico Principal Norte**. Y una vez más estamos ante el gran espectáculo de la Pirámide Mayor majestuosa, imponente e impresionante, rodeada de las cuatro Pirámides adjuntas en cada una de las cuatro esquinas, y las otras doce Pirámides perimetrales de la Unidad Mayor; y todas ellas sostenidas en el aire a 50/metros de altura por Edificios-Columnas. *No se cansa uno nunca de contemplar esta visión que "parece de ensueño".*

3.- Todos los Exploradores del **"Viaje a LA ATLANTIDA"** se pusieron hoy el **"Traje de Gala"** más representativo de su País, y de su Cultura y Etnia particular. Así que se ve un enorme Grupo multicolor representativo de casi todos los Países del Mundo transitando por estos espacios enormes de la Unidad Mayor del **Centro Cívico Principal Norte** y subiendo los Ascensores de los Edificios-Columnas de la Pirámide Mayor.

A las 10'30/A.M. llegan todos al **Gran Salón de Recepción** en el Segundo Piso de la Pirámide Mayor. Es un espectáculo sólo típico y digno de **"LA ATLANTIDA"**: Ver a este conjunto de 400 Personas, varones y mujeres, jóvenes y adultos, de todos los colores de su piel y facciones físicas corporales, de una variedad múltiple de Profesiones, y todos en una tarea común que los hace Grupo y Comunidad de acción: el **"Viaje a LA ATLANTIDA"**

El Cartel, Manta o Pancarta, de ***"BIENVENIDOS, EXPLORADORES DE - LA ATLANTIDA –"*** se ve al frente, en la cabecera del Estrado del Gran Salón de Recepciones.

4.- La hora de la Cita Oficial con la **Autoridad General de LA ATLANTIDA** esta señalada para las 11'30/A.M.; así que estamos todos tranquilos dejando pasar sin prisa el tiempo y comentando por grupitos pequeños tantas impresiones que tenemos acumuladas de este maravilloso **"Viaje a LA ATLANTIDA"**.

A las 11/A.M. se presentan tres personas, dos mujeres y un varón saludándonos a todos y en especial, de mano, a los Guías de los dos Grupos; nos invitan a sentarnos, y se disponen a hacernos una ambientación previa de media hora antes de la **Audiencia** con la **Autoridad General de "LA ATLANTIDA"**.

Nos dan la ***"BIENVENIDA"*** de palabra, y nos explican, por turno cada uno de los tres, la ***forma de compartir la Autoridad*** en la **"Sociedad Internacional de LA ATLANTIDA"** (I. S. A.), y la forma de ***Administrar*** toda esta **Institución Social** tan especial y con características tan especificas principalmente por el carácter de su ***internacionalidad, inter-etnicidad*** e ***inter-culturalidad.***

5.- Se detienen y se dilatan especialmente en la explicación de **"la forma de Autoridad"**: ... que _no es "personalizada"_ sino _"compartida" y "en continua rotación"_, y eso no sólo a nivel de la Autoridad Suprema sino también en todos los demás niveles de Ciudad Capital, Zonas de la Ciudad, Ciudades de la Ruta Trans-Atlántica, y otras Ciudades y Centros Cívicos.

En esta **Institución de "LA ATLANTDA"** _los programas de acción_ y la _continuidad de los programas_ no dependen de una persona-líder o Grupo de Personas partidistas sino de todo el conjunto _compartiendo la Autoridad_ y que, en _rotación continua_, prosiguen y continúan los pasos programados a largo plazo de un determinado Proyecto, que, a su vez, es formulado y consentido por todos.

6.- Con esta y otras explicaciones interesantísimas pasa media hora de ambientación previa a la **Audiencia.**

A las 11'30/A.M. en punto se anuncia la llegada de la **Autoridad General de LA ATLANTIDA.** Entran por la Puerta Principal del **Salón de Recepciones.** Son tres Personas, dos varones y una mujer, de facciones étnicas distintas. Los recibimos con un gran aplauso mientras pasan por el Pasillo Central y llegan al Estrado de adelante. Nos saludan sonrientes con gestos muy naturales y tranquilos que nos hacen distender la tensión sicológica que tiene cada uno de nosotros y nos sentimos y nos sentamos con más confianza.

7.- Los dos Guías-Jefes de la Expedición hacen la presentación de los dos Grupos de Exploradores del **"Viaje a LA ATLANTIDA"** que en estos últimos días forman un solo Grupo. En breves palabras relatan la organización y el motivo del **"Viaje a LA ATLANTIDA",** el recorrido por la **Ruta Trans-Atlántica,** y el Descubrimiento de la Gran Capital **"LA GRAN ATLANTIDA"** en estos últimos días.

Uno de los tres ambientadores que habían llegado para las explicaciones previas presenta a cada una de las tres Personalidades que componen la **Autoridad General de LA ATLANTIDA**: El **Director General** en turno, el **Secretario General** en turno, y el **Administrador General** en turno.

8.- Comienza hablándonos el **Administrador General**, que es una mujer de Rasgos Físicos típicamente Orientales.

Estimados Expedicionarios a este **"Nuevo Mundo"** de expansión e instalación de la Humanidad: Mi labor **como Administrador General de LA ATLANTIDA** es procurar y cuidar de todas las Personas y Bienes que la componen; supervisar y dirigir a las Autoridades Locales en los distintos niveles en relación con el uso de todas las Construcciones y las finalidades de cada una; también de los nuevos Proyectos que continuamente se están planeando de ampliación de **LA ATLANTIDA** a corto y largo plazo.

Esta tarea de **Administrador General** tan amplia y con tantos aspectos la realizamos a este nivel superior en las variadísimas Oficinas y Sub-Administraciones que están instaladas en las <u>Doce Unidades Flotantes</u> alrededor de la <u>Unidad Mayor Central</u> de este **Centro Cívico Principal Norte** de esta <u>Capital Central.</u>

Sobre esta **Administración General** y sobre toda la línea de Delegaciones Locales a distintos niveles recae toda la responsabilidad de <u>"seguridad" de las Construcciones,</u> y el ejercicio efectivo de <u>la finalidad de cada una.</u>

Por ejemplo, le compete a esta **Administración General** efectuar la operación de *<u>"remover"</u>* el <u>*Ultimo Flotador de Profundidad*</u> de la <u>*última Unidad Flotante*</u> en construcción de la <u>Ruta Trans-Atlántica,</u> y este acontecimiento <u>lo estamos celebrando aquí con Ustedes</u> que organizaron este **"Viaje a LA ATLANTIDA"** precisamente por <u>este acontecimiento de completar</u> **"la Continuidad"** de <u>esta Ruta de Continente a Continente.</u>

Así, punto por punto, nos fue desglosando brevemente la tarea que le compete a la **Administración General de LA ATLANTIDA**. Terminó felicitándonos a todos los componentes de estos <u>dos Grupos de Visitantes-Excursionistas-Exploradores</u> de **LA ATLANTIDA** invitándonos a conocer mejor todavía y en detalle tantas cosas que no se logran percibir en un solo Viaje en Grupo, y a dar a conocer en cada uno de nuestros Países, a niveles técnicos y populares, <u>las perspectivas que ofrece</u> **"LA ATLANTIDA"** *para todo el que quiera asociarse a cada uno de los Planes de expansión y población.*

Le agradecemos la comunicación que nos dio y la confianza que nos ofrece <u>con un sonoro aplauso de todos nosotros.</u>

9.- Toma el turno de la palabra el **Secretario General de LA ATLANTIDA,** que es un hombre de fisonomía morena, con rasgos étnicos africanos.

También, después de darnos la **"BIENVENIDA"** de su parte y decirnos que se siente contento por ver una representación tan clara de tantas Naciones, Etnias y Culturas del Mundo de hoy, nos explica brevemente **la labor** de la **Secretaría General de LA ATLANTIDA.**

La tarea de la **Secretaría General de LA ATLANTIDA**, que yo ejerzo en el <u>Turno de este Año-2100</u>, es **"recibir"** de toda **LA ATLANTIDA** y **"emitir"** hacia Ella todos los signos vitales de sus Pobladores. **"Recibir"** las propuestas, los análisis, las solicitudes, las inquietudes, las manifestaciones de dificultades, las notificaciones de éxitos y cumplimientos, etc. Y **"emitir"** las orientaciones, planes de acción, dirigidos a través de los distintos niveles de responsabilidad según la cual está estructurada la **"Sociedad Internacional de LA ATLANTIDA"** **(I. S. A.).**

También me corresponde en esta tarea de **Secretario General**, que ejerzo durante el <u>Turno de este Año-2100,</u> todas las Relaciones de la **"Sociedad Internacional de LA ATLANTIDA"** **(I. S. A.)** con todas las <u>Naciones</u> y <u>Gobiernos</u> y <u>Sociedades del Mundo.</u>

Para esta labor de la **Secretaría General** de **LA ATLANTIDA** disponemos de nuestras variadas <u>Oficinas Generales</u> situadas en los <u>Doce Conjuntos Piramidales</u>

que están en el perímetro de esta <u>Unidad Flotante Mayor</u> de este **Centro Cívico Principal Norte**. Cada Conjunto Piramidal alberga las <u>Oficinas</u> correspondientes a cada aspecto que cumple esta **Secretaría General de LA ATLANTIDA.**

Termina también el **Secretario General** felicitándonos por la <u>Expedición de Descubrimiento</u> de **LA ATLANTIDA** procedente, en sendos Grupos, de cada extremo de la <u>Ruta Tras-Atlántica</u>, desde todo el Mundo. Nos anima e invita a dar a conocer en nuestros Países **la "Filosofía y la Mística"** que impulsa a <u>Autoridades y Pobladores de **LA ATLANTIDA**</u> a formar esta **"Sociedad Internacional de LA ATLANTIDA". (-I. S. A.-).**

10.- Por fin, toma la palabra el **Director General de LA ATLANTIDA**, que es un hombre de fisonomía general de la Raza blanca.

También, después de felicitarnos por este **"Viaje a LA ATLANTIDA"** y por haber compuesto unos *Grupos tan representativos de todo el Mundo* con motivo de la <u>Celebración de **la "Continuidad"**</u> de la Ruta Trans-Atlántica, nos comunica sus Ideales como **Director General de LA ATLANTIDA** que le toca ejercer en el <u>Turno de este Año-2100.</u>

Comienza haciéndose una pregunta que nos la hacemos todos nosotros en nuestras mentes: **¿Porqué "Director General** y no más bien **"Presidente"** de LA ATLANTIDA?.**

Sin alargarse mucho en explicaciones y dejando para análisis posteriores por parte de cada uno de nosotros tantos aspectos de esta pregunta, simplemente dice que es *la forma de Autoridad que se quiere dar* a la **"Sociedad Internacional de LA ATLANTIDA" (I. S. A.).** Es decir, que es *Autoridad "compartida"*, "ejecutiva", **"personalmente breve"** (-dura un Año-), *"responsabilidad continua* recibida y transmitida *en proceso de continuidad"*; el **Director General de LA ATLANTIDA** es "un Ejecutivo más" con las obligaciones propias y derechos propios que le corresponden como Personalidad Moral y Social en el engranaje y Conjunto de Ejecutivos de la **"Sociedad Internacional LA ATLANTIDA". (I. S. A.);** está sujeto, igual que los demás Ejecutivos, a los exámenes y análisis de los diversos **Comités de Vigilancia** que se forman para el recto caminar de **"LA ATLANTIDA".**

Mi labor como **Director General** es coordinar en la <u>Cúspide de la **Autoridad "compartida",**</u> y desde las <u>Oficinas</u> de esta <u>Pirámide Mayor</u> y las <u>cuatro Pirámides que la rodean</u>, todos los Departamentos de Planeación de la Vida Social, Comercial, Industrial, Constructiva, Cultural de la **"Sociedad Internacional de LA ATLANTIDA" (I. S. A.),** así como ser el <u>Representante Último y Supremo</u> de **"LA ATLANTIDA"** ante cada una y todas las <u>Naciones, Gobiernos</u> y <u>Sociedades del Mundo.</u>

Les invito a Ustedes, <u>Expedicionarios de Descubrimiento de **LA ATLANTIDA**</u>, a que al regresar a sus propios Países sean factores de Comunicación a sus Pueblos de los *"Ideales* de LA ATLANTIDA" que quisiéramos que los fueran compartiendo y viviendo cada País de procedencia de cada Poblador y Ciudadano de **LA ATLANTIDA**; quisiéramos, en la humildad de nuestras personas, *ser ejemplo de convivencia, aceptación mutua y colaboración* *conjunta de todas las Razas, Etnias y Culturas de todos y cada uno de los Países de Seres Humanos que hay y habrá en el Mundo.*

Que llegue el día en que no existan **"fronteras de separación"** entre Grupos de Seres Humanos sino **"lazos de Comunicación y Colaboración"** que enriquezcan mutuamente a todos con todas las cualidades humanas de cada Nación, Etnia y Cultura compartida con los demás.

Al llegar a este punto de la **"Audiencia"** sonó un entusiasta y prolongado aplauso de todos los concurrentes en el Auditorio.

Considerando que esta reacción natural y espontánea de todos nosotros es el final adecuado a su intervención, el **Director General** terminó felicitándonos una vez más por este **"Viaje-Explorador-Descubridor de LA ATLANTIDA"** y deseándonos toda clase de "Parabienes" y un feliz regreso a nuestros propios Países o feliz instalación en **"LA ATLANTIDA"** a todos los que se decidan a quedarse o regresar a instalarse como Ciudadanos en esta **"Sociedad Internacional de LA ATLANTIDA (I. S. A.).**

11.- Son las 12'30/Mediodía cuando, sonrientes y con toda naturalidad, salen las **Autoridades de LA ATLANTIDA** del Salón de Audiencias Colectivas y quedamos todos los Exploradores-Expedicionarios comentando el último Descubrimiento hecho esta Mañana: La forma compartida, en turno anual y con continuidad de responsabilidades y Proyectos, que tiene **la Autoridad** en la **"Sociedad Internacional de LA ATLÁNTIDA"** (-I. S. A.-) desde la más Alta Investidura hasta la Delegación más Local.

Como "método novedoso de **Autoridad",** esto nos da la oportunidad para largos comentarios jurídicos, sociológicos, económicos, etc. . . . Paseamos tranquilamente por las bases de las Pirámides ajardinadas comentando todo esto, y animados por unos "Aperitivos" y unas bebidas que nos ofrecen al salir del **Salón de Audiencias**.

12.- En ese Paseo y comentario pasamos una hora y media hasta las 2/P.M., hora en la que nos llaman para la Comida del día en el Restaurante-I de la base de la Pirámide Mayor.

13.- El resto de la Tarde, hasta las 6/P.M., lo tenemos libre para que cada uno lo utilice como mejor guste.

Unos acuden a las Salas de Información donde uno puede hacer toda clase de preguntas acerca de **"LA ATLÁNTIDA"** y se le responden automáticamente. Otros visitan más detalladamente este Conjunto Piramidal Central. Otros aprovechan una vez más para percibir al conjunto de la Ciudad desde el Gran Mirador del Cono de la Pirámide Mayor o desde los otros Miradores de las otras Cuatro Pirámides adyacentes. En fin, otros se deciden a bajar al nivel de la Calle y percibir "a pie", andando, la grandiosidad de toda esta Unidad Flotante Mayor Central Norte con todos los demás Conjuntos Piramidales perimetrales, e incluso las Unidades Flotantes de alrededor de esta Unidad Mayor del **Centro Cívico Principal Norte** para ver con los propios ojos y pisar con los propios pies el lugar desde donde se dirige toda la Vida Social, Económica, Constructiva y Cultural de la **"Sociedad Internacional de LA ATLÁNTIDA" (-I. S. A.-).**

14.- A las 6/P.M. procuramos estar todos en torno a los 6-Autobuses para emprender el camino de regreso a nuestra **"Base de Operaciones"** en la <u>Gran Estación Central</u>.

15.- Terminamos el día, después de Cenar a las 7/P.M., contentos y satisfechos por el programa tan esperado y deseado, y tan significativo y distinguido de este día. Tenemos todos la sensación de que <u>hemos coronado</u> nuestro **"Viaje a LA ATLÁNTIDA"** <u>con la vivencia y experiencia más adecuada.</u> Con esta satisfacción nos vamos a descansar.

* * * * * * * * * * * * * * * * * * * *

Día – 19– de Abril del Año-2100
(30º día del "Viaje a La Atlántida")

Capítulo – 52- : (Los dos Grupos juntos)

Día de "<u>CONVIVENCIA</u>" y de "<u>DESPEDIDA</u>"

1.- Todos los Expedicionarios del **"Viaje a LA ATLÁNTIDA"** se levantan hoy con un sentimiento especial: Es el **"último día"** de este <u>Viaje-Expedición-Descubrimiento</u> de **LA ATLÁNTIDA**. Desde que se levantan a las primeras horas del día tratan de aprovechar el tiempo de este **"último día"** lo mejor que puede cada uno. Casi todos, antes del Desayuno, hacen un Paseo Matinal percibiendo la actividad y vitalidad y movimiento de esta <u>Gran Estación Central</u> de **"LA GRAN ATLÁNTIDA"** como queriendo ver en esto un resumen y síntesis de la vitalidad de esta <u>Gran Capital</u> de **LA ATLÁNTIDA**.

El Desayuno hoy también tiene un significado especial por ser día de **"Despedida"** y día **final del "Viaje"**. Alegres y comunicativos como siempre, desayunan con gusto lo que los Restaurantes prepararon con especial esmero para estos "<u>Visitantes</u>" que estuvieron aquí tantos días hospedados. Las conversaciones de unos con otros son interminables y parece que no alcanza el tiempo para que cada uno converse con todos los que quiere.

2.- Después del Desayuno tenemos todavía dos horas antes de las 10/A.M. que es la hora de la **Reunión de la Mañana;** aprovechamos este tiempo para hacer un Paseo un poco más largo por toda la **<u>Gran Estación Central</u>** y sus alrededores en grupos pequeños que no nos cansamos de platicar sobre todo el conjunto del **"Viaje a LA ATLÁNTIDA"** <u>que hoy estamos terminando.</u>

3.- A las 10/A.M. ya estamos de regreso del Paseo todos los <u>Expedicionarios de este Viaje-Excursión</u> tan especial que tanto hemos aprovechado y disfrutado durante un mes. Somos convocados a la **Reunión Final** en el <u>Salón de Eventos</u> de los varios que hay en esta <u>Estación Central</u> como **Centro Cívico Secundario** que es en esta <u>Zona Céntrica de la Ciudad.</u>

En este mismo lugar hicimos la <u>Primera Reunión</u> de **"Encuentro"** de los dos Grupos, el de Oriente y el de Occidente, cuando terminó aquí la <u>Primera Parte</u> del **"Viaje a LA ATLÁNTIDA"** a través de la <u>Ruta Trans-Atlántica</u> y aquí comenzamos a planear la <u>Segunda Parte del "Viaje"</u> o <u>Exploración y Descubrimiento</u> de esta <u>Capital Central</u> **"LA GRAN ATLÁNTIDA"**.

4.- Coordinan esta **Reunión Final** los <u>dos Guías-Jefes</u> ayudados por los <u>demás Guías</u> de los dos Grupos. <u>El Salón de Eventos</u> está adornado y equipado con todo lo necesario para esta ocasión.

Comienza el <u>Jefe-Guía</u> del Grupo de Oriente a nombrar por su propio nombre a <u>cada uno de los Guías</u> del Grupo que llegó aquí desde el <u>Oriente</u> de la Ruta Trans-Atlántica. Igualmente hace el <u>Jefe-Guía</u> del Grupo de <u>Occidente</u> de la Ruta Trans-Atlántica. Después <u>cada Guía de cada Autobús</u> llama a cada uno de los Expedicionarios por su propio nombre. Cada persona que es nombrada dice: ¡**"presente"**! y <u>sale al Estrado</u> a presentarse a la vista de todos junto con los que ocuparon cada Unidad de cada Autobús, incluidos los Conductores.

5.- Después de este primer momento, que ya nos ocupó cierto tiempo por ser <u>400 los Expedicionarios,</u> los Jefes-Guías, como Coordinadores de **la Reunión**, nos invitan a **"exponer"** a la contemplación de todos, en los lugares del <u>Salón de Eventos</u> preparados para esa finalidad, todo lo que **queramos "mostrar"** como Exposición momentánea de nuestros recuerdos del **"Viaje a LA ATLÁNTIDA"**: Fotografía, Filmaciones, Objetos comprados de recuerdo, etc. ... etc. ...; *todo lo que cada uno quiera mostrar a los demás.*

Como este detalle de la **"Exposición de Recuerdos"** ya había sido anunciado con tiempo suficiente, se llenó todo el <u>Salón de Eventos</u> de infinidad de cosas que cada uno lleva de **"Recuerdo de LA ATLÁNTIDA"** a su País y a su casa. Incluso hay intercambios de objetos entre los que prefieren cambiar sus recuerdos por los de otro; otros toman nota de cosas que les gustan y piensan adquirir todavía.

Fue éste un momento muy alegre y satisfactorio para todos porque hizo todavía más compenetrada la relación personal de unos con otros.

6.- Pasado este largo tiempo de bullicio y movimiento de relaciones de todos con todos, los dos Jefes-Guías se disponen a complementar el siguiente paso de esta **Reunión Final** de **"Despedida"**: Un <u>Reporte-Síntesis</u> de este **"Viaje a LA ATLÁNTIDA"**, mencionando lo programado de antemano y cumplido, y lo que fue surgiendo esporádicamente fuera de lo previsto, <u>durante todo un Mes de Expedición.</u>

7.- Terminado <u>este Reporte</u> de los dos <u>Jefes-Guías</u>, **se abre la participación para todos** en la que, cada uno que quiera hacerlo, explica durante 5/minutos sus impresiones, sentimientos, gozos, satisfacciones, sugerencias y planes que le produjo este **"Viaje a LA ATLÁNTIDA"**.

Enseguida se presentan infinidad de voluntarios que quieren expresar ante los demás todo lo que les produjo esta "Aventura Colectiva de Exploración y Descubrimiento de **"LA ATLÁNTIDA"**. Se van presentando uno tras otro con las expresiones y manifestaciones más sorprendentes e inesperadas. Todo ello produce el regocijo mayor de todos los presentes tanto de los que hablan como de los que escuchan.

8.- Con esta intercomunicación colectiva de impresiones y sentimientos llegamos, sin darnos cuenta del tiempo, a la hora de la 1/P.M.. Los Coordinadores nos sugieren que aprovechemos estos últimos momentos de la **Reunión de "Despedida"** para intercambiarnos las "Direcciones" de cada uno de nosotros: Dirección Postal, Teléfono, Internet, etc.

9.- Mientras hacemos todo este intercambio e intercomunicación, unos Camareros de los Restaurantes donde vamos a Comer pasan con unas Mesas Portátiles ambulantes llenas de "Botanas" y "Aperitivos" para que así pasemos una hora más platicando mientras llega la hora de la Comida.

10.- La Comida fuerte de este día, a las 2/P.M., también tiene el carácter de **"Despedida"** tanto por parte de los Restaurantes que nos la sirven ofreciéndonos platos exquisitos, llamativos y sorprendentes, como por parte de nosotros, los Comensales, que lo disfrutamos todo con un gusto y agradecimiento especial y dándoles a los responsables de los Restaurantes un jubiloso y sonoro aplauso a la hora del último plato, el postre.

11.- Todo el resto de la Tarde lo tenemos "libre" para que cada uno lo emplee como mejor quiera y lo necesite.

Como último acto de servicio de los Organizadores del **"Viaje"**, están dispuestos unos Autobuses, de los 6-Autobuses que usamos en la Expedición, para que, los que lo deseen así, hagan un último Paseo Panorámico por algunas partes más notables de la Ciudad durante unas tres o cuatro horas. Algunos escogen esta modalidad y otros se organizan por su cuenta individualmente o por pequeños Grupos para emplear la Tarde despidiéndose de esta Gran Capital Central de **LA ATLÁNTIDA, "LA GRAN ATLÁNTIDA"**.

12.- A las 7'30/P.M. estamos todos de regreso de nuestro último Paseo libre de la Tarde.

Cenamos alegres y contentos en un bullicio de plática amigable y confiada, y todos con la común sensación de saber que casi es la última vez que nos vemos durante este **"Viaje a LA ATLÁNTIDA"**. Se prolonga la Sobre-mesa más de lo ordinario por la intercomunicación que necesitamos hacernos unos con otros en sentido de **"Despedida"**.

Después de esto, todavía bastantes Excursionistas hacen un último Paseo en Grupos pequeños por los alrededores de la Gran Estación Central mientras se dirigen sin prisas a los Hoteles donde vamos a descansar la última Noche de este **"Viaje a LA ATLÁNTIDA"**.

* * * * * * * * * * * * * * * * *

Día – 20– de Abril del Año-2100

Ultimo Capítulo: Del "Viaje a LA ATLÁNTIDA"

"DISPERSIÓN" y "REGRESO" de cada Expedicionario a su País.

1.- Este día amanece cada ex-Explorador de **LA ATLÁNTIDA** con un plan de vida distinto. Ya no se sienten "agrupados" para un "Viaje". *Terminó ayer* el **"Viaje a LA ATLÁNTIDA"**. Hoy, cada uno se levanta libremente cuando quiere y programa el día según sus planes y necesidades personales. La mayor parte de los ex-Excursionistas todavía desayunan en los Restaurantes que nos dieron acogida como Grupos, porque los Organizadores del **"Viaje"** responden del pago del Desayuno de este día. Sirve este Desayuno para ultimar las **relaciones de "Despedida"** entre muchos ex-Expedicionarios.

2.- Cada ex-Descubridor de **LA ATLÁNTIDA** tiene su propio plan de **"Regreso"** a su País. Los que tienen Viaje Aéreo para el día de hoy ya se alistan y disponen para ir al Aeropuerto Internacional para la hora de su Vuelo. Los que aprovechan algún Crucero Marítimo para seguir descubriendo Mares y Océanos e Islas y Continentes se preparan para la fecha de su partida. Bastantes ex-Aventureros del **"Viaje a LA ATLÁNTIDA"** eligen regresar por la Ruta Trans-Atlántica, unos por la de Oriente y otros por la de Occidente, para experimentar una vez más, y más prolongadamente, *lo que es viajar por esta Ruta tan novedosa y maravillosa*; unos lo hacen en **TREN DE ALTA VELOCIDAD** y otros en los **TRENES más normales** de distancias cortas porque quieren detenerse una horas en algunas Ciudad-Estación, Pequeñas o Grandes, de la Ruta. Por fin, un buen número de ex-Exploradores deciden quedarse unos días más en esta Gran Capital Central de **LA ATLÁNTIDA, "LA GRAN ATLÁNTIDA"** para seguir conociendo muchos aspectos que les interesa de esta Gran Ciudad tan especial y maravillosa y que no lograron conocer en compañía con los Grupos de la Expedición.

3.- Así, cada uno se despide, se separa y se dispersa tomando el rumbo y la modalidad que escogió para su **"Regreso"**.

Pero *todos llevan en la mente y en el corazón*, además de todas las impresiones personales del **"Viaje a LA ATLÁNTIDA"**, también la voluntad, el deseo y la decisión de ser portadores del gran **"Mensaje de LA ATLÁNTIDA"** para sus paisanos y ciudadanos de sus Países a *los que se lo comunicarán en la medida que su Profesión y las oportunidades y posibilidades se lo permitan.*

4.- Las Oficinas de los Organizadores también quedan dispuestas a recibir y procesar **toda la "Información"** que cada ex-Explorador envíe desde su País acerca del impacto que está causando el **"Mensaje de LA ATLÁNTIDA"** que comunican a sus ciudadanos; y todo esto se integrará a la **Historia de este "Viaje a LA ATLÁNTIDA".** Así que, **regresamos** *"en contacto y comunicación de experiencias"* por todos los medios que cada uno tenga a la mano para mantener viva y actuante *esta experiencia única y tan extraordinaria que nos proporcionó* el **"Viaje a LA ATLÁNTIDA".**

* * * * * * * * * * * * * * * * * * * *

* * * * * * * * * * *

- E P Í L O G O –

Del "Viaje a La ATLANTIDA"

Confío y estoy seguro que **este "Relato de Viaje"** te gustó e incluso te entusiasmó, **Amigo Lector**. También estoy seguro que sugirió en tí "ampliaciones", "remodelaciones"; formas y cosas nuevas que tú pondrías en **un "Relato" parecido** según tu inventiva, tu imaginación y tu previsión del Futuro de este Siglo XXI y siguientes.

Pues, **"hazlo"**. Tienes libertad total para manipular este Relato de **"Viaje a LA ATLANTIDA"** a tu gusto, apreciaciones y facultades que tengas; y seguramente podrás mejorar este Formato Original.

Nada más te pido que reportes al **Autor Original** de esta **"Idea"** todo lo que hagas con ella; es solamente para reseñar desde el principio el "Historial" de este Relato y de **este "Plan y Proyecto" de LA ATLANTIDA** desde su concepción teórica hasta su realización práctica. También, si te da alguna ganancia económica, comparte con el Autor Original el 5%; o el 1% de la Inversión; también es solamente para seguir impulsando **esta "Idea"**.

El Autor confía en ti, seas quien seas, porque quiere reconocer que *"Tú"* eres uno de esos *"Ciudadanos de la Futura ATLANTIDA"* que quieren formar una **"NUEVA SOCIEDAD HUMANA"** *donde nos reconozcamos unos a otros* los *Justos Derechos* cumpliendo cada uno los *Justos Deberes* que le corresponden.

Hagámonos "dignos" de **"La Sociedad Internacional de LA ATLANTIDA" (-I.S.A.).**

Esto es lo que termina diciendo y deseando **el Autor**:

———————————

Julio-Verne SEGUNDO

(-Pseudónimo-)

****

****

Correos Electrónicos para **Información** y **Comunicación:**

Principal: la.atlantida.del.futuro@hotmail.com

construccion_de_la_atlantida@yahoo.com

construccion.de.la.atlantida@gmail.com

miembrodegrupo@hotmail.com

miembro.de.grupo@gmail.com

LIBRO - II

Explicación de la Construcción de

"LA ATLANTIDA

del Futuro"

PLAN
DE
COLONIZACION DEL MAR
Y

PROYECTO
DE
SOCIEDAD INTERNACIONAL
DE

"LA ATLANTIDA"

CARTA DE PRESENTACIÓN

Estimado amigo "idealista":

Esto que tienes ante tus ojos y en tus manos es la respuesta a tantas ilusiones soñadas que con frecuencia nacen en ti y nunca te atreviste a formularlas a ti mismo y a externarlas a otros, pero que tu sospechas que son posibles, y su realización sería la satisfacción de medio mundo o del mundo entero.

Yo nada más me atreví a **comenzar su formulación y presentártela** para que ahora **tú**, al ver que sintoniza totalmente contigo, **le continúes**. Y cuando te des cuenta que otros muchos hacen lo mismo que tú, **te asocies a ellos**; y esto que parece un sueño imposible se hará realidad para satisfacción de todos.

Nosotros estamos en **la Dirección** abajo indicada **para coordinar** las ideas y sugerencias **de todos** los que lean con atención, estudien con interés, planeen con imaginación y ejecuten con esfuerzo **todo lo que se les ocurra** a cerca de este **PLAN** de Colonización del Mar y de este **PROYECTO** de Sociedad Internacional de **"LA ATLANTIDA"**.

Por tanto, comunícate con nosotros por cualquier medio y te tendremos informado y serás conocedor de la marcha de este **PROYECTO**.

!Animo!, hacer posible lo que parece imposible.

Tu amigo

_____

Preste-Juan

(pseudónimo)

DEDICATORIA

Manifestación dirigida y dedicada a:

- La Organización de Naciones Unidas (ONU).

- Los Gobiernos de las Naciones y Países.

- Las Universidades y Tecnológicos:

      - Facultades de Arquitectura,

      - Facultades de Ingeniería Civil.

- Centros de Investigación Científica y Tecnológica.

- Empresa Financieras y Promotoras de Investigaciones.

- Empresas Productoras de:

      - Cemento (Cementeras)

      - Acero (Siderúrgicas)

- Compañías Internacionales de Producción y Servicios:

      - Constructoras, Turísticas, Automotrices,

      Armadoras, transportadoras, etc....

- Investigadores y Personalidades especializados en Ciencia y Técnica.

- Empresas de la Comunicación:

      - Televisión, Radio,

      - Prensa: Periódicos, Revistas Especializadas, Libros

      Medios Audio Visualcs, ctc...

Y a todo Grupo y Personas interesadas en este

      "PLAN" de Colonización del Mar

      y

      "PROYECTO" de Sociedad Internacional

      "LA ATLANTIDA"

_____

Preste-Juan (Seudónimo)

I N D I C E

del Plan de Colonización del Mar

y Proyecto de Sociedad Internacional

de "La Atlántida"

SECCION PRIMERA: TEMAS INTRODUCTORIOS.

SECCION SEGUNDA: EXPLICACION DE LOS PLANOS

I.- PLANOS DE "RUTAS"

PRIMERA PARTE: PLANOS "URBANISTICOS"

II.- PLANOS DE CIUDADES.

III.- ZONA: CENTRO PRINCIPAL

XIII.- CONSTRUCCION DE UNA UNIDAD-BLOQUE

- Capas del Planchón-Base y Paredes laterales,

- Niveles o Pisos de la Unidad (interior).

Plano -44-: Capa "aislante" del Planchón-Base

Plano -45-: "Capa aislante" del fondo de la Unidad (ó Planchón-Base)
en forma "escalonada"

Plano -46-: Cuadro total de "Estructuras" del Planchón-Base de una
Unidad de 500 x 500/mts.

Plano -47-: Detalle de distribución de Columnas Gruesas y Delgadas (o menosgruesas)

Plano -48-: Primera "Rejilla de Resistencia"

Plano -49-: Las dos Capas de "Rejillas de Resistencia" superpuestas

Plano -50-: Armazón o Estructura "Delgada" (menos gruesa)

Plano -51-: Armazón o Estructura "Gruesa"

Plano -52-: "Corte de queso" del Planchón-Base y Paredes Laterales

Plano -53-: Primer Piso, destinado a la vigilancia e inspección permanente de todo el
Planchón-Base

Plano -54-: Segundo Piso, destinado a la Cuadrícula de Agua de Lastre reguladora de
profundidad oinmersión de la Unidad

Plano -55-: Entramado de Estructuras: Verticales y Horizontales
(es decir: Columnas y Trabes)

Plano -56-: Niveles o Pisos de una Unidad

Plano -57-: Superficie de la Unidad con los Sótanos de las edificaciones

XIV.- CAMPO DE TRABAJO

Plano -58-: Perfil de dos Unidades en construcción con sus Flotadores
de profundidad en la esquina

Plano -59-: En el "Campo de Trabajo" 100 Flotadores de profundidad y
"Flotadores de Servicio"

Plano -60-: Vista aérea de la construcción de una Unidad

Plano -61-: Construcción de las "Segundas líneas" de Unidades del Plano de la Ciudad

Plano -62-: Etapas de la Construcción de toda la Ciudad

TERCERA PARTE:
PLANOS DE "RUTA" O "TRAVESIA"

XV.- <u>ZONA DE PUENTES DE ENTRADA-SALIDA DE LA CIUDAD</u>

Plano -63-: Perspectiva de la Zona de Puentes de Entrada-Salida de la Ciudad

Plano -64-: Detalle de la Zona de Puentes Entrada-Salida

Plano -65-: Volumen de Unidades de Puentes

XVI.- <u>UNIDADES DE "TRAVESIA"</u>

Plano -66-: Plano doble: (a) Unidades de Travesía con Canal intermedio en forma de "rombo", (b) conCanal en forma "recta"

Plano -67-: Unidades de Travesía "Dúplex" alternadas

Plano -68-: Volumen o perspectiva de Unidades de Travesía "Dúplex"

Plano -69-: Perspectiva, de lado, de la Superficie de las Unidades de Travesía "Dúplex"

Plano -70-: Panorámica, de frente, de Travesía "Dúplex"

XVII.- <u>ESTACIONES-PARADORES</u>

Plano -71-: Las veinte + veinte Unidades de Travesía entre "Paradores", (en cuatro partes)

Plano -72-: Plano doble: (a) Parador completo, (b) Un lado del "Parador"

Plano -73-: Perspectiva Panorámica de "Parador" completo

XVIII.- <u>CIUDADES-ESTACIONES</u>

Plano -74-: Ciudad-Estación "Pequeña" de Ruta

Plano -75-: Ciudad-Estación "Grande" de Ruta

XIX.- <u>DISTRIBUCION DE ESTACIONES EN TODA LA RUTA</u>

Plano -76-: Distribución de Estaciones "Grandes" y "Pequeñas"

Plano -77-: Distribución de toda la "Ruta Principal" del Proyecto "La Atlántida"

XX.- <u>CONEXION CON TIERRA</u>

Plano -78-: Perfil de la Zona de "Contacto con Tierra"

Plano -79-: Perspectiva de "Contacto con Tierra"

Plano -80-: Panorámica de "Conexión con la Costa" o enlace con "Tierra firme"

--------- <u>Reflexiones Finales</u> ---------

****

TEMAS INTRODUCTORIOS:

- IDEAS GENERALES -

I.- TITULO, IDEA Y PROYECTO GENERAL.

+ A). - Esta "Idea", en toda su proyección global, se denomina:

"PLAN DE COLONIZACION DEL MAR".

El Mar, en sus espacios más pequeños o en sus extensiones más grandes como son los Océanos, hasta hoy día en toda la Historia de la Humanidad, sólo sirvió al Hombre primariamente, en cuanto a su uso y manejo racional, para dos finalidades básicas:

- Como fuente de "alimentación" espontánea,

- y como espacio de "transporte" flotante.

A estas alturas de la Historia de la Humanidad es hora de que "el Mar", la mayor extensión del Globo Terráqueo, sirva también al Hombre como "Hábitat permanente", al igual que hasta ahora le sirvió la "Tierra firme".

+ B). - Esta "Idea", en su proyección concreta, se denomina:

"PROYECTO DE SOCIEDAD INTERNACIONAL DE LA ATLANTIDA".

Consiste en un conjunto de "Ciudades" racionalmente situadas, por ahora primeramente en el Atlántico Norte, en una línea o trayecto ininterrumpido que va recorriendo los distintos climas según las Latitudes en el Océano, desde Cabo San Vicente (en Portugal) hasta Cabo Hatteras (en Estados Unidos de Norteamérica), teniendo su Ciudad-Capital Central, llamada "LA GRAN ATLANTIDA", a la Altura del Paralelo "Trópico de Cáncer" y el Meridiano "45" aproximadamente; es decir, en medio del Océano Atlántico; pensando ya en ramificaciones o ampliaciones a largo plazo de futuro hacia el Norte de Europa, Sur-América, Africa, Caribe, Mediterráneo, Pacífico... Asia... y algunas más.

+ C). - Idea General: Con este conjunto básico de estas dos "Ideas": "PLAN" (de Colonización del Mar) y "PROYECTO" (de Sociedad Internacional "LA ATLANTIDA"), se pretende, en visión genérica, lo siguiente:

"Hacer factible habitar estable y permanentemente el Mar" con la finalidad de:

1). - "Cultivarlo" racional y técnicamente en el desarrollo de la crianza y domesticación de todos los seres marinos (vegetales y animales) útiles al Hombre y de la forma más adecuada al ecosistema de la Naturaleza.

2). - A semejanza de lo que se hace en cualquier otra Ciudad en "Tierra firme", hacer al Mar "habitable" para el desempeño y desarrollo comercial; lugar de trabajo productivo con una Industria transformadora regulada racionalmente por la Ciencia y la Técnica responsables que va adquiriendo la Humanidad.

161

3). - Hacer del Mar un espacio "turístico"; lugar estable de un prolongado y permanente descanso; lugar seguro y tranquilo para el ocio, esparcimiento, recreo y vacación y tiempo libre en general.

4). - Por consiguiente, hacer del Mar un lugar de "Vivienda", "Habitación" y "Residencia" estable y permanente en forma de Conjuntos Sociales Humanos "Urbanos" es decir, "Ciudades".

5). - Además, se trata de construir una "Sociedad Internacional", es decir, un lugar de "encuentro armónico y pacífico" de todas las Razas, Lenguas, Naciones, Culturas, caracteres, costumbres, habilidades, etc.....

6). - En fin, se pretende y se intenta que el "PLAN" y concretamente el "PROYECTO" una y relacione habitacionalmente, en una cadena ininterrumpida de asentamientos humanos "urbanos" de variadas dimensiones, primera a Europa y América, y después a otros Continentes.

+ D). - Reflexión (histórico-antropológica y sociológica):

Así se hace completamente realidad de una forma efectiva el ideal existente, consciente o inconscientemente, en la mente y en el sentimiento de las Gentes, desde siempre y más en los últimos tiempos, de la relación y unión de la Humanidad; ideal que siempre latió en los insistentes esfuerzos históricos realizados en las relaciones "inter-continentales" desde las Emigraciones primitivas, pasando por el Descubrimiento de América, hasta las Comunicaciones modernas, actuales y futuras.

Es un "Proyecto" de muy amplia visión histórica. Desafía titánicamente los alcances y limitaciones de las facultades humanas, incluso unidas colectivamente. Pero este "Proyecto" es también una llamada a continuar y superar tantos pasos transcendentales que el Hombre fue dando en su Historia de Ser Inteligente en esta Tierra, y una invitación a desarrollar la imaginación y optimismo en el modo de poblar el Globo Terráqueo al mismo tiempo que ya se piensa poblar el Universo Estelar.

A ver si de esta vez somos capaces los Seres Humanos, en unidad de esfuerzos, de construir "La Torre de Babel" teniendo la suficiente Humildad y Fé ante El Creador que se complace en ver que ejercitamos y ejecutamos al máximo las facultades inconmensurables que El Mismo nos dió.

II.- POSIBILIDAD Y FACTIBILIDAD del "P R O Y E C T O"

HOY, en la Era del "Concreto"

Lo primero que se pregunta uno ante esta "Idea" tan fantástica, que hasta parece de sueño y locura, es su posibilidad y factibilidad.

+ A). - Es "posible" (humanamente): Porque la Humanidad está comenzando a vivir una "Era histórica de concordia" que hace posible conjuntar esfuerzos internacionales convirtiendo en productivos de Paz y Desarrollo constructivo los materiales y esfuerzos bélicos que hasta ahora se empleaban para intranquilidad y destrucción.

+ B). - Es "factible" (materialmente): Porque ya hace años estamos en la "Epoca del Concreto" (u Hormigón de Cemento y Acero) en que cada día se perfecciona más su técnica de uso en construcciones de edificaciones, represas, contenciones, etc..

Este "Proyecto" de LA ATLANTIDA se basa con la técnica constructiva del Concreto de Cemento y Acero; se guía por el efecto "Iceberg" practicado por la Naturaleza desde siempre en el Mar; y se funda científicamente en la tan consabida "Ley de Arquímedes" (de los cuerpos sólidos en los líquidos) llevada a su máxima potencia y posibilidades.

En resumen, se pretende hacer posible y factible lo siguiente:

- Conseguir un lugar firme y seguro, fijo y estable en Alta-Mar a base de construcción de "Volúmenes Flotantes" de material sólido-duro y perdurable donde pueda habitar el Hombre permanentemente.

- Se trata, por tanto, de una construcción hecha con la técnica más firme y peremne del "Concreto", cuyo peso de material o masa sea inferior al agua desplazada o "Fuerza de Flotación"; es decir, que logre "flotar" con un margen suficientemente amplio para ser utilizado en la construcción de una instalación permanente de una Sociedad Urbana con todas sus necesidades habitacionales y de trabajo.

III.- OPORTUNIDAD ACTUAL
EN ESTE MOMENTO HISTORICO
DEL PROGRESO HUMANO

1). - Este "Plan" y "Proyecto" de LA ATLANTIDA es uno de esos Movimientos Dinámicos Históricos de la Humanidad que se desarrollan "a muy largo plazo"; es decir, ocupan la atención y el quehacer de muchas generaciones en su desarrollo, pero que tienen un comienzo, a veces de una manera imperceptible y otras veces de forma notable, al que se le puede señalar una fecha.

Así ocurrió con la Sedentarización del Hombre; con la expansión y Colonización de las distintas Zonas de la Tierra: Auro-Asia, Africa, América precolombina, Asia Oriental, etc. ; y en particular con la Colonización post-colombina del Continente Americano; así está ocurriendo actualmente con la Conquista del Espacio: dede el Globo Aerostático del pasado hasta las Naves Interestelares de Hoy y del Mañana.

2). - Por tanto, el comienzo de este "PLAN" (de Colonización del Mar), concretado por el "PROYECTO" (de Sociedad Internacional de - LA ATLANTIDA -) es uno de esos Movimientos Dinámicos de la Humanidad con sentido de transcendencia histórica que marca una fecha de avance en la Universalidad de la Humanidad o "Glovalización"; es decir, inter-relacionando a los habitantes de los distintos Continentes con una presencia estable habitacional del Hombre en esos espacios enormes de separación que son los Mares y los Océanos, se inter-relacionan las distintas Razas, Culturas, Grupos y Comunidades Humanas, que todavía ahora están separadas por las condiciones geográficas de sus localizaciones continentales.

El pensamiento y el deseo que hoy día se percibe en los sentimientos y manifestaciones de las personas más lúcidas y sanas de intención, como expresión de los sentimientos existentes en toda la Humanidad, es que la "Ultima Guerra Mundial" debe ser precisamente eso: "la última", y que deben terminar las fuerzas negativas y retrógradas como son las divisiones, distanciamientos, incomprensiones "de raza", y debe comenzar un proceso de "Unificación en la Diversidad" que es este "PLAN" y "PROYECTO" de "LA ATLANTIDA".

3).- En fin, que: el despertar de la conciencia de solidaridad; los visos y ciertos asomos cada día más claros y notables de concordia internacional; el ideal de coordinación de la O.N.U. (Organización de las Naciones Unidas); la percepción y gradual convencimiento de que en este Globo Terráqueo nos necesitamos los unos a los otros mutuamente, tanto como Naciones, Razas, Culturas, como principalmente para el trabajo y el progreso. Todo esto, y más razone y motivos y hechos que lo demuestran, nos está diciendo que "es el momento oportuno" para comenzar un largo "Plan" (de Colonización del Mar) concretándolo en un "Proyecto" (de Sociedad Internacional de La Atlántida), marcando una fecha (- el paso del Siglo XX al Siglo XXI -) de una Mueva Etapa o Epoca de expansión y desarrollo de la Humanidad.

Este es el nuevo paso significativo y definitivo de la Historia del Hombre: "habitar el Mar ..." quizá completando el círculo del origen de la Vida.

IV.- EL "PLAN" Y "PROYECTO" OBRA DE LA HUMANIDAD PARA EL SIGLO XXI

1).- Estos años finales del Siglo XX nos están proporcionando señales y anuncios de lo que sospechamos y prevemos que pueda ser el Siglo XXI: la armonía de las Razas y Naciones, a pesar de los conflictos locales, los adelantos científico-técnicos, los avances en el nivel de vida y el bienestar humano que pueden llegar a ser disfrutados por todos los Seres Humanos de la Tierra. Por eso dejemos "volar" a la imaginación y dejemos salir los deseos humanos más escondidos que hay dentro de cada uno y comencemos a construir un Mundo Nuevo con este "Plan" y "Proyecto". Invitemos a los jóvenes de HOY a ilusionarse con esto que ellos mismos van a construir MAÑANA.

2). - Si alguien, al ver este primer boceto del "Proyecto", le asustan o le hacen sonreír irónicamente algunos aspectos muy atrevidos, calificándolo como disparate de imaginación calenturienta, piense en serio en lo que será capaz la Humanidad de años y siglos futuros: Porque la Humanidad de "hoy", y más será todavía la de "mañana", camina en Ciencia, en Técnica y en capacidad de desarrollo a pasos agigantados.

Por ejemplo: un año de hoy equivale a mil o más años del pasado; lo que hoy se hace en 100 años lo harán en un mes las generaciones futuras.

Pero los Continentes Terráqueos seguirán en el mismo lugar, separados por esos inmensos espacios que son los Mares y los Océanos. Hay que comenzar a pensar ya desde ahora en "unirlos".

3). - Por tanto, pensemos y proyectemos en categorías, en criterios y en valores de futuro. Dejémosles en herencia, como tarea valientemente comenzada, a las generaciones futuras del Siglo XXI y siguientes este "Plan" y "Proyecto" de LA ATLANTIDA.

Sea como un reto a realizar por ellos mismos con el que consigan alcanzar la realización de tantos deseos e ilusiones que hoy laten todavía escondidos en el Ser Humano.

V.- FINALIDADES U OBJETIVOS
DEL "PLAN" Y "PROYECTO"

1). - Finalidad "Socio-política":

Se pretende construir un "Conjunto Social Internacional" (denominado: Sociedad Internacional - La Atlántida) compuesto de una serie de asentamientos humanos o "Ciudades" bajo la total y exclusiva responsabilidad político-gubernamental de la Organización de las Naciones Unidas (-O.N.U-).

Conviene que este "Plan" y "Proyecto" esté animado y dirigido en sus comienzos, y gobernado en su desarrollo, por la O.N.U., porque pretende ser una Entidad Social Independiente (- por su localización y su internacionalidad -) cuyos ciudadanos juntan y conjugan sus caracteres diversos de nacionalidades, etnias Culturas y modos de ser y de producir, en un Régimen Jurídico-político y una Ciudadanía de carácter internacional, fuera del Mar Territorial de propiedad nacional de cada País.

2). - Finalidad "productivo-cultivadora":

Se trata de la "explotación racionalmente planificada del Mar" de insospechadas posibilidades en la que se desarrollen las técnicas del "Cultivo del Mar" (-o acua-cultivo marino -) tanto de especies vegetales como principalmente animales.

Por supuesto que todo este proceso debe estar bajo una guía y disciplina racional "ecológica" reglamentada y regida por un Código Jurídico concordado por las Naciones que componen la O.N.U.

3). - Finalidad "productivo-transformadora".

También se pretende desarrollar una "producción industrial, no-contaminante del medio marino, fabricadora de infinidad de elementos para uso y servicio de los seres humanos; pero se pretende que esto se realice con la modalidad del carácter específico nacional o étnico y cultural de los fabricantes de cada País y procedentes de todo el mundo.

Además se piensa que sea un lugar de Exposición y comercialización de todos los productos de todas y cada una de las Comunidades Nacionales; es decir, lugar de comercio y servicios internacionales.

4). - Finalidad "Recreativo-Turístico-Cultural":

Se pretende que este "Proyecto" de -LA ATLANTIDA-, por sus tan variadas localizaciones de Latitud en su trayectoria en el Mar, por su extensión casi ilimitada, y por su situación y condición de "Puente entre Continentes", va a tener un atractivo especial para el Turismo, la recreación, la diversión, el transcurrir libre del tiempo, el disfrute del clima marino, además de la oportunidad constante para un multi-variado encuentro étnico y una infinidad de posibilidades en todos estos aspectos de encuentro humano.

5). - Finalidad "Transportadora" y "Comunicación":

También se puede prever e imaginar este "Proyecto" como lugar de tránsito inter-continental de personas y mercancías "sobre firme", es decir, en Tren y Carretera, que supera en rapidez al Barco y en costo y cantidad al Avión.

Un "Proyecto" con estas posibilidades y tantísimas otras más que van a ir surgiendo a través del tiempo y su realización, merece prestarle especial atención y aplicarle las mejores energías científico técnicas, políticas y económicas de los hombres y mujeres del siglo XXI.

VI.- INVERSION DE CAPITAL Y EMPLEO DE PERSONAL.

Una finalidad eminentemente humanitaria de este "Proyecto" de -LA ATLANTIDA- son las infinitas posibilidades de inversión de capital con visión de futuro, y las variadísimas posibilidades de empleo de personal a todos los niveles, que será la solución al problema tan acuciante de infra-empleo y desempleo de tantos ciudadanos trabajadores en todo el mundo.

Tanto en los mismos lugares de construcción marina (- en el Alta Mar, en los centros de montaje de pre-fabricados en litorales y costas-), como en las minas de acopio de material de construcción, como también en la fabricación industrial de material constructivo (- cemento y acero -), así como también en la labor de transporte de todo ello se prevé un empleo infinito de personal a todos los niveles de preparación personal y de técnicas de trabajo.

Y precisamente en estos tiempos en los que parece iniciarse la remisión de las armas y componentes militares, es la oportunidad propicia para emplear en este "Proyecto de Paz" el material bélico que hasta ahora se está empleando en "Armamento de Guerra".

Y principalmente: tanto personal humano, como son los soldados y oficiales, destinados a la guerra, puede pensarse en emplear su fuerza y preparación para este "Proyecto de Paz" y de progreso de la Humanidad.

Es el momento y la oportunidad de comenzar a hacer realidad, de una vez por todas, la aspiración presentida desde siempre por el Hombre de "una Era peremne y duradera de Paz". "... de las espadas forjarán arados, y las lanzas se cambiarán en podaderas..." (-Lema de la O.N.U. -).

Esto en la práctica actual de hoy será así:

- Los Tanques (de guerra) se cambian en Maquinaria,

- Las Bombas (de explosión) en Energía de trabajo,

- Las Balas y Metralla en Instrumentos de Construcción,

- Los Soldados se cambian en Trabajadores,

- Y los Oficiales de Guerra en Técnicos de Paz.

Decídase la Humanidad (-por medio de sus representantes más distinguidos en todos los ámbitos de la actividad humana-) a cambiar la Ciencia, la Técnica y la Inteligencia para la Guerra en Ciencia, Técnica e Inteligencia para la Paz.

VI.- (doble-bis) PREVISION DE ETAPAS
Y PROVISIÓN DE TRABAJO Y EMPLEO
DEL "PROYECTO": - "LA ATLANTIDA" -.

1). - Etapa de "Estudio y Planeación":

Esta Etapa le corresponde realizarla principalmente a los Centros de Investigación: Universidades, Tecnológicos, Investigadores especializados particulares, Centros de Investigación especializada principalmente en los aspectos de la Ingeniería Civil de la construcción, del Cemento, del Acero, de la Arquitectura (- "futurista" -) y atrevida; y también en el campo de la Oceanografía, Ecología, Sociología Etnica, Derecho internacional, etc...

Y también al "Publico en general" le corresponde mentalizarse e ir preparándose con proyectos de trabajo y compromisos concretos para tareas especiales o actividades generales, fomentando el concepto, la filosofía, la mística, el sentimiento de "Ciudadanía Intencional" con todo lo que significa e implica sociológica y psicológicamente de aceptación del "otro", cualquiera que sea la raza, la lengua, costumbres, carácter, como "Ciudadano" con los mismos derechos y deberes.

Esta labor de mentalización popular les pertenece especialmente a los Medios de Comunicación social: Televisión, Radio, Cine, Periódicos, Revistas, Libros.

2). - Etapa de "preparativos e infra-estructura":

Después que los Estudios teóricos específicos y las Pruebas prácticas de Laboratorio comiencen a hacer posible una cierta "Planeación", ya se puede pasar a la Etapa de los "preparativos primarios":

- Localización de canteras para Cemento, -Proyectos de fábricas cementeras propias del "Proyecto" -LA ATLANTIDA-, -Localización de material minero y sus Siderurgias correspondientes propias, -El trazado y señalamiento de la línea de la Ruta transatlántica con "Boyas" marinas y su correspondientes "Mojones" submarinos en el lecho del fondo del mar con señales de "Radar" para su ubicación invariable y fija, etc.

Y los "preparativos de infra-estructura": Astilleros de fabricación de los "Flotadores" (- los de profundidad y los de servicio -), Flotilla de Transporte de material en todas las modalidades, de personal, de material ligero y pesado, de arrastre, y hasta de vivienda en Alta-Mar; los "Contenedores" de transporte de material: cemento, grava, arena, piedra,..Fabricación de Armazones y Estructuras en La Costa para trasladarlos como material pre-fabricado, etc..

En fin, tener todo disponible para comenzar la Construcción de "la Primera Unidad-Bloque".

3). - Etapa de "realización":

a). - Montaje de todo el Campo de Trabajo para la construcción de una Unidad Bloque: Ensamblaje de los "Flotadores de Profundidad", composición del "Campo de Trabajo" con Flotadores de Servicio o de superficie en torno a la construcción de la "Primera Unidad-Bloque", y para desembarque de material, para almacenamiento de material, para manipulación de Maquinaria, etc..

b). - Y, por fin, <u>el momento de arranque</u> o comienzo de la Construcción de la Primera Unidad-Bloque: Se tendrá en el <u>Campo de Construción</u> de las Unidades los más posibles elementos "<u>pre-fabricados</u>" en las Costas Continentales o de las Islas.

4). - <u>Provisión de "trabajo y empleo"</u>:

Como se puede prever ya desde ahora, se puede "<u>proveer</u>" <u>de trabajo</u> a infinidad de personas en situación de desempleo en todos los países: en los desarrollados (10%), en los que están en estado de desarrollo (50%), en los sub-desarrollados (90%); y en el futuro mucho más a causa del desplazamiento de la mano de obra por la maquinaria y el automatismo.

A más de la mitad de <u>esa inmensa masa de desempleados</u> en plena edad de producción se <u>le puede dar "Vida"</u> con este "Proyecto" de -LA ATLANTIDA-. Por eso, interésense las Naciones, los Países y <u>los Gobiernos</u> por este "PROYECTO" que les da la oportunidad de evitar el mayor problema social de los tiempos modernos, y que está y seguirá en aumento en todas partes, que <u>es el "desempleo"</u>, y que sabemos bien que es origen y causa de otros muchos problemas sociales.

Y los particulares que tienen el <u>Capital Económico</u> miren un poco más allá de las ganancias inmediatas y pongan su Capital al servicio de la Humanidad en este PROYECTO "a largo plazo" de -LA ATLANTIDA-.

"El que siembra con generosidad, recoge con abundancia ...." (Proverbio popular)

VII.- <u>ASPECTOS</u> DEL "<u>PLAN</u>" Y "<u>PROYECTO</u>". (o Retos a emprender)

1). - <u>Aspecto motivador</u>:

Es toda una serie de motivos y alicientes tanto de orden <u>sicológico-social</u> para el gran público(vida marítima, ciudadanía internacional, oportunidades de trabajo y comercio) como de orden <u>económico</u> para los inversionistas previsores (-al menos en los comienzos para ponerlo en marcha-), así como también de orden <u>político</u> para las fuerzas ejecutivas de la Sociedad Mundial.

Podemos comenzar a sugerir, aún muy genéricamente todavía, algunos motivos:

- Por la oportunidad histórica del momento en esta coyuntura de relaciones internacionales.
- Por las finalidades del "Plan" y "Proyecto" (-ya mencionadas antes-) y por las posibilidades de desenvolvimiento humano en producción, comercialización, recreación-diversión,..
- Por ser, "La Atlántida", un lugar de desarrollo y convivencia social urbano-citadina en un marco jurídico internacional en conjunción de Razas y Culturas de todos los grupos humanos de la Tierra, etc..

2). - <u>Aspecto técnico de factibilidad</u>:

Es todo el <u>estudio científico-técnico</u> de Ingeniería, como localizaciones, estructuras, sistemas constructivos,...

Se necesitarán múltiples estudios técnicos muy complicados y en detalle dentro de los campos de la Ingeniería, Arquitectura, la Geografía, la Oceanografía, la Climatología.. y tantas y tantas otras disciplinas científico-técnicas.

Pero, de comienzo, se parte sencillamente de un principio vulgar y universalmente descubierto por el conocimiento humano desde muy antiguo: "la Ley de Arquímedes" de los cuerpos sólidos en los líquidos, y realizada por la Naturaleza desde siempre en el fenómeno natural "Iceberg", o efecto de flotación de un cuerpo sólido en el agua.

3). - **Aspectos de "Planificación"**:

Es toda la labor técnica de localizaciones geográficas a grandes distancias para las distintas Concentraciones Urbanas que componen esta Sociedad Internacional y la línea de Travesía que las une y conecta a todas Inter-Continentalmente. Además toda la planificación urbanística local de cada Asentamiento humano-urbano de acuerdo con las finalidades de cada una en este "Proyecto" y "Plan" de LA ATLANTIDA.

4). - **El aspecto "jurídico"**:

Se trata de que la Ciencia y la Técnica del "Derecho" haga toda una estructuración de las condiciones jurídicas de una "Sociedad Internacional" con sus propias características.

Es importante este aspecto jurídico de ordenamiento social y ciudadanía personal y colectiva porque ese carácter o existencia internacionalista tiene que sentirlo como propio (-como "mística" ciudadana personal o sentido de "patria" -) cualquier persona de cualquier Raza y Cultura.

Tiene que ser una "Sociedad modelo" donde el orden jurídico regule, facilite y propicie, mejor que en ninguna Nación particular, el cumplimiento de todos los derechos y deberes legítimos (-por utópicos que parezcan-) de todo hombre y mujer normal: los derechos humanos, el progreso personal, el respeto a las características personales y grupales, etc...

Esta es una gran tarea para los "Juristas": Estructurar un "Código" de reglamentación para esta "Sociedad Internacional" de -LA ATLANTIDA"-. Esto les dará incluso la oportunidad de inventar y crear formas jurídicas nuevas para los casos que las necesitan.

Este aspecto de reglamentación ciudadana es, quizá, donde más oportunidades tiene la Inteligencia ordenadora del Hombre para tratar de hacer un poco de realidad la "Utopía" de convivencia de los Seres Humanos:

".... Un cielo Nuevo y una Tierra Nueva......... donde el Lobo convivirá con el Cordero....."

VIII.- **OBJECIONES** (o dificultades teóricas)

Podemos comenzar planteando dos objeciones primeras que surgen inmediatamente en cualquier persona seria y serena al escuchar por vez primera la proposición de este PLAN y PROYECTO de -LA ATLANTIDA-:

1).-¿Acaso este "Proyecto" será una "Fantasía" inútil e incluso un vicio imaginativo hasta con aspectos de "locura"?

- Respuesta: En primer lugar, mirado física y técnicamente en teoría, este PROYECTO es "posible"; la Naturaleza nos lo demuestra con el fenómeno "Iceberg".

Y es "factible" considerando todas las dificultades que se presentan tanto en una primera mirada teórica como en el desarrollo posterior de los detalles de realización práctica; porque: Pensemos en este "Proyecto" con perspectiva histórica así como hoy día nosotros juzgamos normalmente cualquiera de los grandes pasos que la Humanidad ha dado en los comienzos de ellos en cada momento histórico; por ejemplo:

a).- Más de una Cohorte Regia europea con sus consejeros y asesores, en el Siglo XV, juzgó imposible y de fantasía ridícula el Proyecto de Cristóbal Colón de lanzarse a la profundidad desconocida del Atlántico buscando una Nueva Ruta de comunicación con Oriente hasta que los Reyes de España se arriesgaron a financiarlo; y hoy recorremos con naturalidad ese trayecto.

b).- Seguramente las personas de la Epoca del Primer Globo Aerostático, incluidos pensadores técnicos y científicos, les parecería una fantasía cercana a la locura no sólo un proyecto de "pisar la Luna", sino cuánto más un "Viaje inter-estelar" y una instalación humana en otra Galaxia; y, sin embargo, hoy nadie niega "su posibilidad".

¿Nos atreveremos, terminando el Siglo XX y comenzando el Siglo XXI, a dar los primeros pasos del PLAN y PROYECTO de -LA ATLANTIDA-?

2).- ¿Será un Proyecto "incosteable, no-rentable"?....

¿Quién se atreverá a destinar dinero y esfuerzos y arriesgar Capital en este Proyecto con esas características tan extra-ordinarias?

- Respuesta: Ciertamente, el "Proyecto - LA ATLANTIDA -" es inmensamente ambicioso. Por su contenido físico y por su ocupación en el tiempo y espacio es "Histórico"; es decir, abarca una etapa, una época, más aún una "Era de la Historia".

Es un "Proyecto -a largo plazo- de varias generaciones" hasta verlo funcionando en cierto grado satisfactorio.

Pero, aún así, los primeros resultados y "utilidades" no se harán esperar mucho, porque se sabe bien cuál es la dinámica del Capital: él mismo va haciendo los caminos y modos de regreso y de su propia recuperación recorriendo el ciclo de reencuentro con su dueño ampliado y crecido; y cuanto más amplio y cuantioso sea su trabajo en el espacio y tiempo más grande y segura será su cosecha de réditos e intereses.

Ciertamente, esta actitud de confianza en el Futuro, tanto en los que manejan el Capital como en los demás Agentes Sociales-públicos o particulares- y Científico-Técnicos, implica y necesita mucha entrega de los "Planeadores Pioneros de HOY" para los "Continuadores y Ejecutores del MAÑANA".

En fin, que un PROYECTO de tanta trascendencia necesita generosa e incondicionalmente "la Fé de los Grandes Hombres" capaces de "... mover montañas y trasladarlas al mar..."

La ocurrencia de toda clase de objeciones y dificultades (-por ejemplo:"ecológicas"-) es buena y necesaria, porque ayuda a prevenir y evitar errores y equivocaciones. Pero la habilidad de una mente y la grandeza de una persona no está en prever dificultades que paralizan sino en saber y poder superarlas afrontándolas con voluntad personal y colectiva.

Esa clase de personas necesita -LA ATLANTIDA-.

IX.- <u>INSTANCIAS</u>:
<u>PERSONAS</u>, <u>INSTITUCIONES</u> Y <u>ORGANISMOS</u>
<u>a los que interesa este "PLAN" y "PROYECTO"</u>

1). - En primer lugar se dirige a la solicitud, al interés y a la tarea propia de **las Naciones Unidas** (O.N.U.) por ser el organismo más lógico que se interesa por los asuntos internacionales que afectan a todas las Naciones.

En principio puede <u>la O.N.U.</u> comenzar a ser <u>el animador general de este</u> <u>"Plan" y "Proyecto"</u>; y después, poco a poco a medida que avanza y se organiza y que constituye un modo de vivir <u>como Sociedad Internacional</u>, puede ir tomado la responsabilidad de su "Gobierno" .

Es la forma neutral más adecuada para su desarrollo con el consentimiento y participación de todos en derecho de igualdad de oportunidades.

2). - **A los Gobiernos de cada Nación**: para que cada uno tenga la oportunidad de tener <u>derechos adquiridos</u> en tener <u>un lugar representativo</u> en la construcción y en la vida social intituída en esa Sociedad Internacional de la -LA ATLANTIDA-.

3). - A las **Instituciones Científicas** y **de Investigación** en los aspectos de la Ciencia y la Técnica <u>más allegados</u> al "PLAN" y "PROYECTO": Ingeniería, Arquitectura, Biología marina, Oceanografía, Derecho, Sociología, etc...etc...

Por tanto, se invita a las <u>Universidades</u> (Profesores y Alumnos) a los <u>Tecnológicos,</u> a los <u>Institutos de Investigación y Estudio</u> (particulares y público gubernamentales), y a las <u>personas individuales</u> distinguidas por sus cualidades especiales a tomar este "PLAN" y "PROYECTO" de -LA ATLANTIDA- como un "Ideal" y lugar privilegiado donde poder aportar sus conocimientos, habilidades y esfuerzos en servicio a la Humanidad.

4). - **A las Fuerzas Económicas** que tienen la oportunidad, tanto las particulares como las públicas, de <u>invertir "a largo plazo"</u> en algo que les va a dar un lugar privilegiado en el derecho a participar en el desarrollo de este "<u>Plan</u> de Colonización del Mar" y "<u>Proyecto</u> de Sociedad Internacional de <u>La Atlántida</u>".

5). - En particular,_ **a las Industrias** más afines a los elementos necesarios para este

"Proyecto": por ejemplo, los <u>Fabricantes de Cemento y Acero</u> (por ser los elementos básicos del "Concreto" u "Hormigón") y todas las <u>demás Industrias</u> que piensen que tiene mucho que aportar a este gran "PLAN" Y "PROYECTO" de -LA ATLANTIDA-.

6). - **Al Capital**; público o privado, grande o pequeño, se les invita a participar apoyando financieramente, sin intereses rediticios inmediatos al comienzo en los grados de investigación, para que después tengan derecho adquirido de invertir plenamente en los siguientes pasos efectivos con un merecido lugar privilegiado de participación en el desarrollo de este "PLAN y PROYECTO".

7). - **A las Fuerzas Publicitarias**, desde la propaganda más pequeña hasta las Revistas y Libros más especializados, pasando por todos los Medios de Comunicación Social, se les invita a hacer este Servicio a la Humanidad: dar a conocer, explicar, sugerir ideas ampliadas y nuevas, e invitar a participar en el desarrollo de este PLAN Y PROYECTO de LA ATLANTIDA.

8). - **Y al Público en general**: Para que cada uno que se entere de este "Plan" y "Proyecto" se "ilusione con él", lo dé a conocer e ilusione a otros y que cada uno que le entregue algo de su interés se beneficie del dinamismo que va a crear en los tiempos futuros.

Que todos seamos de alguna manera Factores y Beneficiarios de esta "Gran Obra" equiparable a las más grandiosas del pasado y del futuro: Hacer de la extensión mayor del Globo Terráqueo, que son los Mares y los Océanos, próspera y confortable "Habitación del Hombre" con este "PLAN de Colonización del Mar" y "PROYECTO" de Sociedad Internacional de -LA ATLANTIDA-.

X.- NOTIFICACIONES FINALES
(- de esta Sección Primera de "Ideas Generales" -)

1). - **El Autor de la "Idea" de -LA ATLANTIDA-.**

El Autor de esta "Idea" tan sorprendente y tan extraordinaria, con el pseudónimo de "Preste-Juán", no es profesional especialista ni de Dibujo técnico, ni de Proyectos Urbanísticos, ni de Ingeniería constructora, ni de Arquitectura; menos todavía de tantas y tantas especialidades de la Ciencia y la Técnica que tendrán que conjuntarse para formular y desarrollar exacta y debidamente este "PLAN" y este "PROYECTO".

Solamente es una persona a la que su Vocación real y Profesión propia en las Relaciones Humanas (-y Super-humanas o Trascendentales-) le impele irresistiblemente a sembrar esta "Idea" tan sugerente, cautivadora y atractiva de la "Universalidad de la Humanidad" plasmada y concretada en una "Sociedad Internacional Fraterna" que al mismo tiempo signifique e implique desarrollo en el uso racional del espacio más extenso del Globo Terráqueo todavía no conquistado plenamente para el uso del Hombre, que es el Mar.

2). - **Los verdaderos planeadores y realizadores**.

Espero que, a pesar de su vulgaridad y simpleza, estas formulaciones primerizas en Planos y Números (-cuentas de Volúmenes y Pesos) y explicaciones despierten y pongan en movimiento las Facultades Técnicas y Científicas de los Profesionales y de las "personas especializadas", que, sintonizando con esta "Idea" y entusiasmados con su contenido y perspectivas de Futuro, se decidan a ser los verdaderos "planeadores y ejecutores" del "PLAN de Colonización del MAR" y del "PROYECTO" de Sociedad Internacional de -LA ATLANTIDA-.

3). - <u>Explicación breve de los Planos</u>.

La Sección-Segunda de la presentación de este "PLAN" y "PROYECTO" es una breve explicación de Planos que ayude un poco a fijarse en esta "Idea" y sugiera "muchos proyectos cualificados" de personas capaces.

4). - <u>Recomendación Personal</u>:

Para que, los que se interesen por esta "Idea" sean <u>ya "Agentes"</u> de esa "<u>Nueva Sociedad Internacional</u>", en la que el respeto mutuo, el derecho de cada uno y la Ley-Societaria sea el ambiente sano del vivir ciudadano, recomienda el "Autor de la Idea" que, si su utilización teórica o prácticas les reditúa alguna ganancia, <u>le remitan un tanto por ciento de ella</u> (-1% de la inversión, o 5% de las ganancias-) para ser utilizado en la promoción de su desarrollo. Comencemos siendo "legales" así desde el principio de este proceso histórico del "PLAN de Colonización del Mar" y "PROYECTO" de Sociedad Internacional de la -LA ATLANTIDA-.

También se recomienda a todos los que hagan uso de esta "Idea", de cualquier manera que sea teórica o prácticamente, que <u>reporten al Autor</u> todo lo que hagan con ella para <u>ir haciendo el historial</u> desde el principio.

5).- <u>Y por fin, pensemos que</u>:

En todas las grandes Obras Humanas la "imaginación", "la ilusión" y el "deseo" siempre van por delante como apuntando a ideales y metas que tocan "lo sobre-humano", "lo divino"; demostrándonos con estas facultades que <u>el Hombre</u> lleva en sí mismo <u>la Imagen del que lo Creó</u>.

Seamos "Señores" de la Tierra y el Mar, como el Creador nos lo ha encomendado, poniéndolo "<u>todo</u>" a nuestro servicio; pero sabiendo y teniendo siempre presente que somos Administradores de un gran "Jardín del Edén" que se nos confió.

Esa es la "grandeza del Hombre", de su Historia y de sus Obras. Valorémoslo emprendiendo el **"<u>PLAN de Colonización del Mar</u>"** y el **"<u>PROYECTO de Sociedad Internacional de -LA ATLANTIDA-</u>"**.

_____

Preste-Juán

(seudónimo)

Sección-Segunda

EXPLICACION DE LOS PLANOS

del "Plan" de Colonización del Mar

y "Proyecto" de -LA ATLANTIDA-

I.- PLANOS DE "RUTAS"

Link o Enlace a la Carpeta de los Planos: del -1- al -20-:

(-Para ver las Carpetas hay que tener una Cuenta en Google-

https://docs.google.com/leaf?id=0BwUzvD4EOk2lMjBjNTEwOTgtOTIyZi00ZDdlLThlYzgtNDUxM2E2YzFjYmJl&sort=name&layout=list

https://docs.google.com/leaf?id=0BwUzvD4EOk2lMjBjNTEwOTgtOTIyZi00ZDdlLThlYzgtNDUxM2E2YzFjYmJl&hl=es

https://docs.google.com/leaf?id=0BwUzvD4EOk2lMjBjNTEwOTgtOTIyZi00ZDdlLThlYzgtNDUxM2E2YzFjYmJl&sort=name&layout=list&num=50

-Plano "1" y Plano "2": Rutas del "Proyecto"

(-Para ver los PLANOS no es necesario tener Cuenta en Google-)

Para ver los PLANOS ir a los Link o Enlaces siguientes:

Plano-1: https://docs.google.com/document/edit?id=15U3TAlHqV-KRMG3KSkLlY1Djk5OQaoYGxnYgu0D2ZEs&hl=es#

https://docs.google.com/document/edit?id=15U3TAlHqV-KRMG3KSkLlY1Djk5OQaoYGxnYgu0D2ZEs&hl=es&pli=1#

Plano-2: https://docs.google.com/document/edit?id=1s0euyApT6r-AFPvtHg7JcCocf1mgD_936UOuxrnheT0&hl=es#

https://docs.google.com/document/edit?id=1s0euyApT6r-AFPvtHg7JcCocf1mgD_936UOuxrnheT0&hl=es&pli=1#

El "Proyecto" de LA ATLANTIDA relaciona y une a los Continentes del Globo Terráqueo comenzando por Europa y América. Por tanto, la Primera y Principal cadena de conexión es de un extremo del Atlántico hasta el otro extremo: de Cabo San Vicente (en Portugal) hasta Cabo Hatteras (en Estados Unidos de Norte-América).

Para que tenga variedad de climas todo el trayecto de esta Ruta no se traza horizontalmente según los Paralelos sino inclinándose hacia el Sur, considerando que el Paralelo "Trópico de Cáncer" es la desviación suficiente para esta finalidad.

Además de la variada distribución de las distancias de toda la Ruta, que se explicará en su lugar, con Ciudades-Estación "Grandes" y "Pequeñas" y otras subdivisiones, destaca especialmente la Ciudad Central de todo el "Proyecto": "LA GRAN ATLANTIDA".

Esta Ciudad tan especial está situada aproximadamente en la mitad del Trayecto, precisamente sobre las cumbres de la Cadena Montañosa submarina que, de Norte a Sur, divide al Atlántico; su localización exacta está en el punto de coordenadas: del meridiano-45 y "Trópico de Cáncer".

Esta ruta Primera y Principal, llamada "Ruta Trans-Atlántica", tiene unas ampliaciones o ramificaciones que la completan:

- Una "Ruta Europea" hacia el Norte de Europa que termina en Land's End (Inglaterra) con desviaciones a Cabo Finisterre (España) y a Brest (Francia).

- Otra "Ruta Africana" hacia el Nor-Oeste de Africa desde el punto más conveniente.

- Otra "Ruta Caribeña" hacia el Caribe (Mar de la Antillas y Golfo de México) que termina en Texas o Nueva Orleans y Veracruz, además de las oportunas desviaciones hacia las Antillas Mayores y Centro-América.

- Y una Ruta de ampliación "Sur-Atlántica" cruzándoce con la "Ruta-Puente" entre Sur-América (Cabo San Roque, Brasil) y Africa Ecuatorial (Cabo Palmas, Liberia) que continúa dividiéndose en dos Rutas: una hacia Namidia o Sur-Africa y otra a Punta del Este (Uruguay).

Aunque no haya continuidad lineal física, sin embargo, el "Proyecto" de conexión de los Continentes sigue ampliándose a otros Mares y Océanos:

- La "Ruta del Pacífico" desde América hasta Asia pasando por las Islas Haway y Japón, Mar de la China y hasta Filipinas y Sur-Asia.

- La "Ruta Trans-Mediterránea" desde España hasta Israel o Líbano con desviaciones a cada lugar adecuado de Sur-Europa y Nor-Africa.

Este ""Proyecto" de conexión de los Continentes y Habitabilidad de los grandes Océanos y Mares, impulsado por el "Plan de Colonización y Cultivo" de las "Grandes Aguas", es para contemplarlo a lo largo de varias generaciones y siglos, como se hizo con el Descubrimiento y Colonización de América o como se hace actualmente con el Descubrimiento del Espacio Cósmico

La Motivación profunda para emprender este "PROYECTO" es relacionar y unir por piso firme a los Seres Humanos aunque estén distantes y hacer productiva y habitable la mayor extensión del Globo Terráqueo que son los Mares y los Océanos.

Una Humanidad unida es una Humanidad en progreso y a las "Puertas del Paraíso" tan ansiado por todo Ser Humano": ....Un Cielo Nuevo y una Tierra Nueva..."

- Eso Pretende el "Plan" y "Proyecto" -LA ATLANTIDA-.

Primera Parte:

"PLANOS -URBANISTICOS-"

II.- PLANOS DE CIUDADES.

-Plano -3-: Plano General de "La Gran Atlántida"

Para ver el PLANO ir a los Link o Enlaces siguientes:

https://docs.google.com/document/edit?id=1gWlNzvrUn1hV6FohvHY6QjPtfwAJ0EtIpfhzZj54I24&hl=es#

https://docs.google.com/document/edit?id=1gWlNzvrUn1hV6FohvHY6QjPtfwAJ0EtIpfhzZj54I24&hl=es&pli=1#

Como <u>Ciudad Central</u> de <u>todo el "Proyecto"</u> es por eso una Ciudad muy especial donde se afrontan todos los retos y desafíos de la Inteligencia Humana, de la Ciencia y de la Técnica, del Arte y de las habilidades y pretensiones del Hombre.

Se compone de dos mitades simétricas tanto de Norte a Sur como de Este a Oeste:

- La <u>Ruta de Tráfico</u> que va por el medio, de Este a Oeste, divide a la Ciudad en dos mitades iguales: parte Norte y parte Sur.

- La parte Norte, e igualmente la parte Sur, tienen un <u>Centro Cívico Principal</u> cada uno formado por la <u>Unidad Mayor y doce Unidades</u> alrededor de ella.

- Al Norte, la ciudad tiene <u>dos Puertos Marítimos</u>: uno <u>Mercante-Comercial</u> y otro <u>Turístico</u>. Al Sur tiene un <u>Puerto Marítimo mixto</u> y un <u>Aero-Puerto Internacional</u> de primerísima categoría junto con toda la <u>Zona Mercantil</u> de esa parte.

- La ciudad tiene a los lados, Este y Oeste, las <u>Zonas Turísticas de Playas</u> a uno y a otro lado (Norte y Sur) de la Ruta Central de Tráfico.

- Tiene <u>Zonas Comerciales-Industriales-Nacionales</u> por el medio en cuatro direcciones haciendo de crucero con los Centros Cívicos Principales.

- Tiene distribuidas <u>Zonas Habitacionales-Residenciales</u> en distintas partes de la Ciudad.

- Tiene, en fin, <u>Centros Cívicos Secundarios</u> estratégicamente distribuidos en cada Zona, principalmente en las Habitacionales.

-Todos los Centros Cívicos (Principales y Secundarios) y las Zonas de Playas están conectados por <u>Canales de Navegación Menor</u> que son los espacios entre las Unidades-Bloques.

En resumen, es toda una <u>Ciudad Marítima completa</u>, con todos los requerimientos, exigencias y aspiraciones humanas de Habitación, Trabajo, Comercio, Industria, Turismo, Exhibiciones Nacionales, Educación, Sanidad, Deportivismo, etc...

-Una Ciudad cosmopolita receptiva para toda persona que quiera <u>vivir en paz con los</u> <u>demás.</u>

<u>Plano -4-:</u> Plano de "Otras" Ciudades Céntricas importantes del "Proyecto"

Para ver el PLANO ir a los Link o Enlaces siguientes:

https://docs.google.com/document/edit?id=1IqF_nICMRgVBr70lHBd5jczaLoWAqZ7Swd98IV-vQYQ&hl=es#

https://docs.google.com/document/edit?id=1IqF_nICMRgVBr70lHBd5jczaLoWAqZ7Swd98IV-vQYQ&hl=es&pli=1#

Se distinguen estas Ciudades, en contraposición a la anterior, en que las Unidades-Bloques son <u>un cuarto</u> (1/4) del volumen de las correspondientes de "La Gran Atlántida", es decir, <u>tres veces más pequeñas</u> o por lo menos <u>la mitad.</u>

También se distinguen en que tienen <u>cuatro Entradas-Salidas</u> a los cuatro Puntos Cardinales (o tres, según su localización)

También se distinguen en tener un sólo <u>Centro Cívico Principal.</u>

Todo lo demás en su distribución, en general, es más o menos semejante a "LA GRAN ATLANTIDA".

Los posibles nombres y localizaciones de estas Ciudades podrán ser: "<u>Ciudad</u> <u>Caribe</u>" (en medio del Golfo de México), "<u>Ciudad-Mediterránea</u>" (en medio del Mediterráneo), "<u>Ciudad-Pacífico</u>" (en medio de la Ruta hacia Asía), "<u>Ciudad del Sol</u>" (entre Japón y China), etc..etc.. -..Explorando y habitando los Mares, el Hombre termina cumpliendo plenamente el Mandato Divino de dominar y poblar la Tierra... -

III.- <u>ZONA: "CENTRO PRINCIPAL"</u>

-<u>Plano -5-</u>: Plataformas-Superficies de Unidades al mismo nivel de flotación (sin edificios).

Para ver el PLANO ir a los Link o Enlaces siguientes:

https://docs.google.com/document/edit?id=1vOKYQRsgvJPSC31i5VjiPfVpyhQ2xbz-vowv08C2YnM&hl=es#

https://docs.google.com/document/edit?id=1vOKYQRsgvJPSC31i5VjiPfVpyhQ2xbz-vowv08C2YnM&hl=es&pli=1#

La Zona Central Norte, representada sin edificaciones en las Superficies de las Unidades-Bloques, aparecería así, como en el Plano:

La Unidad-Bloque Mayor con las Unidades de alrededor separadas por los Canales de Navegación entre ellas. Al fondo los Puertos Marítimos y el horizonte del Mar.

Pensemos, al ver esto así, que todas las Unidades-Bloques son "<u>Volúmenes Flotantes</u>" en completo equilibrio, inmovilidad, estabilidad y seguridad total; da la impresión de estar <u>en una "Isla"</u>, en tierra firme.

Plano -6-: Plano de Planta de todo el CENTRO CIVICO PRINCIPAL

Para ver el PLANO ir a los Link o Enlaces siguientes:

https://docs.google.com/document/edit?id=1Sc90PPtrPhpGbhNjl75Y2ozZPiqU5hLxqGKv9dm_Jy4&hl=es#

https://docs.google.com/document/edit?id=1Sc90PPtrPhpGbhNjl75Y2ozZPiqU5hLxqGKv9dm_Jy4&hl=es&pli=1#

Lo constituye o forma:

- LaUnidad-Bloque Mayor de 2.000 x 2.000/metros de superficie.

- Y doce Unidades-Bloque, de alrededor, de 1.000 x 1.000/mts. cada una.

- Las variadas distribuciones posibles de las Superficies se indican en otros Planos.

Plano -7-: Plano de planta de sólo la Unidad-Bloque Mayor del Centro Cívico Principal

Para ver el PLANO ir a los Link o Enlaces siguientes:

https://docs.google.com/document/edit?id=1w079gcXK-JzvEk81mDhlWh01OVNqbaAs4p0xaGVVIwg&hl=es#

https://docs.google.com/document/edit?id=1w079gcXK-JzvEk81mDhlWh01OVNqbaAs4p0xaGVVIwg&hl=es&pli=1#

La distribución de esta Superficie de 2.000 x 2.000/mts. de área está centralizada y regida por la localización de las "Pirámides"; edificios distintivos de este Centro Cívico Principal:

- La "Pirámide Mayor" y su conjunto de cuatro Pirámides que la enmarcan en primera línea.

- Y las Doce Pirámides circundantes en segunda línea y cada una con su conjunto arquitectónico propio y por separado.

Es muy importante la abundancia de Zonas Verdes por el borde exterior de la Unidad y por el interior en líneas armónicas y simétricas por los cuatro lados.

Y todo combinado con las Vías de Comunicación o Calles de Tráfico, paseos y pasillos peatonales.

Esta es una distribución de tantas que cabe imaginarse urbanísticamente: formas artísticas, prácticas, aprovechables y agradables.

Esta Unidad Mayor debe ser el coronamiento y la expresión suprema de todas las formas arquitectónicas y artes de ingeniería de la Ciudad "LA GRAN ATLANTIDA".

Plano -8-: Plano en perspectiva de la Unidad-Bloque Mayor y Dos Unidades Circundantes -- del Centro Cívico Principal.--

Para ver el PLANO ir a los Link o Enlaces siguientes:

https://docs.google.com/document/edit?id=1RlKfBHnpUVifcR-dx5Jba9_Rb12mZNgEPuTLqgOAkLw&hl=es#

https://docs.google.com/document/edit?id=1RlKfBHnpUVifcR-dx5Jba9_Rb12mZNgEPuTLqgOAkLw&hl=es&pli=1#

Así se representa, en una de tantas formas posibles, la distribución de las Superficies del Centro-Norte de esta Ciudad de "La Gran Atlántida".

En la Unidad-Bloque Mayor:

-La Pirámide Mayor, gigantesca, coronada con un "Mirador" y un "Faro" a 500/mts. de altura sobre el nivel del agua; encuadrada por cuatro Pirámides complementarias haciendo conjunto arquitectónico unitario y en continuidad con ella.

-Las otras Doce Pirámides perimentrales de la Unidad Mayor Central; cada una con su conjunto arquitectónico propio.

Las Pirámides, como se ve, están construidas sobre Edificios-Columnas; es decir, elevadas en el aire a 50/mts. sobre la calle.

En las otras Doce Unidades-Bloque alrededor de la Unidad Mayor, que forman el Centro Cívico Principal, también hay un Edificio-Central-Coronamiento de toda su Superficie que puede ser piramidal o cuadrangular.

Todo este Centro Cívico Principal-Norte es destinado para Sede del Gobierno General de toda la Sociedad Internacional de "La Atlántida":

- La Pirámide Mayor con sus cuatro Pirámides complementarias es para la sede de la Presidencia o Secretaría General. Y las Pirámides perimetrales de la Unidad son para los Departamentos de la Presidencia.

- Las Doce Unidades-Bloque de alrededor de la Unidad Mayor son para las Secretarías o Ministerios del Gobierno General de "La Atlántida".

La sede del Gobierno local de la Ciudad de "La Gran Atlántida" estará en el Centro Cívico Principal-Sur (-semejante al de la parte-Norte, con la diferencia de que los edificios, que en la parte-Norte son cuadrangulares, en la parte-Sur son en forma de "cilindros" u "ovalados"-).

Y las Sedes de las Autoridades de Zonas de la Ciudad estarán en los Centros Cívicos Secundarios estratégicamente repartidos en toda la Ciudad.

Plano -9-: Pirámide Mayor y su conjunto arquitectónico en el "centro" de la Unidad-Bloque- Mayor.

Para ver el PLANO ir a los Link o Enlaces siguientes:

https://docs.google.com/document/edit?id=1B3b4k6IOK_X_oTaFya9uPW3_TnFy7OLbaaDoSVTjO2E&hl=es#

https://docs.google.com/document/edit?id=1B3b4k6IOK_X_oTaFya9uPW3_TnFy7OLbaaDoSVTjO2E&hl=es&pli=1#

Lo expresado en este plano es uno de tantos modos de construcción, de las variadísimas formas de Arquitectura "atrevida y futurista" que es posible hacer, en la Pirámide Mayor y su conjunto.

Tanto este conjunto, como los otros de las demás Pirámides, tiene una ambientación especial de Jardinería y Paseos Peatonales elevados sobre "Terrazas" de los edificios, siendo todos esos espacios "Zona Verde", comunicandose entre sí las "Terrazas" de cada conjunto por medio de Puentes Peatonales elevados para no tener necesidad de bajar al nivel de la calle para pasear a través de todo el conjunto.

Todas las Pirámides, y principalmente la Mayor, son truncadas en su Cono o Cúspide para dar lugar a un "Mirador" amplio para el atractivo turístico de residentes-paseantes y vacacionistas.

La Parte inferior de la Pirámide-Mayor tiene por cada lado 200/mts.; y están repartidos así: 40+40+40 /mts. sobre Edificios-Columnas,10+10+10+10/mts. sobre pasillos peatonales o banquetas, y 20+20 /mts. sobre dos Calles.

Cada una de las cuatro pirámides circundantes a la Mayor miden en su base: 120/mts. por cada lado, repartiéndose así: 40+40/mts. sobre Edificios-Columnas, 10+10/mts. sobre Pasillos, y 20/mts. sobre una Calle.

Es todo un reto y desafío a la Inteligencia Técnica del Hombre, "imagen y reflejo de La Sabiduría y Poder de Dios". Ejerzámosla en este "Proyecto" con el realismo y el valor, el reconocimiento y la humildad que nos valerán ente ÉL y ante la larga Historia que le queda por transcurrir a la Humanidad en este Globo Terráqueo del Universo.

Plano -10-: Perspectiva isométrica de la Superficie de la Unidad-Bloque Mayor

Para ver el PLANO ir a los Link o Enlaces siguientes:

Plano-10: https://docs.google.com/document/edit?id=129plWgGzh6lEFb5yB25U0_NNnbfCWxwLPA7FaEuVeMI&hl=es#

https://docs.google.com/document/edit?id=129plWgGzh6lEFb5yB25U0_NNnbfCWxwLPA7FaEuVeMI&hl=es&pli=1&pli=1#

Con Sistema de Computación Arquitectónica ("Ploter") este Plano presenta la distribución, quizá demasiado llena y abigarrada de edificios, de la Superficie de la Unidad Mayor Central, sus Puentes y Canales, etc..

En el modo de construcción sobre las Superficies de las Unidades-Bloques de todo el "Proyecto" de -LA ATLANTIDA- se debe tender siempre más hacia arriba que hacia los lados; porque la admisión de peso de cada Unidad es grande, suficiente y sobrante, y además porque en las Superficies se debe dejar bastantes espacios para Zonas Verdes a nivel de la Calle. -Esto como norma general para toda la planeación de la Ciudad.

IV.- ZONA: ENTRE CENTRO PRINCIPAL Y CENTRO SECUNDARIO

Plano -11-: Plano de planta de: tres dimensiones de Superficies de Unidades-Bloque

Para ver el PLANO ir a los Link o Enlaces siguientes:

https://docs.google.com/document/edit?id=1tD0XSNoObMNNEKz00C7FkekiJhx7dITds6pO57_oBG8&hl=es#

https://docs.google.com/document/edit?id=1tD0XSNoObMNNEKz00C7FkekiJhx7dITds6pO57_oBG8&hl=es&pli=1#

Entre Centro Principal y Centro Secundario, como muestra, encontramos tres dimensiones y formas de Superficies:

- Una, las Unidades Circundantes del Centro Principal y la Unidad Grande de los Centros Secundarios, que miden 1.000 x 1.000/mts. de área en sus Superficies. Tienen la finalidad de ser Sedes del Gobierno-General y Local.

- Otra, las Unidades rectangulares de 1.000 x 500 metros situadas a los cuatro lados del Centro Principal, y que, en cuatro filas, componen las Zonas Comerciales, Industriales, Mercantiles y de Servicios; además una finalidad especial de estas Unidades es la de ser lugar de exposiciones nacionales donde cada Nación, Etnia o Grupo Humano fabrique y exponga sus productos específicos o tradicionales, o los lleve de su lugar de origen.

- Y otra, las Unidades cuadradas de 500 x 500/metros que componen las Zonas Habitacionales o Residenciales, y las Unidades circundantes de los Centros Cívicos Secundarios, Sede de la Autoridad Zonal.

En otras partes de la Ciudad hay Unidades-Bloque con otras dimensiones: Las Unidades de Playa (de 1.000 x 2.000/mts.), las Unidades de Pistas del Aereo-Puerto (de 2.000 x 500/mts.), etc..

Plano -12-: Plano en perspectiva: de tres dimensiones de Unidades.

Para ver el PLANO ir a los Link o Enlaces siguientes:

https://docs.google.com/document/edit?id=1f8hQnbRVJQQ_8FdrM5Hg_9uaHEBHOQWZXrSzp1YctIk&hl=es#

https://docs.google.com/document/edit?id=1f8hQnbRVJQQ_8FdrM5Hg_9uaHEBHOQWZXrSzp1YctIk&hl=es&pli=1#

La distribución del espacio de las Superficies puede ser muy variada. La distribución que se presenta en el Plano es una de tantas que se pueden pensar.

Sólo hay que tener en cuenta un detalle muy importante: "el equilibrio de peso en toda la Superficie"; es decir, que las construcciones y espacios vacíos que haya en un lado de la Unidad debe haber los mismos al otro lado contrario de la misma Unidad. Por eso las formas de construcción que se presentan en estos Planos son "simétricas", porque es el mejor modo de lograr el equilibrio de peso en los cuatro lados.

Los espacios de separación entre Unidades se utilizan así: En las Unidades Comerciales son Canales de Navegación Menor, y en las Unidades Habitacionales o Residenciales están selladas por un Pasillo Peatonal bajo los Puentes.

Plano -13-: Plano de planta: de un Centro Cívico Secundario

Para ver el PLANO ir a los Link o Enlaces siguientes:

https://docs.google.com/document/edit?id=1AvKQMLiZyp3cXOdYY-UHHCaJSFPiFS7IodUalE_MOLA&hl=es#

https://docs.google.com/document/edit?id=1AvKQMLiZyp3cXOdYY-UHHCaJSFPiFS7IodUalE_MOLA&hl=es&pli=1#

Los Centros Cívicos Secundarios están situados estratégicamente en distintas partes de la Ciudad concentrando el Servicio de Gobierno Local en las distintas Zonas, principalmente en las Zonas Habitacionales o Residenciales, como también en las Mercantiles y Comerciales.

Son Sede de las Autoridades y Servidores Públicos de esa Zona de la Ciudad; y se componen de una Unidad Grande cuadrada (de 1.000 x 1.000/mts.) y Doce Unidades cuadradas(de 500 x 500/mts).

Tienen acceso por Canales de Navegación por el medio de cada uno de los cuatro lados.

Plano -14-: Plano en perspectiva: de un Centro Cívico Secundario

Para ver el PLANO ir a los Link o Enlaces siguientes:

https://docs.google.com/document/edit?id=10VwqDuFSM3UuGTcA-0VEQE4eFcSZ1yhS37IvYGpIFIo&hl=es#

https://docs.google.com/document/edit?id=10VwqDuFSM3UuGTcA-0VEQE4eFcSZ1yhS37IvYGpIFIo&hl=es&pli=1#

Un Edificio piramidal o rectangular-cuadrangular construído sobre Edificios-Columnas centraliza y concentra la forma urbanística de este conjunto; además con "Terraza-Mirador" por ser el lugar más elevado de esa Zona de la Ciudad.

La ambientación de espacios debe ser adecuada para que sea Centro Cívico de Zona tanto de actividad político-social-económico como de agradable lugar de paseo y pasatiempo.

V.- ZONA DE: PUERTOS DE MAR Y AERO-PUERTO

Plano -15-: Plano de planta de Puerto de Mar-Sur y Aéreo-Puerto

Para ver el PLANO ir a los Link o Enlaces siguientes:

https://docs.google.com/document/edit?id=1S-04b-LujHQQ0IeD02hbdMqIbiJQUhuuzsYOmQHnQgQ&hl=es#

https://docs.google.com/document/edit?id=1S-04b-LujHQQ0IeD02hbdMqIbiJQUhuuzsYOmQHnQgQ&hl=es&pli=1#

La Ciudad "La Gran Atlántida" tiene tres Puertos de Mar: dos al Norte (-uno Mercante y otro Turístico-) y uno al Sur (-Mixto-).

Están formados por Unidades cuadrangulares de 1.000 x 500/mts.

Los Canales de Navegación Menor del interior de la Ciudad comunican con los Puertos Marítimos.

La finalidad de estas Unidades que forman los Puertos es Mercantil.

Esta Ciudad tiene un Aéreo-Puerto Internacional de primerísima categoría; por tanto, con todas las instalaciones y servicios que le corresponde.

Las Unidades de "Pistas" (-despegue y aterrizaje-) miden 2.000 x 500/mts. Y las Unidades de Estacionamiento de Aviones, Oficinas y otros Servicios miden 1.000 x 500/mts; como las Comerciales.

Tanto la Zona Norte de Puertos Marítimos como la Zona Sur de Puerto y Aéreo-Puerto tienen su Centro Cívico propio para el desempeño de las Autoridades de Zonas Mercantiles y de la población de comerciantes y trabajadores.

Plano -16-: Puertos de Mar de la Zona Norte

Para ver el PLANO ir a los Link o Enlaces siguientes:

https://docs.google.com/document/edit?id=11zSz_x9VfYSKQXKbNydM-EMCfx21KhfTNb3oRZWUPeA&hl=es#

https://docs.google.com/document/edit?id=11zSz_x9VfYSKQXKbNydM-EMCfx21KhfTNb3oRZWUPeA&hl=es&pli=1#

"La Gran Atlántida" es una Ciudad "Marítima" como cualquier gran Ciudad Marítima del mundo (-Nueva York, Tokio, Río de Janeiro, Barcelona, Marsella, Roterdan, Londres, etc...-), además de ser como una "Venecia" turística.

Por tanto, tiene estos dos Puertos de Mar (-Turístico y Mercante-) porque el Turismo y el Mercado-Comercio pesado son la base de su existencia.

VI.- ZONA DE: "PLAYAS"

Plano -17-: Final de una Zona Residencial y Zona de Playas

Para ver el PLANO ir a los Link o Enlaces siguientes:

https://docs.google.com/document/edit?id=1zLO0j68ZAlGeBDxT_KVWCXsAG7gfIWcQ06cqsm-29Bc&hl=es#

https://docs.google.com/document/edit?id=1zLO0j68ZAlGeBDxT_KVWCXsAG7gfIWcQ06cqsm-29Bc&hl=es&pli=1#

"La Gran Atlántida" tiene Zonas de Playas al Este y al Oeste de la Ciudad; y en los dos lugares están situadas a uno y a otro lado de la Ruta Central de Entrada y Salida.

Las Zonas de Playas son "importantes" por el carácter eminentemente turístico que tiene esta Ciudad y lugar de descanso y pasatiempo.

Estas Zonas de Playas están formadas por Unidades Bloque que miden 2.000 x 1.000/mts.; la mayor parte de la Unidad está sumergida bajo el nivel del agua.

Los Canales de Navegación turística de la Ciudad comunican con el agua de las Playas; por eso las dos ultimas líneas de Unidades de la Ciudad, después de la Zona Residencial, son Unidades cuadrangulares con finalidad Turística-Hotelera y entre ellas transcurre el Canal de Navegación turística.

Las líneas de Unidades cuadrangulares del centro del Plano, que van de Este a Oeste, son las Unidades de Ruta Central de Entrada-Salida de la Ciudad. La Autopista y el Tren pasan por la mitad de cada una y continúa la línea hasta el centro de la Ciudad donde están las Estaciones de pasajeros y Oficinas y Almacenes de Mercancías (-Unidades Mercantiles, de Servicios, Oficinas, Bodegas, etc...-).

Plano -18-: Unidades de "Playa"

Para ver el PLANO ir a los Link o Enlaces siguientes:

https://docs.google.com/document/edit?id=1J0J6JnFsO6ytlxflWUwRGbzGYSeck388U8Dj65lJCV4&hl=es#

https://docs.google.com/document/edit?id=1J0J6JnFsO6ytlxflWUwRGbzGYSeck388U8Dj65lJCV4&hl=es&pli=1#

En las Unidades de Playa la parte que está sobre el nivel del agua es destinada a las construcciones, Calle de Tráfico y Paseos o Zonas Verdes, midiendo 200/mts. de

ancho por 2.000/mts. de largo, conectada esa altura por Puentes tanto con la Ciudad como con las demás Unidades de Playa; esta parte más alta a la altura de la Calle está en medio de la Unidad y a todo lo largo de ella.

Las otras partes que tocan el agua son: en primer lugar la franja de "Playa de arena" a uno y a otro lado de la Unidad a 10/mts. de desnivel en relación a la Calle, midiendo 150/mts. de ancho cada una y a todo lo largo de la Unidad. Todo el resto de la anchura de la Unidad, 300/mts. a cada lado, está bajo el agua a varias profundidades escalonadas. Y se juntan las aguas de las Unidades contiguas.

Plano -19-: Volumen de una Unidad "de Playa"

Para ver el PLANO ir a los Link o Enlaces siguientes:

https://docs.google.com/document/edit?id=1X3EfohkUeS-yOLKxqsa3lPXMP745aaC_hBzxEi3sA04&hl=es#

https://docs.google.com/document/edit?id=1X3EfohkUeS-yOLKxqsa3lPXMP745aaC_hBzxEi3sA04&hl=es&pli=1#

La parte más alta, 20/mts. sobre el nivel del agua que es la altura de las calles de toda la Ciudad, mide 2.000/mts. de largo por 200/mts. de ancho, y es para Construcciones, Calle de Tráfico y Paseos-Zona Verde.

El siguiente nivel, a 10/mts. más abajo y 150/mts. de ancho, es para Arena de Playa a uno y a otro lado de la Unidad. El resto de espacio de anchura de la Unidad (-300/mts. a cada lado-) está bajo el agua a dos o tres profundidades distintas escalonadas que se juntan con los espacios de agua de la Unidad contigua.

VII.- DESCRIPCION URBANISTICA DE UNIDADES CUADRADAS HABITACIONALES-RESIDENCIALES

Plano -20-: Cuatro de Superficies de cuatro Unidades cuadradas.

Para ver el PLANO ir a los Link o Enlaces siguientes:

https://docs.google.com/document/edit?id=1wZhXQwV5rHpllD1bSWIKMwvgvbuSToE6-LBnFDQl0M4&hl=es#

https://docs.google.com/document/edit?id=1wZhXQwV5rHpllD1bSWIKMwvgvbuSToE6-LBnFDQl0M4&hl=es&pli=1#

Imaginándose cuatro Superficies, sin edificaciones de cuatro Unidades cuadradas, se presentaría así:

- Hay 20/mts. de separación entre Unidades; en ese espacio las Unidades Habitacionales, en vez deCanal abierto, tienen un Pasillo Peatonal.

- La superficie de la Calle de cada Unidad, y toda la Ciudad, está a 20/mts. sobre el nivel del agua.

- Hay dos Pisos de Departamentos-Habitacionales bajo la superficie de la Calle a 10/mts. sobre el agua.

- Tiene espacios para Construcción, Calles de Tráfico, Zonas Verdes y Jardinería, PaseosPeatonales, etc...

- Y los Puentes de comunicación entre Unidades.

Plano -21-: Plano de Planta de la Superficie de una Unidad cuadrada Habitacional.

Para ver el PLANO ir a los Link o Enlaces siguientes:

https://docs.google.com/document/edit?id=1IDXYSl8vpci21Uwxs9d_zS78np5DAJhNEvhUo8uwR2E&hl=es#

https://docs.google.com/document/edit?id=1IDXYSl8vpci21Uwxs9d_zS78np5DAJhNEvhUo8uwR2E&hl=es&pli=1#

La distribución de espacios o forma urbanística puede ser muy variada; sólo hay que tener muy en cuenta el "equilibrio de peso" a los cuatro lados. La mejor manera de lograrlo es hacerlo todo "simétrico" y "concéntrico".

Como es Unidad Habitacional, hay que favorecer abundantemente los espacios abiertos peatonales y las Zonas Verdes o Paseos tendiendo a Edificaciones hacia arriba y no hacia los lados.

Debe concederse lugar abundante al Tráfico General de Zona y al Tráfico Local de la Unidad.

Un "Quiosco Central" con su Paseo y Zona Verde ambientadores concentra la vida ciudadana y las relaciones sociales de los habitantes de la Unidad.

Plano -22-: Perspectiva de Superficie de una Unidad Cuadrada Habitacional -con Edificaciones-

Para ver el PLANO ir a los Link o Enlaces siguientes:

https://docs.google.com/document/edit?id=1oQ8B-9wOcMFIcamW-GscC8z8J36FSbOqTqMnQ6sQwAA&hl=es#

https://docs.google.com/document/edit?id=1oQ8B-9wOcMFIcamW-GscC8z8J36FSbOqTqMnQ6sQwAA&hl=es&pli=1#

El espacio entre las Unidades es un Pasillo Peatonal bajo el nivel de los Puentes y da acceso a los Pisos Habitación que están bajo la Superficie de la Calle de la Unidad.

Tiene Zonas Verdes perimentales a los cuatro lados y bordes de la Unidad que son también Paseos.

La distribución de las Edificaciones puede ser muy variada, sólo teniendo muy presente siempre el "equilibrio de peso".

Plano -23-: Unidad cuadrada Residencial - con Edificios -

Para ver el PLANO ir a los Link o Enlaces siguientes:

https://docs.google.com/document/edit?id=1Cc4i5G3uACdPeQCBooV9WeA-LQ2etSnaukt1CWBSLwE&hl=es

https://docs.google.com/document/edit?id=1Cc4i5G3uACdPeQCBooV9WeA-LQ2etSnaukt1CWBSLwE&hl=es&pli=1#

Hay que preferir las Edificaciones <u>hacia arriba</u> y <u>no hacia los lados</u> para dejar amplios espacios peatonales y para Zonas Verdes a nivel de Calle.

Plano -24-: Panorámica de una Unidad Residencial.

Para ver el PLANO ir a los Link o Enlaces siguientes:

https://docs.google.com/document/edit?id=1tkTJxShERsYrvm7mpyNR5CWxWNfgxUYgrlla0M3Folw&hl=es

https://docs.google.com/document/edit?id=1tkTJxShERsYrvm7mpyNR5CWxWNfgxUYgrlla0M3Folw&hl=es&pli=1#

<u>Las Unidades Habitacionales</u> y, por tanto, toda la <u>Zona Residencial</u> tienen que producirle al Habitante que pasa o vive ahí la impresión de <u>que está "en tierra firme"</u>. Ayuda a eso la estabilidad e inmovilidad de las Unidades, las Zonas Verdes, el Pasillo Peatonal entre las Unidades que cubre el Canal o separación, etc.

Que la armonía arquitectónica y ambientalista invite y facilite la <u>armonía de la</u> <u>convivencia humana</u> en estas Zonas Residenciales de <u>"La Gran Atlántida"</u>.

Cada País o Grupo Nacional puede ir apuntándose a la posibilidad de disponer de una Unidad de estas Habitacionales comprometiéndose y organizándose para construirla según su estilo y gusto sobre la Infraestructura de Campo de Trabajo que le ofrezca la <u>Dirección General</u> del <u>"Proyecto de LA ATLANTIDA"</u>.

Lo deseable es que en cada Zona Residencial haya una Unidad representativa de cada una de las Variadísimas Nacionalidades del Mundo.

VIII.-<u>ANALISIS DE UNA UNIDAD-MODELO</u>

Plano -25-: Unidad "Flotante".

Para ver el PLANO ir a los Link o Enlaces siguientes:

https://docs.google.com/document/edit?id=1QiJY2sxQ8PZmbPCG301VIZAg17fy2KMx_3vak563oYI&hl=es

https://docs.google.com/document/edit?id=1QiJY2sxQ8PZmbPCG301VIZAg17fy2KMx_3vak563oYI&hl=es&pli=1#

Este Plano es la figura o representación en la que <u>se fundamenta</u> todo el <u>"Proyecto"</u> de LA ATLANTIDA.

<u>Todo el "Proyecto"</u> se basa en <u>"la Flotación estable y segura"</u> de <u>Unidades-Bloque de Concreto</u> de distintos tamaños y extensiones.

A modo de grande "Iceberg", la mayor parte del volumen de la Unidad está sumergido (-unos 80 ó 100/ mts.-), y aparece sobre el nivel del agua solamente 20/mts.

Cada Unidad-Bloque por sí sola tiene que lograr la estabilidad total para la finalidad para la que se construyó.

La distribución de la Superficie de una Unidad depende de su finalidad. La de este Plano es para una Unidad Habitacional; sólo aparecen los Sótanos de los Edificios.

Plano -26-: Superficie de una Unidad-Habitacional

Para ver el PLANO ir a los Link o Enlaces siguientes:

https://docs.google.com/document/edit?id=1IJkxvHiX2UJjJ7HKN0jJBLWq2hnlHZuE5LmQybx6tBA&hl=es

https://docs.google.com/document/edit?id=1IJkxvHiX2UJjJ7HKN0jJBLWq2hnlHZuE5LmQybx6tBA&hl=es&pli=1#

Es un Plano semejante al Plano-21.- Se representan sus Zonas Verdes con el Paseo de 20/mts. de ancho al borde de la Superficie a los cuatro lados.

Junto a este Paseo lateral y en paralelo con él están las Vías de Comunicación con otras Unidades coincidiendo con la línea de Puentes y con una anchura de 20/mts. en dos sentidos y con Camellón en medio.

Las Edificaciones están rodeadas por un Pasillo Peatonal de 10/mts.

Las Vías de Tráfico interiores de la Superficie de la Unidad dan acceso con Calles de 20/mts. y de doble sentido y con Camellón en medio.

Las Zonas Verdes y Paseos más amplios se sitúan hacia el Centro de la Superficie con un "Quiosco" Comunitario central que hace de punto concéntrico de todo el conjunto de la Unidad.

Plano -27-: Sótanos de los Edificios y Espacios para "relleno de tierra"

Para ver el PLANO ir a los Link o Enlaces siguientes:

https://docs.google.com/document/edit?id=1PKuWGABxHUU0wMiE5UN1vBa6bBYIiwIBxR2Q0pMrz_k&hl=es

https://docs.google.com/document/edit?id=1PKuWGABxHUU0wMiE5UN1vBa6bBYIiwIBxR2Q0pMrz_k&hl=es&pli=1#

Los Sótanos de los Edificios miden 20/mts. de profundidad(-hasta el nivel del agua-) y pertenecen al que dispone de esa Edificación.

Los huecos o vacíos de las Zonas Verdes tienen 3 ó 4/mts. de profundidad, o lo que sea necesario para que, llenados de tierra buena (-de jardín-), en ellos se desarrollen árboles grandes de sombra o frutales.

Los lugares que están bajo los pasillos Peatonales y bajo las Calles de Tráfico son Estacionamientos públicos bajo la Superficie de la Calle.

Plano -28-: Piso inmediato bajo la Superficie de la Calle.

Para ver el PLANO ir a los Link o Enlaces siguientes:

https://docs.google.com/document/edit?id=1iGZWIKpofxRTcJ1AdfQjraCQsNbeyG5rbYelf5_pyIE&hl=es

https://docs.google.com/document/edit?id=1iGZWIKpofxRTcJ1AdfQjraCQsNbeyG5rbYelf5_pyIE&hl=es&pli=1#

El piso bajo el nivel de la Calle es todo un Estacionamiento público a los cuatro lados de la Unidad.

Partes del Plano:

- A) Parte izquierda de un lado.

- B) Parte central de un lado.

- C) Parte derecha de un lado.

Un Estacionamiento público igual hay bajo las Calles de Tráfico Local de la Unidad alrededor de las Edificaciones.

Plano -29-: Pisos-Habitación bajo la Superficie.

Para ver el PLANO ir a los Link o Enlaces siguientes:

https://docs.google.com/document/edit?id=1pcrFoYMPq7-wGHHZZ4AThxQH3Bh67KlfLiHcdTibeW0&hl=es

https://docs.google.com/document/edit?id=1pcrFoYMPq7-wGHHZZ4AThxQH3Bh67KlfLiHcdTibeW0&hl=es&pli=1#

La Unidad tiene, después del primer Piso de Estacionamiento, 6 u 8/mts. de altura para dos Pisos Habitación de 20/mts. de ancho y a todo lo largo de los cuatro lados.

Los demás espacios interiores son estacionamientos privados y Zonas Privadas de la Unidad.

IX.-UNIDADES CUADRANGULARES

Plano -30-: Seis Unidades Cuadrangulares.

Para ver el PLANO ir a los Link o Enlaces siguientes:

https://docs.google.com/document/edit?id=1k6YdH9Ox8__zcB6780W44iuG3KCsdtBmSb4l-Z-fi1A&hl=es

https://docs.google.com/document/edit?id=1k6YdH9Ox8__zcB6780W44iuG3KCsdtBmSb4l-Z-fi1A&hl=es&pli=1#

La mayoría de las Unidades Cuadrangulares están situadas haciendo cruceta de Norte a Sur y de Oriente a Poniente con el Centro Cívico Principal como punto central.

Miden 1.000x5000/mts., y tienen finalidades Comerciales, Industriales, de Servicios varios y especializados: Salud, Educación Deportivo, y también de representaciones nacionales, étnicas, culturales....

En el espacio de separación entre Unidades, 20/mts., están los Canales de Navegación Menor.

Esta clase de Unidades también componen la doble o cuádruple <u>Línea de</u> <u>Tráfico</u> de Este a Oeste por el medio de la Ciudad con las <u>Estaciones Centrales</u> de Auto-Pista y Tren en el centro de esta línea.

También están formadas por estas Unidades la línea simple o doble <u>perimetral</u> que hace de <u>rompe-olas</u> alrededor de toda la Ciudad.

Esta clase de Unidades también forma los <u>Puertos de Mar</u>, <u>Oficinas</u> y <u>Estacionamiento</u> de Aviones del aeropuerto Internacional.

También la línea doble de Unidades delimitando las Playas y que forman el <u>Canal de Navegación Turístico</u> está compuesto por estas Unidades cuadrangulares.

<u>Plano -31-</u>: Plano de planta de Unidad Cuadrangular.

Para ver el PLANO ir a los Link o Enlaces siguientes:

https://docs.google.com/document/edit?id=1Wkv2iaDXdeoXpHK6AY0hlKRDeojQRgQotvQEI35NyTE&hl=es&pli=1#

https://docs.google.com/document/edit?id=1Wkv2iaDXdeoXpHK6AY0hlKRDeojQRgQotvQEI35NyTE&hl=es

Lo que se presenta en el Plano es una de tantas distribuciones posibles de la Superficie de una Unidad cuadrangular de 1.000x500/mts.

Hay que preocuparse siempre del "equilibrio de peso" a los cuatro lados principalmente con las Edificaciones; las Zonas Verdes y Paseos deben ser abundantes y crear un ambiente de armonía junto con las Calles de Tráfico tanto General como Local.

<u>Plano -32-</u>: Unidad Cuadrangular con Edificaciones.

Para ver el PLANO ir a los Link o Enlaces siguientes:

https://docs.google.com/document/edit?id=1_1H2fvSpHmAwGbWAMN9zJ9njH_6OuUlqqkKICHtfSwA&hl=es&pli=1#

https://docs.google.com/document/edit?id=1_1H2fvSpHmAwGbWAMN9zJ9njH_6OuUlqqkKICHtfSwA&hl=es

Como todas las Unidades-Bloque tienen <u>una capacidad de admisión de peso "grande"</u>, por eso se puede y debe <u>construir</u> "hacia <u>arriba</u>" (-y no extenderse mucho horizontalmente <u>hacia los lados</u>-) para aprovechar la Superficie dejando abundantes espacios abiertos.

En el Plano que se presenta, los espacios de Edificios no construidos están así sólo para permitir percibir el conjunto de las Edificaciones situadas detrás y los espacios abiertos.

Algunas finalidades de estas Unidades:

-<u>Comerciales</u>: de consumo, bancarias, educativas, hospitalarias, deportivas,etc.

-<u>Industriales</u>: industria creadora y transformadora, "no-contaminante", de productos para todas las necesidades del Mundo.

-Mercantiles: En los Puertos de Mar y en el Aereo-Puerto y en la Línea de Tráfico Central para almacenamiento de productos para la Ciudad o de tránsito hacia otro lugar; y para Estación de Pasajeros de Autopista y Tren.

-Turísticas: Oficinas, Hoteles y Servicios varios.

-Nacionales: de representación de Países, de productos especialmente nacionales, de Cultura, de Tradiciones Etnicas, y, en General, de todo lo que quiera exponer al Mundo cada País o Nación.

Plano -33-: Panorámica de Unidad Cuadrangular.

Para ver el PLANO ir a los Link o Enlaces siguientes:

https://docs.google.com/document/edit?id=1kkI9GppsI_LrKRXaiA-o8xdD4YkwpcF8-wDhaRA6oJw&hl=es

https://docs.google.com/document/edit?id=1kkI9GppsI_LrKRXaiA-o8xdD4YkwpcF8-wDhaRA6oJw&hl=es&pli=1#

Las Unidades cuadrangulares, por la finalidad comercial y de tantos otros servicios que tienen al público, son usadas y transitadas por mucha gente y de todo el Mundo; por tanto, sus espacios de Tráfico, Pasillos Peatonales, etc..., deben responder a las necesidades de ese público.

Los Conjuntos Arquitectónicos, pensados y denominados como "Centros Comerciales", están especializados cada uno en alguna actividad, y tienen autonomía social y de servicio por sí solos.

Es una ocasión y oportunidad privilegiada para la imaginación y el "ingenio" (-de Ingenieros-) y para el Arte Arquitectónico para desarrollar formas atrevidas de "urbanística futurista", y en fin, para todo lo que sea capaz de construirse con "Concreto".

Siéntanse libre los Arquitectos e Ingenieros para proyectar con toda la amplitud de sus facultades en la Planeación de -LA ATLANTIDA-.

Pueden ya ir pensando en la Construcción de Unidades Comerciales e Industriales propias cada una de las grandes Empresas y Compañías mundiales solicitando la Infraestructura del campo de trabajo a la Dirección General del "Proyecto" de -LA ATLANTIDA-.

Pero también pueden ir asociándose las Empresas no tan grandes para construir, juntos, una Unidad y explotarla en condominio. Todos tienen la posibilidad, de una manera o de otra, de participar y disfrutar de la vitalidad de "La Gran Atlántida".

Además de la finalidad Comercial, Industrial, Turística. Hotelera, Hospitalaria, Educativa, Deportiva, etc..etc.., se considera como finalidad especial de esta Unidades la de ser "lugar de representación de las Nacionalidades, Etnias, Culturales y tradicionales de todos los Países del mundo". Lugar de fabricación y exhibición de los productos típicos y cualificativos de Grupos Sociales de una Nación, así como lugar de manifestación de sus Tradiciones y Carácter propio como en un "Exhibidor permanente".

Por eso, cada País con poder económico y capacidad de organización vaya apartando la "localización numerada" de su Unidad propia en toda la Planeación General del "Proyecto" de "La Gran Atlántida".

Y las Naciones o Países que no puedan hacerlo individualmente así por sí solos, asóciense con otros de semejantes posibilidades y, juntos, construyan una Unidad de estas para explotarla conjuntamente y tener así una presencia también en este grande, sugerente y cautivador **"PROYECTO DE LA -ATLANTIDA-"**

X.- PERSPECTIVAS PARCIALES DE UNA UNIDAD.

Plano -34-: Juntura de cuatro Unidades Habitacionales con Pasillo Peatonal

Para ver el PLANO ir a los Link o Enlaces siguientes:

https://docs.google.com/document/edit?id=1uacLObJV3EiPDFfhojfgVW-5Ye8SGwYYOB5Cz7aDw7w&hl=es

https://docs.google.com/document/edit?id=1uacLObJV3EiPDFfhojfgVW-5Ye8SGwYYOB5Cz7aDw7w&hl=es&pli=1#

Una particularidad notable de estas Unidades de Zona Residencial es que el espacio de separación entre ellas es un Pasillo Peatonal bajo el nivel de los Puentes, que cubre el Canal y sirve de acceso a los Pisos-Habitación que están bajo la superficie de la calle. El Pasillo es Peatonal y además sirve de lugar de Jardinería y mide 20/mts. de ancho. (Véase Plano -37-).

La superficie de la Unidad es como el modelo común de una Unidad Residencial vista parcialmente desde una esquina.

Plano -35-: Cruce en esquina de cuatro Unidades con Canal de Navegación.

Para ver el PLANO ir a los Link o Enlaces siguientes:

https://docs.google.com/document/edit?id=1caq73v7fomXN8oVFFB1JEu_p0w8li01FJ1a-w2bfEKw&hl=es

https://docs.google.com/document/edit?id=1caq73v7fomXN8oVFFB1JEu_p0w8li01FJ1a-w2bfEKw&hl=es&pli=1#

Una cualidad especial de esta Ciudad, "La Gran Atlántida", son los Canales de Navegación Turística" que la atraviesan de Norte a Sur y de Este a Oeste por entre las Unidades Cuadrangulares Comerciales y que pasan por los Centros Cívicos Principal y Secundarios y llegan hasta la zonas de Playas y Puertos Marítimos.

¡ Una "Venecia" en Grande !

Plano -36-: Esquina de cuatro Unidades Residenciales con Pasillo Peatonal.

Para ver el PLANO ir a los Link o Enlaces siguientes:

https://docs.google.com/document/edit?id=1rpRQpsgW3tHZEZ_Ogx6zl9PVMUzXpDEtUnjgtZQa8CU&pli=1#

https://docs.google.com/document/edit?id=1rpRQpsgW3tHZEZ_Ogx6zl9PVMUzXpDEtUnjgtZQa8CU&hl=es

Fijarse atentamente en algunos detalles del Plano:

- El cruce del pasillo Peatonal en la esquina y su nivel bajo los Puentes, y los Apartamentos-Habitación bajo la Superficie de la Calle de la Unidad.

- El cruce de Vías de Comunicación General en cada esquina de cada Unidad y los Puentes de Comunicación entre Unidades en las esquinas de éstas.

- Las Zonas Verdes de las esquinas de cada Unidad.

- El Camellón-Jardinería que separa la doble dirección de cada calle del Tráfico y de los puentes.

- Etc....etc....

XI.- PLANOS DE DETALLES DE CONSTRUCCION

Plano -37-: "Alerón Lateral" para Pasillo Peatonal.

Para ver el PLANO ir a los Link o Enlaces siguientes:

https://docs.google.com/document/edit?id=15tbwsJ0-Vofwgwh-Ld_zxvYYognAIIyvG5WGAYjygNc&hl=es

https://docs.google.com/document/edit?id=15tbwsJ0-Vofwgwh-Ld_zxvYYognAIIyvG5WGAYjygNc&hl=es&pli=1#

Las Unidades Habitacionales-Residenciales y otras Unidades de otras dimensiones y con otras finalidades donde no sea necesario el Canal "abierto" o navegable, éste se cierra, se tapa, se sella con un "Alerón" o sobresaliente de 10/mts. de ancho por cada Unidad formando un Pasillo Peatonal de 20/mts. de ancho juntando los dos "Alerones".

La juntura de los dos "Alerones", que conviene que nunca se toquen, se tapa o se sella con unas Placas de Concreto que pueden servir de "jardineras".

El Pasillo Peatonal está a 10/mts. del nivel del agua y a 10/mts. de la Superficie de la Unidad. Sirve de acceso a los Pisos-Habitación que están debajo de la Superficie de la calle de la Unidad, además de que produce en las personas-habitantes de lugar la impresión psicológica de estar sobre "terreno firme" en toda la Zona Residencial.

Plano -38-: Distanciadores fijos entre Unidades.

Para ver el PLANO ir a los Link o Enlaces siguientes:

https://docs.google.com/document/edit?id=17PX5-1njqq8vd79L_2J-hTWTco6z7TEtpzoddVqg_FY&hl=es

https://docs.google.com/document/edit?id=17PX5-1njqq8vd79L_2J-hTWTco6z7TEtpzoddVqg_FY&hl=es&pli=1#

Estos grandes Volúmenes "Flotantes", que son las Unidades-Bloque, a modo de "gigantescos Icebers", tienen ya por sí solos una estabilidad inamovible grandísima; pero para la total estabilidad se les puede poner unos "separadores o distanciadores" abajo en el fondo, en el Planchón-Base, cada 50/mts.

En la parte de arriba o Superficie sirven de "separación" o "distanciadores" las Trabes de los Puentes de Circulación en las esquinas y algún Puente Peatonal hacia la mitad de la Unidad, cada 100/mts.

Plano -39-: Plano de "Perfil": Espacios sub-acuáticos de separación entre Unidades.

Para ver el PLANO ir a los Link o Enlaces siguientes:

https://docs.google.com/document/edit?id=12ve0C9yC4xDIF97kZ26CgDakFNPdHmnyqf6UiYvj06g&hl=es

https://docs0.google.com/document/edit?id=12ve0C9yC4xDIF97kZ26CgDakFNPdHmnyqf6UiYvj06g&hl=es&pli=1#

Con Canal de Navegación y con Pasillo Peatonal.

Es un Plano que presenta una doble opción: Separación de Unidades con espacio estrecho (5/mts.) y separación con espacio ancho (20/mts). Los 20/mts. últimos hasta la Superficie será siempre un espacio de 20/mts. de ancho tanto para el Canal de Navegación como para Pasillo.

Donde puede estar la variación de distancia entre Unidades es desde el fondo de la Unidad hasta los 30/ mts. últimos hacia arriba.

No conviene que las Unidades-Bloques hagan contacto físico directo de sus cuerpos o volumenes, porque puede ser inmanejable su ajuste de localización y estabilidad; además porque este espacio libre entre Unidades sirve para la inspección y vigilancia sub-acuática del estado de la Unidad por la parte exterior.

Plano -40-: Unidades "Rompe-Olas".

Para ver el PLANO ir a los Link o Enlaces siguientes:

https://docs.google.com/document/edit?id=1_QaTNqKA5eyfpCrCCVJi4pjuULPYB72ZTPbGr5gh20&hl=es

https://docs.google.com/document/edit?id=1_QaTNqKA5eyfpCrCCVJi4pjuULPYB72ZTPbGr5gh20&hl=es&pli=1#

Toda la línea perimetral o de Circunvalación alrededor de toda la Ciudad está formada por Unidades Cuadrangulares de 1000x500/mts. en línea simple o si fuera necesario en línea doble.

La Unidad que está en contacto con el Mar abierto dispone de un espacio de 50/mts. o más de ancho en forma de "Rompe-olas", con la inclinación necesaria y con grandes piedras de choque contra las Olas.

Los demás espacios de la Unidad es como en las otras Unidades Turísticas o Comerciales.

¡ "Toda una Ciudad" …..... -"LA GRAN ATLANTIDA"-

¿Quién quiere hacerse digno de ella?

Segunda Parte

PLANOS - "ESTRUCTURALES"-

XII.- FLOTADORES DE PROFUNDIDAD

Plano -41-: Un "Flotador de profundidad".

Para ver el PLANO ir a los Link o Enlaces siguientes:

https://docs.google.com/document/edit?id=1NWcXv_IknL3ewveRervGyAGE1rpbEFpznoAby8IhOmw&hl=es

https://docs.google.com/document/edit?id=1NWcXv_IknL3ewveRervGyAGE1rpbEFpznoAby8IhOmw&hl=es&pli=1#

El "Flotador de profundidad" es el método o sistema técnico-práctico de construcción en Alta-Mar.

Es un Volumen de material de Acero de 50x50x50/mts., con un Armazón de resistencia en el interior revestido de Placas de Acero, y un Armazón exterior para el manejo o manipulación.

Tiene en la parte superior dos Pisos de estructura en la parte de fuera: uno, el de arriba, es la Plataforma de construcción, y el otro, el de abajo, es para inspección o vigilancia y acceso al interior incluso a profundidades de inmersión.

La Fuerza de empuje o "Flotación" depende de su vacío y de su peso. Esta

Fuerza de Flotación es regulada con "Agua de Lastre" inyectable y extraíble por medio de ductos o mangueras controladas desde la superficie.

Plano -42-: 100 Flotadores de profundidad ensamblados y dispuestos para la construcción de una Unidad de 500x500/mts.

Para ver el PLANO ir a los Link o Enlaces siguientes:

https://docs.google.com/document/edit?id=191SruRrv3BygZ5dLpvC420MDS1wY-d9IcDw5D9gdGmw&hl=es

https://docs.google.com/document/edit?id=191SruRrv3BygZ5dLpvC420MDS1wY-d9IcDw5D9gdGmw&hl=es&pli=1#

100 Flotadores de profundidad ensamblados en forma cuadrada componen una "Plataforma" de 500x500/mts. para la construcción de una Unidad Habitacional.

Todos los Flotadores están regulados con la misma fuerza de flotación. El ensamblaje es de tal modo que, en un momento dado, se pueda extraer cualquiera de ellos sin afectar a los demás.

Cuando el Bloque-Unidad que se está construyendo comienza a adquirir autonomía propia de Flotación se puede comenzar también a extraer los Flotadores que vayan sobrando hundiéndolos en la profundidad con "Agua-Lastre" y arrastrándolos a la superficie del agua del Océano.

Así son recuperables y reutilizables.

Plano -43-: Flotadores en el fondo de una Unidad-Bloque

Para ver el PLANO ir a los Link o Enlaces siguientes:

https://docs.google.com/document/edit?id=1u_rw5NpLkMgyN6FK9z7qb8ILFrUSkqoh6T0oG8Av1Lk&hl=es

https://docs.google.com/document/edit?id=1u_rw5NpLkMgyN6FK9z7qb8ILFrUSkqoh6T0oG8Av1Lk&hl=es&pli=1#

Los Flotadores de profundidad van sumergiéndose a medida que reciben el peso de la construcción del Bloque-Unidad.

Su forma estructural interna debe resistir grandes presiones de profundidad, como mínimo de 100/mts. que es a donde llegan las Bases de la Unidades; y después, para extraerlos, hay que sumergirlos aún más, inyectándoles agua, hasta 150 mts. o 200 mts., para poder arrastrarlos por debajo de las Unidades hasta la Superficie libre del agua.

Un Bloque-Unidad de 500x500/mts. a la altura de la mitad de su construcción

(-40/mts. de inmersión-) ya tiene más de la mitad de "Fuerza de Flotación"; por tanto, ya le sobran la mitad de los Flotadores, que serán extraídos alternamente para dejar una Fuerza de empuje repartida y equilibrada bajo toda la Unidad-Bloque.

Estos Flotadores de profundidad y también los Flotadores de superficie o de Campo de Trabajo se construyen en Astilleros de la Costa (Continente o Isla) y se trasladan arrastrándolos hasta el lugar de construcción de las Unidades-Bloque.

XIII.- CONSTRUCCION DE UNA UNIDAD

Plano -44-: "Capa aislante" del Planchón-Base.

Para ver el PLANO ir a los Link o Enlaces siguientes:

https://docs.google.com/document/edit?id=1DT-WcRit7izNDDgTbe4t4vuf9qRuNDXCaLXYFCxqDaM&hl=es

https://docs.google.com/document/edit?id=1DT-WcRit7izNDDgTbe4t4vuf9qRuNDXCaLXYFCxqDaM&hl=es&pli=1#

La estructura metálica que contiene el Concreto (u Hormigón) de una Unidad-Bloque, principalmente el Acero, tiene que ser protegido de la influencia humedecedora, oxidante y corrosiva del agua salada del Mar, asegurando así su permanente resistencia y su perpetuidad indefinida en el tiempo.

Por eso toda Unidad-Bloque está envuelta con una "Capa aislante" de material altamente impermeable.

La "Capa aislante" del Planchón-Base se hace en el mismo lugar de construcción, y es la primera fase de la Construcción de una Unidad-Bloque.

Consta de tres partes:

1).- Un Vaciado de Concreto de 0.30/mts. con regilla.

2).- Un Vaciado de material "aislante" (impermeable) de 0.10/mts.

3).- Un Vaciado de Concreto con rejilla de 0.10/mts.

La "Capa aislante" de las Paredes laterales se forma con bloques pre-fabricados especiales (2 x 1 x 0.50/mts) que se colocan como grandes ladrillos o planchas haciendo pared exterior a medida que avanza, metro a metro, la altura de la Pared lateral de Concreto (Hormigón) en toda su anchura y longitud.

Estos bloques especiales (ladrillos), que se pre-fabrican en tierra firme, se componen de dos placas de Concreto: Una exterior de 0.30/mts. con rejilla, y otra interior de 0.10/mts con rejilla, y en medio de ellas un "vacío" de 0.10/mts. para rellenarlo de "material aislante" (impermeable) después de colocar toda una línea en la Pared exterior. Tiene unos salientes o colas de acero (varilla) con las que se sujetan al armazón más próximo.

Plano -45-: "Capa aislante" del fondo de la Unidad o Planchón-Base en forma "escalonada".

Para ver el PLANO ir a los Link o Enlaces siguientes:

https://docs.google.com/document/edit?id=1kJHQqYqAaUAJ8-kAmYfKidpvpnHXjCxzS9NbXK3K9WI&hl=es

https://docs.google.com/document/edit?id=1kJHQqYqAaUAJ8-kAmYfKidpvpnHXjCxzS9NbXK3K9WI&hl=es&pli=1#

En este primer paso de construcción del Fondo (o Planchón-Base) de la Unidad, se sugiere otra forma de Planchón-Base, (que está sujeto al estudio técnico-práctico para ver su conveniencia): es la forma "escalonada" de todo el Planchón-Base, y por tanto, de la "Capa aislante".

Para lograr un equilibrio mayor y total de toda la Unidad se puede pensar en ponerle en el Fondo un peso grande como "Lastre permanente" en forma concéntrica y escalonada de material pesado (piedra, grava, arena, ...) además del "Agua-Lastre" reguladora de la inmersión, variable en cantidad y localización. (ver otros planos).

Por tanto, con esta forma de "Fondo", la "Capa aislante", junto con el resto de todo el Planchón-Base, va haciendo "escalones" con tramos horizontales largos y tramos verticales cortos, como pirámide invertida.

Plano -46-: Cuadro total de Estructura del Planchón Base de una Unidad de 500 x 500/mts.

Para ver el PLANO ir a los Link o Enlaces siguientes:

https://docs.google.com/document/edit?id=1WKOIFbKTmX5wjX1jQ4OOJQ3A87klUp0pAN_6Yls6Sx0&hl=es

https://docs.google.com/document/edit?id=1WKOIFbKTmX5wjX1jQ4OOJQ3A87klUp0pAN_6Yls6Sx0&hl=es&pli=1#

Tiene 625 Columnas Delgadas (menos gruesas) interiores distribuidas en 25 Trabes Delgadas (menos gruesas) en un sentido y otras 25 Trabes Delgadas en sentido cruzado, y a la distancia de 20/mts. una de otra. Son los "puntos" y "líneas" delgadas del Plano.

Y tiene 576 Columnas Gruesas distribuidas en 24 Trabes Gruesas en un sentido y otras 24 Trabes Gruesas en sentido cruzado, y a la distancia de 20/mts. una de otra. Son los cuadritos negros gruesos y la doble línea.

Todas estas Columnas, Gruesas y Delgadas, se construyen desde el Fondo hasta la Superficie. Las Trabes, además de las que forman el Planchón-Base, forman y sostienen los pisos o Niveles de la Unidad, cada 10/mts. alternando Gruesas y Delgadas; con la Plancha total forman el Piso o Nivel correspondiente.

Las demás Estructuras Gruesas y Delgadas constituyen el Armazón interior del Concreto de las Paredes laterales.

Plano -47-: Detalle de distribución de Columnas G. y D.

Para ver el PLANO ir a los Link o Enlaces siguientes:

https://docs.google.com/document/edit?id=1TBE6ODjSloL-Z1Tu8tTU-VkhjT5Bn7nQFhztFVl9UXc&hl=e

https://docs.google.com/document/edit?id=1TBE6ODjSloL-Z1Tu8tTU-VkhjT5Bn7nQFhztFVl9UXc&hl=es&pli=1#

Las Columnas Gruesas y Delgadas arraigan o se fundamentan principalmente en las Estructuras correspondientes del Planchón-Base, prologándose hasta enganchar en las correspondientes Rejillas de Resistencia.

Estas Columnas Gruesas y Delgadas van desde el Fondo de la Unidad hasta la Superficie, formando el Armazón interior de la Estructura de toda la Unidad junto con sus correspondientes Trabes horizontales.

Plano -48-: Primera "Rejilla de Resistencia"

Para ver el PLANO ir a los Link o Enlaces siguientes:

https://docs.google.com/document/edit?id=1Y1qYWUg7z1aQfPmCXZ3976Q_j6MqOCSl8qazKACIZAw&hl=es

https://docs.google.com/document/edit?id=1Y1qYWUg7z1aQfPmCXZ3976Q_j6MqOCSl8qazKACIZAw&hl=es&pli=1#

Las "Rejillas de Resistencia" tienen la finalidad de repartir uniformemente por toda la extensión del Planchón Base y Paredes Laterales la Resistencia o Contención a la "Presión" del agua en la profundidad. Por tanto, el Planchón-Base y las Paredes Laterales se componen, primero, de dos Capas de Concreto con Estructura de Rejilla dobles "alternadas":

- Una "Primera Rejilla" doble de 20 x 20/mts. que juega en sus extremos o cuatro lados con las Columnas Delgadas y Estructuras Delgadas. Tiene 1/mt. de grueso de Concreto (Hormigón).

- Y otra "Segunda Rejilla" doble de 20 x 20/mts. que juega en sus extremos o cuatro esquinas con las Columnas Gruesas y Estructuras Gruesa. También tiene 1/mt. de grueso de Concreto.

Plano -49-: Las Dos Capas de Rejillas "superpuestas".

Para ver el PLANO ir a los Link o Enlaces siguientes:

https://docs.google.com/document/edit?id=1NFJbDvEAe1cKe1O_ERLCH5RMUWWWtgGsUuWS4L9xajw&hl=es

https://docs.google.com/document/edit?id=1NFJbDvEAe1cKe1O_ERLCH5RMUWWWtgGsUuWS4L9xajw&hl=es&pli=1#

Se alternan una y otra Rejilla de Resistencia según las Estructuras Gruesas y Delgadas.

La "Primera Rejilla" juega con la Estructura Delgada, y la "Segunda Rejilla" juega con la Estructura Gruesa.

Así, juntas y alternadas, resisten uniformemente la "Presión" de 70 o 100 Toneladas por metro cuadrado en el Fondo de la Unidad.

Plano -50-: Estructura Delgada

Para ver el PLANO ir a los Link o Enlaces siguientes:

https://docs.google.com/document/edit?id=1HgYXQLG-yLdlrfIkG22W9TWadbDy4aCXqhIzVfG_z0s&hl=es

https://docs.google.com/document/edit?id=1HgYXQLG-yLdlrfIkG22W9TWadbDy4aCXqhIzVfG_z0s&hl=es&pli=1#

Para repartir en cuatro partes iguales la Fuerza total de Contención que efectúan el Planchón-Base y las paredes Laterales contra la Fuerza de Presión ejercida por el agua, se pone a continuación de las dos capas de Rejillas de Resistencia: primero, la Capa de Concreto con Armazón Delgado, y luego, por fin, la Capa de Armazón Grueso que es el que soporta la Presión total.

La Primera Capa de Concreto o Estructura Delgada mide metro y medio de Gruesa con todo su Concreto, atravesado por su Armazón de Acero que va haciendo cuadros de 20 x 20/mts de área, y rellenada esa área con una rejilla (simple o doble) de amarre del Concreto.

El vaciado o fraguado del Concreto será así: en horizontal, de una vez, en el Planchón-Base, y en vertical, metro a metro, en las Paredes Laterales junto con las Rejillas de Resistencia y la Estructura Gruesa.

Del punto de cruzamiento de cada cuadro de 20 x 20/mts. salen las Columnas Delgadas desde el Planchón-Base hacia arriba y las Trabes Delgadas horizontalmente desde las Paredes Laterales.

Plano -51-: Estructura Gruesa.

Para ver el PLANO ir a los Link o Enlaces siguientes:

https://docs.google.com/document/edit?id=1UKYXIGkHaYo-57EYX-v497tNM8bCabmSpznhBmAlAzk&hl=es

https://docs.google.com/document/edit?id=1UKYXIGkHaYo-57EYX-v497tNM8bCabmSpznhBmAlAzk&hl=es&pli=1#

Es la Estructura que soporta y hace la Contención a toda la Presión del agua uniformemente repartida con las otras tres capas de Estructuras anteriores (es decir, la Estructura Delgada y las dos Capas de Rejillas).

Es una Capa de Concreto de dos metros de gruesa, atravesada por un Armazón de Acero que va haciendo cuadros de 20 x 20/mts. de área, rellenada esa área con una rejilla (sencilla o doble) de cohesión del Cemento.

Los puntos de cruce de este Armazón grueso coinciden exactamente con el punto central de los cuadros del Armazón Delgado; y de esos puntos de cruce salen las Columnas y Trabes Gruesas. Así es como se logra la división exacta de la Fuerza de Contención en cuatro partes iguales.

Esta es la última Capa de Concreto del Planchón-Base y de las paredes Laterales. Desde esa línea hacia el interior comienzan los espacios vacíos y el Entramado de Columnas y Trabes, Pisos o Niveles y paredes interiores.

Plano -52-: "Corte de queso" del Planchón-Base y Paredes Laterales.

Para ver el PLANO ir a los Link o Enlaces siguientes:

https://docs.google.com/document/edit?id=109cOLa_I8H25ONE_G4O82OarrTc17xc2eMzviZyUz7s&hl=es

https://docs.google.com/document/edit?id=109cOLa_I8H25ONE_G4O82OarrTc17xc2eMzviZyUz7s&hl=es&pli=1#

Terminado el Planchón-Base y comenzadas las Paredes Laterales aparecerían así las distintas partes o Capas en corte vertical o "corte de queso":

1).- La Capa aislante en la parte más exterior en contacto con el agua que tiene medio metro de gruesa.

2). La Primera Rejilla de Resistencia que coincide con el Armazón Delgado; tiene un metro de gruesa.

3).- La Segunda Rejilla de Resistencia que coincide con el Armazón Grueso; tiene un metro de gruesa.

4).- El Armazón Delgado; tiene metro y medio de grosor.

5).- El Armazón Grueso; tiene dos metros de grosor.

El Planchón-Base tiene 6/mts. de grueso en toda la extensión de la Unidad.

Pero las Paredes Laterales sólo tiene 6/mts. de gruesas en los veinte primeros metros; después van estrechándose cada veinte metros hasta llegar a un metro en los veinte últimos metros sobre el nivel del agua.

Plano -53-: "Primer Piso" o Nivel, destinado a la vigilancia o inspección permanente de todo el Planchón-Base

Para ver el PLANO ir a los Link o Enlaces siguientes:

https://docs.google.com/document/edit?id=15Qj020y_vDeE97nUwJPMUo0Rp2MgjtZpI4UKCn_LTPY&hl=es

https://docs.google.com/document/edit?id=15Qj020y_vDeE97nUwJPMUo0Rp2MgjtZpI4UKCn_LTPY&hl=es&pli=1#

Tanto sea el Planchón-Base todo plano o en escalones concéntricos, este Primer Piso está destinado exclusivamente para vigilar o inspeccionar permanentemente tanto el piso del Planchón-Base como el techo que soporta la Cuadrícula de Agua-Lastre que está en el piso siguiente. Porque es necesario vigilar constantemente cualquier filtración o fallo en las Estructuras en toda la extensión de la Unidad; y este Piso da acceso a ese servicio.

Este Piso o Nivel está compuesto de espacios cuadrados de 10 x 10/mts. formado por las paredes que coinciden con los Armazones Gruesos y Delgados y con dos puertas de comunicación lineal de entrada y salida. Tiene 3/mts. de altura, y el acceso y salida a ese recorrido lineal de inspección es por los extremos de la Unidad.

En esos espacios cuadrados puede haber columnas suplementarias de ayuda y apoyo que sirvan para soportar mejor el peso del Agua-Lastre de la Cuadrícula.

Plano -54-: "Segundo Piso" o Nivel, destinado a la Cuadrícula de Agua de Lastre reguladora de la profundidad o inmersión de la Unidad.

Para ver el PLANO ir a los Link o Enlaces siguientes:

https://docs.google.com/document/edit?id=1Aqu9gkGe8i5sSP_ZYh7kuGeozsOk_woEbN9yJpHZGHM&hl=es

https://docs.google.com/document/edit?id=1Aqu9gkGe8i5sSP_ZYh7kuGeozsOk_woEbN9yJpHZGHM&hl=es&pli=1#

El sistema regulador de inmersión de la Unidad, tanto durante la Construcción como terminada ésta, consiste en el almacenamiento de Agua (de Mar) en grandes Estanques en el fondo de la Unidad. Por eso las paredes de esos Grandes Estanques coinciden con la Estructura Delgada formando Estanques de 20 x 20/mts.; o también se le pone continuación de pared a la Estructura Gruesa y en ese caso son Estanques de 10 x 10/mts.

Estos Estanques ocupan toda la extensión del fondo de la Unidad en el "Segundo Piso" o Nivel de vigilancia o inspección formando la "Cuadrícula" de Agua-Lastre. Solamente queda libre un Pasillo-Perimetral de 4/ mts. de ancho junto a las Paredes Laterales para vigilancia o inspección de todo este Segundo Piso. La altura de los Estanques o Cuadrícula de Agua de Lastre es de 20 o 30/mts.

Los Estanques no tienen comunicación entre sí, para, así de esa manera, poder inyectar o extraer el Agua-Lastre del lado o Zona que sea necesario.

Las "Tapaderas" o parte superior de estos Estanques es lo que forma el siguiente Piso o Nivel="Tercer Piso" para el manejo o manipulación del Agua de Lastre. Este "Tercer Piso" o Nivel coincide con una de las Estructuras-Trabes gruesa o Delgada correspondiente.

Consultar el Plano -45-´para ver la opción que se puede dar de "Peso-Lastre permanente" con material pesado sobre un Planchón-Base escalonado.

Plano -55-: Entramado de Estructuras Verticales y Horizontales.

Para ver el PLANO ir a los Link o Enlaces siguientes:

https://docs.google.com/document/edit?id=12zFEQM45utS4l19z4LjIKl9uKeuLbGh2KNc3_wS4DsI&hl=es

https://docs.google.com/document/edit?id=12zFEQM45utS4l19z4LjIKl9uKeuLbGh2KNc3_wS4DsI&hl=es&pli=1#

Las Estructuras o Armazones Gruesos y Delgados que van por el interior de las Paredes Laterales y del Planchón-Base coinciden exactamente con el "Entramado" de Trabes Horizontales Gruesas y Delgadas que dan el sostenimiento a los Pisos o Niveles, y las Columnas Gruesas y Delgadas que llegan desde el Fondo hasta la Superficie.

Todo este "Entramado" es lo que le da consistencia compacta a toda la Unidad-Bloque, aunque sea muy extensa su superficie horizontal (desde 500 x 500/mts. hasta 2.000 x 2.000/mts.)

Plano -56-: Niveles o Pisos de una Unidad

Para ver el PLANO ir a los Link o Enlaces siguientes:

https://docs.google.com/document/edit?id=1xZTxI39hoa0kD1O7c9UH5keyZEbjD8jIzcD75C8JRlc&hl=es

https://docs.google.com/document/edit?id=1xZTxI39hoa0kD1O7c9UH5keyZEbjD8jIzcD75C8JRlc&hl=es&pli=1#

Una Unidad consta de los Pisos siguientes:

- Por la parte de abajo, un Primer Piso en el fondo, que es el Pasillo total de vigilancia lineal o inspección en toda la extensión de la Unidad.

- Un Segundo Piso formado por la Cuadrícula de Agua-Lastre reguladora, más el Pasillo perimetral de vigilancia que corre junto a las Paredes Laterales.

- Un Tercer Piso que es la Tapadera de la Cuadrícula de los Estanques de Agua de Lastre.

- Y por arriba: La Superficie de la Unidad o plancha final de la calle a 20/mts. sobre el nivel del agua.

- El Piso de los Sótanos de los Edificios que está a la altura del nivel del agua.

- Y entre medio de estos dos extremos de abajo y de arriba están los otros Niveles o Pisos cada 10/mts. alternando los de Armazón Grueso y los de Armazón Delgado

Estos Pisos Intermedios sirven para cultivos de oscuridad o sombra, para almacenamiento de material diverso, almacenamiento de agua potable, retención de aguas residuales, etc...etc...

Plano -57-: Superficie de la Unidad con los Sótanos de la Edificaciones

Para ver el PLANO ir a los Link o Enlaces siguientes:

https://docs.google.com/document/edit?id=1J4h-q39VVPfIg6AKANxgpqLK2vybyMtHE4MuPH3h6w4&hl=es

https://docs.google.com/document/edit?id=1J4h-q39VVPfIg6AKANxgpqLK2vybyMtHE4MuPH3h6w4&hl=es&pli=1#

El Entramado de Estructuras llega hasta sostener la Plancha gruesa de la Superficie de la Calle y hasta el fondo de los Sótanos que están a nivel del agua (20/mts. de profundos en relación a la superficie).

Los Sótanos son espacios de propiedad de los Constructores de los Edificios que tienen como fundamentación o cimientos las Estructuras (Horizontales-Trabes y Verticales-Columnas) que terminan ahí.

La Unidad terminada así en su Estructura interna queda ya a disposición de los Constructores externos o de Superficie, que tendrán siempre mucho cuidado de construir observando la norma del mejor "equilibrio de peso" a los cuatro lados de la Unidad.

XIV.- <u>CAMPO DE TRABAJO:</u>

<u>Plano -58-</u>: **Perfil de dos Unidades en construcción con sus Flotadores de la esquina de cada una.**

Para ver el PLANO ir a los Link o Enlaces siguientes:

https://docs.google.com/document/edit?id=1VZaFVbHIywwVWFzZNK0BUO2hO1uSCZtT8W-JBz5-_MM&hl=es

https://docs.google.com/document/edit?id=1VZaFVbHIywwVWFzZNK0BUO2hO1uSCZtT8W-JBz5-_MM&hl=es&pli=1#

Las <u>Unidades -Bloque</u> en construcción se mueven sólo verticalmente hacia abajo <u>sostenidas por los Flotadores de Profundidad</u> que se van sumergiendo totalmente a medida que la Unidad avanza en la construcción y adquiere peso.

Por las <u>Escotillas</u> de los Flotadores se accede para manipular en su interior: inyección de agua, extracción de agua, válvulas de aire, etc..

El ensamblaje entre Flotadores tiene que ser de tal modo que permita <u>desconectarlos uno a uno</u> y poder sacarlos a la superficie del agua.

El cuadro punteado que el Plano muestra en la pared de la Unidad es la señalización imaginaria de las Estructuras Gruesas y Delgadas de la Pared Lateral.

En los espacios entre las Unidades en construcción puede haber una línea de <u>Flotadores de Servicio</u> o de Superficie que forman el <u>Campo de Trabajo</u>.

<u>Plano -59</u> : **En el Campo de Trabajo: 100 Flotadores de Profundidad y Flotadores de Servicio.**

Para ver el PLANO ir a los Link o Enlaces siguientes:

https://docs.google.com/document/edit?id=1c8F71MGC9GJe8ZjdbAP3ksOLJCCyIQzsYKsB4BU9J-M&hl=es

https://docs.google.com/document/edit?id=1c8F71MGC9GJe8ZjdbAP3ksOLJCCyIQzsYKsB4BU9J-M&hl=es&pli=1#

Es un Plano de planta del <u>Campo de Trabajo</u> de la <u>Primera Unidad del</u> <u>Proyecto</u> de "La Atlántida".

Muestra la <u>Plataforma total</u> de 500 x 500/mts. formada por <u>100 Flotadores de Profundidad</u>, todos regulados a la <u>misma Fuerza de Flotación</u> graduada según la necesidad para una construcción cómoda.

Muestra también los <u>Flotadores de Servicio</u> o de Trabajo de 20 x 20/mts. cada uno alrededor de la Unidad y formando entrantes y salientes a modo de <u>Embarcaderos</u> o Muelles de Estibación para <u>Barcos de carga</u> y con espacios para <u>estibar material</u> y Maquinaria de construcción.

Se verá la conveniencia de cerrar las aberturas al Mar con una línea de Flotadores Móviles para seguridad y serenidad de los Muelles de Carga y Descarga.

Plano -60-: "Vista aérea" de la Construcción de una Unidad Cuadrada.

Para ver el PLANO ir a los Link o Enlaces siguientes:

https://docs.google.com/document/edit?id=1cP7XEdpMhIjk9xtzMFgERBfm1Q6CbKFc69GyrMGvr24&hl=es

https://docs.google.com/document/edit?id=1cP7XEdpMhIjk9xtzMFgERBfm1Q6CbKFc69GyrMGvr24&hl=es&pli=1#

Este Plano es semejante al anterior, pero en perspectiva panorámica; es la escenificación de la Construcción de una Unidad: Los Flotadores de Profundidad sin sumergirse todavía, el Campo de Trabajo lleno de material y Maquinaría, la Unidad en construcción de los primeros metros,...

Todo el material se trae de <u>Campos de Trabajo</u> en las <u>Costas Continentales</u> o de las <u>Islas</u> (es decir, de tierra firme). Y se trae casi todo "<u>pre-fabricado</u>" para colocarlo como <u>pieza completa</u>: Estructuras de hierro y acero para Columnas, Trabes, Rejillas; Bloques aislantes pre-fabricados completos para el exterior de las Paredes Laterales,... y tantas otras piezas completas para colocar por separado o con "colitas" de amarre de Concreto con alguna zona de la Construcción.

En el lugar de Construcción de la Unidad (es decir: en Alta Mar) solamente se hará el Concreto (la mezcla y vaciado) y las adaptaciones o ensamblajes de unas piezas con otras.

Todos los <u>Flotadores de Profundidad</u> y de Servicio es lo primero que tiene que construirse en <u>Astilleros de la Costa</u> (Continental o Isleña) y después arrastrados hasta su lugar de uso.

Es la oportunidad de ofrecer <u>mucho trabajo</u> a <u>mucha gente</u> de las Zonas Costeras de los bordes continentales del Atlántico y de las Islas.

Plano -61-: Construcción de las "Segundas Líneas" de Unidades.

Para ver el PLANO ir a los Link o Enlaces siguientes:

https://docs.google.com/document/edit?id=19WCbOtox64D3HGYnGgYruAs-bmNBBJ9ISsAVj5_8J_0&hl=es

https://docs.google.com/document/edit?id=19WCbOtox64D3HGYnGgYruAs-bmNBBJ9ISsAVj5_8J_0&pli=1#

<u>Construida ya</u> hasta la Superficie la <u>Primera línea</u> de Unidades, éstas sirven de <u>Campo de Trabajo</u> o apoyo para seguir con <u>otra línea de Unidades</u> a cada lado de la Primera según el <u>Plano General</u> previsto de toda la Ciudad "La Gran Atlántida" (<u>Plano N. -3-</u>).

Por tanto, los Flotadores de Servicio o de Campo de Trabajo son necesarios solamente por la parte de afuera y entre las Unidades en construcción donde haya 20/mts. de separación.

Plano -62-: Etapas de Construcción de la Ciudad.

Para ver el PLANO ir a los Link o Enlaces siguientes:

https://docs.google.com/document/edit?id=1pOuyIVZDybMEaIo3tewkUIB9_NL7Umq_NGYoJPtTnl8&hl=es

https://docs.google.com/document/edit?id=1pOuyIVZDybMEaIo3tewkUIB9_NL7Umq_NGYoJPtTnl8&hl=es&pli=1#

-En el <u>inmenso Océano</u> se comienza con <u>una Unidad</u> y su Campo de Trabajo a su alrededor.

- Se continúa con la misma línea a uno y a otro lado de la Unidad construida de Oriente a Occidente.

- Construida esta línea, se continúa en los dos lados, Norte y Sur, con sus líneas correspondientesen la extensión o radio de un cuarto (1/4) de la Ciudad.

- Y así sigue ampliándose en direcciones Norte y Sur hasta completar <u>Un cuarto (1/4) de la Ciudad.</u>

- Después el otro Cuarto (1/4) de la Ciudad de la <u>mitad (1/2) Norte.</u>

- Y por fin, la<u> otra mitad (1/2) Sur.</u>

En el tiempo de 50 años (o menos ?) está hecha la Ciudad completa "<u>LA GRAN ATLANTIDA</u>" al mismo tiempo que la conexión de "<u>Travesía</u>" que es lo que vamos a presentar a continuación.

"Casi <u>increíble</u> HOY; pero <u>posible</u> MAÑANA"

.... Es Cuestión de Voluntad Internacional ....

.... y de Paz y Armonía entre todos.

Tercera parte

PLANOS DE "RUTA" O TRAVESIA

XV.- <u>Zona de Puentes</u> de <u>Entrada-Salida</u> de "<u>La Gran Atlántida</u>"

<u>Plano -63-</u> : Perspectiva de la Zona de Puentes de Entrada y Salida de la Ciudad

Para ver el PLANO ir a los Link o Enlaces siguientes:

https://docs.google.com/document/edit?id=1o03MGvXRZGoZXb6XbqIyW_Jnq-9CshC7esOWRpLbxO0&hl=es

https://docs.google.com/document/edit?id=1o03MGvXRZGoZXb6XbqIyW_Jnq-9CshC7esOWRpLbxO0&hl=es&pli=1#

Estas dos Unidades-Bloque de <u>Puentes de Entrada y Salida</u> se enlazan, por un lado, exactamente con <u>la misma anchura</u> de <u>las dos últimas Unidades</u> de la Ciudad; y, por el otro lado, se enlazan con las <u>primeras Unidades de Travesía</u> que son más estrechas (- 100/mts. de ancho cada una -).

Por eso las <u>Vías del Tren</u> y <u>la Auto-Pista</u> tiene que ajustarse para tocar y entroncar con el centro o la mitad del ancho de cada Unidad de Travesía.

<u>Una Unidad de Puentes</u> mide 1.000/mts. de largo. Y la <u>otra Unidad de Puentes</u> mide 1.500/mts. de largo para terminar en la parte media (-500/mts.) de la primera Unidad de Travesía.

Plano -64-: Detalle de los Puentes de Entrada-Salida.

Para ver el PLANO ir a los Link o Enlaces siguientes:

https://docs.google.com/document/edit?id=1f87PRKHhrI1mtTr6ZNtQLQZ9ydmDvD3N7wyDoY3wcgM&hl=es

https://docs.google.com/document/edit?id=1f87PRKHhrI1mtTr6ZNtQLQZ9ydmDvD3N7wyDoY3wcgM&hl=es&pli=1#

Son Puentes con Canales o Vacío entre Paredes capaces de <u>dar paso</u> con espacio de <u>anchura sobrante</u> para los mayores Buques del mundo de hoy y del futuro.

<u>Su altura</u> debe ser también sobrante, sin ningún problema ni para hoy ni para el futuro.

<u>El piso y la Estructura</u> de los Puentes es fija e inamovible; esto de acuerdo con los criterios técnicos.

Plano -65-: Volúmenes de Unidades de Puentes.

Para ver el PLANO ir a los Link o Enlaces siguientes:

https://docs.google.com/document/edit?id=1ky7QCVpGmA_GwzzNHYm7FzM7Z-vcK0CxbkqC-Cx4ZXw&hl=es

https://docs.google.com/document/edit?id=1ky7QCVpGmA_GwzzNHYm7FzM7Z-vcK0CxbkqC-Cx4ZXw&hl=es&pli=1#

<u>La altura</u> del Piso de los Puentes de Entrada y Salida General de la Ciudad "La Gran Atlántida" y otras Ciudades especiales del Trayecto o Travesía, quizá tendrá que ser mayor que el nivel normal de la Ciudad que es de 20/mts. sobre el nivel del agua. Por eso, también, las partes que no son Puentes propiamente en las dos Unidades, a un lado y a otro, hacen "rampa" o pista de ligera <u>subida y bajada</u> de 10/mts., o 20 ó 30/ mts. de diferencia del nivel de los Puentes.

XVI.- <u>UNIDADES DE TRAVESIA:</u>

Plano -66-: Plano de planta, doble: Unidades de travesía con Canal intermedio a).- en forma de "Rombo"; b).- y en forma "Recta".

Para ver el PLANO ir a los Link o Enlaces siguientes:

https://docs.google.com/document/edit?id=1U3Z6E_5l2jfUWSt4RbEQrRmaZGR1sslinH_I8IhadSo&hl=es

https://docs.google.com/document/edit?id=1U3Z6E_5l2jfUWSt4RbEQrRmaZGR1sslinH_I8IhadSo&hl=es&pli=1#

Las Unidades de travesía son Bloques-Unidades que miden 1.000/mts. de largo por 100/mts. de ancho.

- La <u>Travesía "Símplex"</u> es una sola línea de Unidades y es para lugares donde no hay, prácticamente, corrientes marinas o son muy débiles.

- La <u>Travesía "Dúplex"</u> está formada por <u>dos líneas de Unidades</u> en paralelo y <u>en colocación alternada</u>, con <u>un Canal</u> entre medio de ellas que puede tener la forma de "Rombo" o en forma "Recta". Esta forma de Travesía "Dúplex" es para lugares de <u>corrientes marinas normales</u> o incluso "<u>fuertes</u>", porque la manera de ensamblarse <u>en paralelo y alternadamente</u> es para <u>resistir las corrientes marinas</u> sin torcer su trayectoria "Recta" en largas distancias.

- Puede haber una forma de Travesía "Tríplex", es decir, tres líneas de Unidades en Paralelo, alternando la del medio con las otras dos de los lados que coinciden en sus extremos; además tendría dos Canales, y sería para lugares de corrientes marinas muy fuertes.

La forma más común será casi siempre la "Dúplex", por ser suficientemente segura y dar oportunidad para un Canal intermedio muy útil en los aspectos comercial, industrial y turístico.

Plano -67-: Unidades de Travesía "Dúplex" alternadas

Para ver el PLANO ir a los Link o Enlaces siguientes:
https://docs.google.com/document/edit?id=1VxNWXn-Tp34Sjt2IYxEhpVj9jo9A4c9ql4IFjWpMXC0&hl=es
https://docs.google.com/document/edit?id=1VxNWXn-Tp34Sjt2IYxEhpVj9jo9A4c9ql4IFjWpMXC0&hl=es&pli=1#

La colocación "alternada" (es decir: el punto medio de una unidad coincide con los estremos de las unidades paralelas) de ésta forma de Travesía es para ofrecer total resistencia a la fuerza de las corrientes marinas.

El Canal Intermedio entre las dos líneas de Unidades paralelas, que puede ser "Romboide" o "Recto", es para el cultivo Industrial-Comercial de especies marinas, tanto vegetales como animales.

También se pueden hacer estos cultivos marinos en "Cercos" o reductos con mallas en Mar-abierto cercano a la línea de Travesía; pero los Canales son lugares más serenos y tranquilos para esa actividad.

Cada Unidad de Travesía tiene dos Puentes de 100/mts. de salto o vacío entre paredes con una línea de columnas a la mitad de la distancia. Estos Puentes o espacios Vacíos de Construcción y llenos de Agua son para la "Comunicación de la Biosfera" superficial Marina (es decir: Fauna y Flora) o vida marina de la Superficie que pueda pasar de un lado al otro lado de las líneas de Unidades. Por eso están en forma de embudos o entrante-saliente de la parte exterior de las unidades.

Las zonas libres a los lados de las vías de comunicación (es decir: Carretera-Tren-Autopista) son utilizadas para Zonas Verdes, producción de vegetales terrestres, flores, hortalizas, frutas, etc... etc...

Plano -68-: "Volumen" de Unidades de Travesía

Para ver el PLANO ir a los Link o Enlaces siguientes:
https://docs.google.com/document/edit?id=1JFm4YhUIRPTTbfF3qq7iYSpdWB0TfCJb58FGeKD1osc&hl=es
https://docs.google.com/document/edit?id=1JFm4YhUIRPTTbfF3qq7iYSpdWB0TfCJb58FGeKD1osc&hl=es&pli=1#

Una Unidad de Travesía mide: 1.000/mts. de largo por 100/mts. de ancho en toda la parte baja o fondo (Planchón-Base) hasta 50/mts. de altura de la plataforma de las columnas de los puentes o del piso del Canal.

De ahí para arriba tiene 30/mts. de profundidad de agua sobre la Plataforma de los Puentes o en el Canal; y, por fin, 20/mts. sobre el nivel del agua hasta la superficie.

Lo importante es alcanzar "una Fuerza de Flotación" suficientemente segura y estable para que cumpla su finalidad: servir de lugar de transporte de toda carga, principalmente de Tren, que es lo más pesado.

Plano -69-: Vista en perspectiva, de lado, de la Superficie de las Unidades de Travesía

Para ver el PLANO ir a los Link o Enlaces siguientes:

https://docs.google.com/document/edit?id=1SwENEzZ8h-bhCg4aHTI9tXGo0o6OPzA5ld64vatET7g&hl=es

https://docs.google.com/document/edit?id=1SwENEzZ8h-bhCg4aHTI9tXGo0o6OPzA5ld64vatET7g&hl=es&pli=1#

La principal finalidad de las Unidades de Travesía es la Comunicación y el Transporte "sobre espacio firme" como si fuera sobre lugar terrestre.

Por tanto, dispone de una dirección de Tráfico por el medio de una línea de Unidades, y de otra dirección de Tráfico por el medio de la otra línea paralela.

La anchura de toda las vías de Comunicación (Carretera de servicio, Tren, Autopistas y Pasillos Peatonales) es exactamente la anchura de los Puentes: 30/mts. :

a).- Un Pasillo peatonal exterior, b).- Tres Carriles de Autopista, c).- Dos Vías para Tren "canalizado", d).- Una Carretera de Servicio en dos Direcciones, e).- Un Pasillo Peatonal Interior junto al Canal.

La Técnica debe permitirnos una seguridad completa principalmente en las "Junturas" o extremos de las Unidades, para poder alcanzar las más altas Velocidades de Tren y de Auto-Vía sin ningún peligro ni incomodidad o molestia alguna; como "en Tierra firme".

Plano -70-: Vista Panorámica, de frente, de Unidades de Travesía "Dúplex"

Para ver el PLANO ir a los Link o Enlaces siguientes:

https://docs.google.com/document/edit?id=1DnmF3JnUZ0VNGYjNV9ab6To1Sxldz4sYvS9AGfAqwKQ&hl=es

https://docs.google.com/document/edit?id=1DnmF3JnUZ0VNGYjNV9ab6To1Sxldz4sYvS9AGfAqwKQ&hl=es&pli=1#

La Técnica también nos debe permitir alcanzar una perfecta línea recta y la estabilidad horizontal en tramos de largas distancias; eso lo facilita la colocación "alternada" de Unidades paralelas, y también unas "Grapas" o sujetadores mutuos que tienen las Unidades a lo largo de toda la Juntura del Canal intermedio. La estabilidad vertical se logra también con unos "apoyos mutuos" que tienen las Unidades en sus extremos o lugares de juntura de un lado y del otro.

El Tren es "Canalizado"; es decir: no va sobre rieles de hierro sino sobre terreno plano entre paredes; por tanto, además de las ruedas sobre el piso tiene otras ruedas estabilizadoras a los lados con todo un sistema amortiguador que logra estabilidad y comodidad.

La Carretera de Servicio de doble dirección es para el servicio de trabajo en los Canales (Cultivos/ Marinos) o los trabajos en las superficies (Cultivos terrestres) y para vigilancia e inspección permanente de todas las Unidades de Travesía en el tramo de "20/kilómetros" entre Parador y Parador.

Los "Interiores" de las Unidades de Travesía se pueden aprovechar de varias maneras: Los pisos inmediatos bajo la Superficie pueden ser Pisos-Habitación (Viviendas) con tragaluces o ventanas hacia el interior de las Unidades o Canal intermedio; y el resto más profundo de la Unidad puede servir para el cultivo de sombra u obscuridad, o para otras variadas cosas.

Este sistema de "Travesía" es realmente el "Puente de enlace entre Continentes".

¿Quien construirá cada Unidad de Travesía?

Por sí solas ya son comerciales y atractivas para inversionistas. Pero, para comenzar, cada Entidad pública o particular que se decida a construir una Unidad en la Ciudad "LA GRAN ATLANTIDA" incluye en su compromiso la construcción de una Unidad de Ruta, ya que ese es el factor que le da valoración a la Gran Ciudad de ser enlace habitacional entre Continentes.

Si el Hombre ya "pisó la Luna" con su propio pié, podrá "andar sobre las aguas" (Mc.:6,48): paseando tranquilamente o a "altas velocidades" de Transporte; es cuestión de Fe y Confianza en las posibilidades de las cualidades inteligentes que le dio El Creador.

XVII.- ESTACIONES - "PARADORES":

Plano -71-: Las "veinte más veinte" Unidades de Travesía "entre Paradores"

Para ver el PLANO ir a los Link o Enlaces siguientes:

https://docs.google.com/document/edit?id=1kH4N7t-lPMx2M8Badb95z3jSEO_Pfspixktw8utuUS4&pli=1#

https://docs.google.com/document/edit?id=1kH4N7t-lPMx2M8Badb95z3jSEO_Pfspixktw8utuUS4#

Es un Plano en cuatro partes:

1).- La representación completa y continua de las 19 (diez y nueve) Unidades de una Línea o Dirección con los Paradores de los extremos; y las 19 ½ (diez y nueve Unidades y media) de la otra Línea o Dirección más dos mitades del Parador.

2).- Más en detalle: un Parador y las Unidades cercanas a él.

3).- Las Unidades de la mitad del trayecto de 20/kms.

4).- Y el otro Parador con las Unidades más próximas a él.

Plano -72-: Plano doble: a) Parador completo y b) Un lado del Parador.

Para ver el PLANO ir a los Link o Enlaces siguientes:

https://docs.google.com/document/edit?id=1G1Q8Kw9OMjxwcQb9jYaUEAptIeLZ6UKTaAOmcS2KzVM&hl=es

https://docs.google.com/document/edit?id=1G1Q8Kw9OMjxwcQb9jYaUEAptIeLZ6UKTaAOmcS2KzVM&hl=es&pli=1#

Los "Paradores" son Estaciones pequeñas cada 20/kms. de la Ruta formados por Unidades de Travesía alternadas, pero sin Puentes y cón toda la Superficie rectangular aprovechable y, además, dos Unidades más de ampliación, una a cada lado. En total: tres Unidades completas y dos mitades.

Estos "Paradores" tienen las finalidades siguientes:

- Para cambio de sentido de dirección de la Auto-Pista, para parada breve de algunos Trenes de cercanías, para servicios de Tráfico de Autopista y Tren, para concentración de personal de trabajos locales; en fin, como parada opcional del viajero, turista, paseante, etc...

Tiene sus espacios destinados a pequeña Estación de Tren con Vías de desviación, y las Vías rectas para el paso de largo del Tren de Alta Velocidad. Igualmente la Autopista tiene sus Vías de desviación y parada, y las Vías de Velocidad o pasada de largo.

Las Unidades complementarias de los lados son para Servicios Turísticos o ampliación de servicios normales.

Plano -73-: Vista en perspectiva o Panorámica de un "Parador" completo.

Para ver el PLANO ir a los Link o Enlaces siguientes:

https://docs.google.com/document/edit?id=1B3cSBtIkP7mmYJJweQwob_frPmQIewDu1ETDuyFMG3Y&hl=es

https://docs.google.com/document/edit?id=1B3cSBtIkP7mmYJJweQwob_frPmQIewDu1ETDuyFMG3Y&hl=es&pli=1#

Las Unidades de Parador miden exactamente igual que las de Travesías (es decir: 1.000/mts. por 100/ mts..) y enlazan también exactamente con las de Travesía.

Dos Unidades de una Línea o Dirección tienen sus extremos que se juntan en la mitad del Parador, y las otras mitades con Puentes fuera del Parador formando la Travesía normal; y la otra Unidad alternada del Parador está completa; y también las Unidades de los lados están completas.

Las Unidades de los lados pueden tener un espacio en toda la orilla exterior para "Rompe-Olas".

En fin, que los "Paradores" sirven, entre otros muchos objetivos y factores del conjunto de "La Atlántida", para hacer más distraída, agradable y alegre la Travesía, aunque las distancias sean tan grandes de Continente a Continente. Además, los "Paradores" son un factor importante para dar la sensación de que el Mar está "habitado" al ver "humanidad en actividad" en distancias cortas.

XVIII.- CIUDADES-ESTACION:

Plano -74-: Ciudad-Estación "Pequeña"

Para ver el PLANO ir a los Link o Enlaces siguientes:

https://docs.google.com/document/edit?id=1MXzUPI3YJgVeWVwoHB2hdd3sQ1pbZLBBsxqRz4tU7l0&hl=es

https://docs0.google.com/document/edit?id=1MXzUPI3YJgVeWVwoHB2hdd3sQ1pbZLBBsxqRz4tU7l0&hl=es&pli=1#

La "Ruta" total, como es muy larga (4.000/kms. al Oriente y 3.000/kms. al Occidente), está dividida en partes y sub-partes con distintos grados de necesidades y servicios en la habitabilidad y en el trabajo.

Cada 100/kmts. después de cuatro Paradores, hay una Ciudad-Estación "Pequeña" que concentra los Servicios a las necesidades de ese Zona o distancia con:

- Estacionamiento de <u>Trenes de Carga y Pasajeros</u>; Trenes locales de Cercanías; cambio de sentido de Trenes.

- <u>Servicios de Ruta de Auto-Pista</u> más amplios y permanentes; hospedajes de pasajeros.

- <u>Centros Comerciales e Industriales,</u> y en general, Centro de la Vida Económica de la Zona de 100/ kmts., es decir: de 50/kmts. a cada lado de esta Ciudad.

Estas Ciudades-Estación tienen las Unidades-Bloque Flotantes del tamaño o <u>dimensión de un cuarto</u> (- ¼ -) del volumen y superficie de las Unidades-Bloque flotantes de "La Gran Atlántida" según sus respectivas finalidades.

<u>Plano -75-</u>: Ciudad-Estación "Grande".

Para ver el PLANO ir a los Link o Enlaces siguientes:

https://docs.google.com/document/edit?id=1nxUnMbCzkT_oV2sQweoF6FOgzwgEu782gcinvync0lM&hl=es

https://docs.google.com/document/edit?id=1nxUnMbCzkT_oV2sQweoF6FOgzwgEu782gcinvync0lM&hl=es&pli=1#

<u>Cada 500/kmts.</u>, después de cuatro Estaciones Pequeñas, la "Ruta" o "Travesía" tiene una <u>Ciudad-Estación-"Grande"</u>.

Igualmente que la anterior, esta Ciudad-Estación "Grande" concentra la Vida Económica y Social en ese radio o distancia de 500/kmts. de la Ruta (-250/kmts. a cada lado de la Ciudad). Así Por ejemplo:

- El tráfico de Tren y Auto-Pista dispone de servicios más amplios y prolongados para carga y pasajeros.

- La vida económica y social es más completa y compleja tanto en lo permanente como en lo transitorio.

- Por eso dispone, además, de <u>Puertos de Mar</u> (Norte y Sur), y también de <u>un</u> <u>Aéreo-Puerto</u> para la Aviación menor y ligera.

Las <u>Unidades-Bloque</u> flotantes que forman esta Ciudad son de dimensiones de un cuarto (1/4) del tamaño en volumen y superficie de las correspondientes de "La Gran Atlántida".

Estas <u>dos clases de Ciudades-Estación</u> "Pequeñas" y "Grandes" son las que dan consistencia económica y social junto <u>con "La Gran Atlántida"</u> a <u>todo el "PLAN"</u> y "PROYECTO" de "LA ATLANTIDA".

XIX.- <u>DISTRIBUCION DE LA POBLACION EN TODA LA "RUTA"</u>:

<u>Plano -76-</u>: Distribución de las Estaciones y Paradores. (- Plano en cinco partes-)

Para ver el PLANO ir a los Link o Enlaces siguientes:

https://docs.google.com/document/edit?id=1WmVBRV_rvO2NjaRXH76Z0rh3X3c_HZdSUMcIYMeE-jA&hl=es

https://docs.google.com/document/edit?id=1WmVBRV_rvO2NjaRXH76Z0rh3X3c_HZdSUMcIYMeE-jA&hl=es&pli=1#

- A,B y C,: Las tres primeras partes del Plano representan el conjunto de dos Paradores y las 19 más 19 Unidades de Travesía "Dúplex" que hay entre Paradores en una y otra Línea o Dirección.

- D, : La parte cuarta del Plano representa el conjunto de dos Ciudades-Estación "Pequeñas" y los cuatro Paradores entre ellas.

- E, : Y la parte quinta del Plano representa dos Ciudades-Estación "Grandes" y las cuatro Ciudades-Estación "Pequeñas" entre ellas.

Plano -77-: Esquema General de "toda la Ruta" Primera y Principal Transatlántica.

Para ver el PLANO ir a los Link o Enlaces siguientes:

https://docs.google.com/document/edit?id=1EmevS-rO9TEMocr2uJbm9LBUal03GD4vdQp-Bkm5QJk&hl=es

https://docs.google.com/document/edit?id=1EmevS-rO9TEMoer2uJbm9LBUal03GD4vdQp-Bkm5QJk&hl=es&pli=1#

La Ciudad Central, o Capital del "PLAN" y "PROYECTO", "LA GRAN ATLANTIDA", está casi en la mitad del Atlántico, a la mitad de "La Ruta Trans-Atlántica".

Y a uno y a otro lado de ella, Oriente y Occidente, la distribución de Estaciones y Paradores; así:

- Estaciones "Grandes" con sus nombres de lugares geográficos de la Tierra, especialmente Continentes.

- Estaciones "Pequeñas" también con sus nombres de Países o Naciones.

- Paradores que tienen nombres de especies marinas de animales y vegetales.

Que el "PROYECTO" de "LA ATLANTIDA" sea, en una presencia habitacional humana, una síntesis armónica de toda la Naturaleza y de la Humanidad.

XX.- CONEXION CON "TIERRA FIRME":

Plano -78-: Vista de perfil del contacto con "Tierra Firme".

Para ver el PLANO ir a los Link o Enlaces siguientes:

https://docs.google.com/document/edit?id=1MorkpSYSX3yCKzzvLdzJ_YFaw9oJCp-nDKKwA553rik&hl=es

https://docs.google.com/document/edit?id=1MorkpSYSX3yCKzzvLdzJ_YFaw9oJCp-nDKKwA553rik&hl=es&pli=1#

Al final de la última Unidad-Bloque "Flotante" está el sistema de conexión (- de la Travesía-) con "Tierra firme".

Este sistema de conexión con Tierra firme está hecho a modo de grandísimos rellenos de grandes piedras en escalones o niveles sub-marinos sobre los que se apoyan gruesas columnas que alcanzan la altura de la Superficie de la última Unidad-Bloque flotante; es decir; 20/mts. sobre el nivel del agua; y el piso sobre esas columnas termina ya en la Costa o Playa con el relleno solamente, sin columnas, empalmando con la "Tierra Firme".

Plano -79-: Visión en perspectiva o Panorámica del contacto con Tierra.

Para ver el PLANO ir a los Link o Enlaces siguientes:

https://docs.google.com/document/edit?id=1HAe8K9ngOJiucA4Nlqovv0ozX6AmGMCUk58C2u2yfTs&hl=es

https://docs.google.com/document/edit?id=1HAe8K9ngOJiucA4Nlqovv0ozX6AmGMCUk58C2u2yfTs&hl=es&pli=1#

La Travesía tiene, en esta parte final del trayecto, un sistema muy estudiado y calculado de prevención del Oleaje Costero y de las Mareas aunque ocasionalmente se presenten altas o excepcionales.

También está muy estudiada y calculada para la completa seguridad la juntura de la última Unidad "Flotante" con la Zona ya "no-flotante" o terreno firme de relleno.

Plano -80-: Vista Panorámica de conexión con la Costa o Tierra Firme.

Para ver el PLANO ir a los Link o Enlaces siguientes:

https://docs.google.com/document/edit?id=1zQ4ke26sbrsXHwMoCHdU2YA-XEQNmgX7i0MR7E_g5Ng&hl=es

https://docs.google.com/document/edit?id=1zQ4ke26sbrsXHwMoCHdU2YA-XEQNmgX7i0MR7E_g5Ng&hl=es&pli=1#

Tanto si es Playa como si es Acantilado de Roca, esta Conexión final con Tierra es semejante a las obras construidas para Vías Terrestres; por tanto, muy practicadas en todas partes a gran escala y con técnicas muy experimentadas.

Este sea el "Comienzo" y el "Final" del grandioso "PROYECTO" de "LA ATLANTIDA".

Preste-Juan

(seudónimo)

··············· REFLEXIONES FINALES ···············

Supuesta la experiencia técnica alcanzada en la práctica de obras de construcciones marinas, puede ser esta Zona de Conexión con Tierra los primeros pasos a dar en el "Proyecto" de "La Atlántida" junto con las primeras Unidades-Bloque de la Gran Ciudad Central.

¡¡ Vamos a conquistar el Océano "a pié", que es la forma más originaria y personal de andar el Hombre !!

¿ Porqué el Hombre va a detener su marcha, erguido y soberano de toda la Naturaleza, en la última roca de la Costa o en la última arena de la Playa ?.....

Si, retando y desafiando los obstáculos para habitar a través de la Historia la Tierra Firme, el Hombre descubrió y desarrolló el poder de "creación" que El Creador le dio; ahora, que comienza a retar y desafiar los obstáculos para "habitar el Mar", descubrirá y ejercitará el poder que tiene escondido en sí mismo de "crear" una convivencia en paz, en armonía y progreso en la Sociedad Internacional de "LA ATLANTIDA".

Si hasta ahora, apoyado y pisando la Tierra firme que El Creador le dio para ser habitada por todos por igual y sin distinción, el Hombre todavía discute esa Tierra a sus semejantes con fronteras políticas, raciales, culturales...

..... A ver si ahora se decide a construir sobre las Aguas esa Nueva Sociedad Fraternal de "LA ATLANTIDA" donde, creativamente e inventando formas nuevas, viva en "la Unidad de la Diversidad".

Ese es el suspiro más profundo, el anhelo más inquietante y el grito más desgarrador que prorrumpe el Hombre desde lo más profundo de su Ser:

"INGENIEROS – ARQUITECTOS **ASOCIADOS"** **Calle: Hombres Ilustres, No. 701** **Ciudad: Matías Romero, Oax., México**	Preste-Juan (seudónimo)

Correos Electrónicos para Información y Comunicación:

Principal: la.atlantida.del.futuro@hotmail.com

construccion_de_la_atlantida@yahoo.com

construccion.de.la.atlantida@gmail.com

miembrodegrupo@hotmail.com

miembro.de.grupo@gmail.com

****

Tabla aproximada de "Volumen", "Peso", y "Fuerza de Flotación" de una Unidad-Bloque de 500/mts. x 500/mts.

I).- Fuerza de Flotación:

500 x 500 = 250.000/m-2 x 70/mts. (de inmersión)

= 17.500.000/mts-3

= 17.500.000/Toneladas.

II.) Volumen y Peso (del material) :

1).- Planchón-Base de la Unidad-Bloque (-de 5/mts. de grueso-):

500x500(de lados) = 250.000/mt-2 x 5/mts.(de grueso)

= 1.250.000/mts-3

2).- Paredes Exteriores de la Unidad-Bloque:

a)- Los 23 primeros metros; (hasta el metro-30 de altura):

500 x 25 = 12.500 x 5/mts. (de grueso)

= 62.500/mt-3 (una pared) x 4 (Paredes)

= 250.000/mt-3

b).- Los 20 metros siguientes; (metro-50 de altura)

500 x 20 = 10.000/mt-2 x 4/mts. (de grueso)

= 40.000/mt-3 (una pared) x 4 (paredes)

= 160.000/mt-3

c).- Los 20 metros siguientes; (metro-70 de altura) (-nivel del agua-):

500 x 20 = 10.000/m-2 x 3/mts.(de grueso)

= 30.000/m-3 (una Pared) x 4 (Paredes)

= 120.000/mts-3

d).- Los 10 metros siguientes; (metro-80 de altura) (-sobre el nivel del agua-)

500 x 10 = 5.000/m-2 x 2/mts.(de grueso)

= 10.000/m-3 (una Pared) x 4 (Paredes)

= 40.000/mts-3

e) Los 10 metros últimos; metro-100 (nivel de la Calle o Superficie):

500 x 10 = 5.000/m-2 x 1/mt. (de grueso)

= 5.000/m-3 x 4 (Paredes)

= 20.000/m-3

3) Paredes de "Cuadrícula de Vigilancia o (-Primer Piso-)

490/mts.(de largo) x 3/mts.(de alto) = 1.470/m-2(una Pared) x 2/mts.(de grueso)

= 2.940/m-3 (una Pared) x 96 (Paredes) (-una cada 10/mts)

= 282.240/m-3

4) Paredes de la Cuadrícula de "Agua de Lastre" (o "Agua de Control de inmersión")

490/mts.(de largo) x 20/mts.(de alto) = 9.800/m-2(una pared)x1/mt.(de grueso)

= 9.800/mt-3(una Pared)x50(paredes)

= 490.000/mts-3

5).- Planchas de Pisos de la Unidad-Bloque (o Niveles)

a).- Plancha del Piso de la Cuadrícula de "Agua de Lastre" (o Control)

490 x 490 = 240.100/mts-2 x 1/mt(de grueso)

= 240.100/mts-3

b).- Las otras 6-Planchas de Pisos (o Niveles cada 10/mts)

490 x 490 = 240.100/mts-2 x 0.50/mts.(de grueso)

= 120.050/mts-3 (una Plancha) x 6-Plancha (Pisos, Niveles)

= 720.300/mts-3

c).- Plancha de Superficie:

500 x 500/mts. = 250.000/mts-2 x 1/mt (de grueso)

= 250.000/mts-3

6).- Columnas:

a).- Gruesas:

94/mts. (de alto) x (1.50 x 1.50 -grueso-) = 211.50/mts-3 (una Columna)

x 529 Columnas (-23 x 23-) = **111.883.50/mts-3**

b).- Delgadas:

94/mts. (de alto) x (1/mt. x 1/mt -grueso-) = 94/mts-3 (una Columna)

x 625 Columnas (-25 x 25-) = **58.750/mts-3**

7).- Trabes (Horizontales):

Coinciden con las Planchas-Pisos-Niveles.

III).-Sumas totales de "Volúmenes":

1).- 1.250.000/mts-3

2).- (a)   250.000/mts-3

(b)   160.000/mts-3

(c)   120.000/mts-3

(d)   40.000/mts-3

(e)   20.000/mts-3

3).-   282.240/mts-3

4).-   490.000/mts-3

5).- (a)   240.100/mts-3

(b)   720.000/mts-3

(c)   250.000/mts-3

6).- (a)   111.883.50/mts-3

(b)   58.750/mts-3

_____

= 3.992.973.50/mts-3

(de Volumen de material)

IV).-   Traducción a Peso-Toneladas (métricas).

3.992.973.50/mts-3 (Cúbicos) x 2.5 (Toneladas cada Mt.-3)

= 9.982.433

V).-   Diferencia con la "Fuerza de Flotación" :

Fuerza de Flotación: 17.500.000/Toneladas (de empuje o Presión de agua)

(-)Menos Peso de

Material: 9.982.433/Toneladas (métricas)

= 7.517.567 Toneladas

(- Margen- libre para "Construcción" ó utilidad habitacional-)

En resumen:

Prácticamente, en general, una Unidad-Bloque de 500/mts. x 500/mts. x (70 + 20) tiene posibilidad de admisión de peso útil suficiente y sobrante para habitabilidad humana.

Redondeando:

17.000.000/Fuerza de flotación

10.000.000/Peso de material

Diferencia:

__7.000.000/Capacidad útil__

(¡ . . . !) ¡¡ **Excusen los técnicos en la materia** ¡¡

¡ **Es una visualización muy general** ¡

****

****

Correos Electrónicos para Información y Comunicación:

Principal: la.atlantida.del.futuro@hotmail.com

construccion_de_la_atlantida@yahoo.com

construccion.de.la.atlantida@gmail.com

miembrodegrupo@hotmail.com

miembro.de.grupo@gmail.com

http://cid-775c02ff5011dd6f.office.live.com/browse.aspx/VIAJE%20a%20LA%20ATLANTIDA

Lista de Enlaces o Link para ver los PLANOS:

En Docs. del CORREO en Gmail:
construccion.de.la.atlantida@gmail.com

Lista GENERAL de PLANOS "SUBIDOS" al SITIO Google

En Correo: construccion.de.la.atlantida@gmail.com

Lista GENERAL de Planos SUBIDOS a "Docs de Google":
https://docs.google.com/

PLANOS: del -1- al -20-:
Estos Enlaces de la CARPETA se abren SIN Correo GOOGLE = son públicos
https://docs.google.com/leaf?id=0BwUzvD4EOk2lMjBjNTEwOTgtOTIyZi00ZDdlLThlYzgtNDUxM2E2YzFjYmJl&hl=es
https://docs.google.com/leaf?id=0BwUzvD4EOk2lMjBjNTEwOTgtOTIyZi00ZDdlLThlYzgtNDUxM2E2YzFjYmJl&sort=name&layout=list&num=50
https://docs.google.com/leaf?id=0BwUzvD4EOk2lMjBjNTEwOTgtOTIyZi00ZDdlLThlYzgtNDUxM2E2YzFjYmJl&sort=name&layout=list
https://docs.google.com/leaf?id=0BwUzvD4EOk2lMjBjNTEwOTgtOTIyZi00ZDdlLThlYzgtNDUxM2E2YzFjYmJl&hl=es&pli=1

Estos Enlaces a estos PLANOS son Públicos TOTALMENTE = abiertos sin ningún Correo

Plano-1:
https://docs.google.com/document/edit?id=15U3TAlHqV-KRMG3KSkLlY1Djk5OQaoYGxnYgu0D2ZEs&hl=es#
https://docs.google.com/document/edit?id=15U3TAlHqV-KRMG3KSkLlY1Djk5OQaoYGxnYgu0D2ZEs&hl=es&pli=1#

Plano-2:

https://docs.google.com/document/edit?id=1s0euyApT6r-AFPvtHg7JcCocf1mgD_936UOuxrnheT0&hl=es#

https://docs.google.com/document/edit?id=1s0euyApT6r-AFPvtHg7JcCocf1mgD_936UOuxrnheT0&hl=es&pli=1#

Plano-3:

https://docs.google.com/document/edit?id=1gWlNzvrUn1hV6FohvHY6QjPtfwAJ0EtIpfhzZj54I24&hl=es# https://docs.google.com/document/edit?id=1gWlNzvrUn1hV6FohvHY6QjPtfwAJ0EtIpfhzZj54I24&hl=es&pli=1#

Plano-4:

https://docs.google.com/document/edit?id=1IqF_nICMRgVBr70lHBd5jczaLoWAqZ7Swd98IV-vQYQ&hl=es#

https://docs.google.com/document/edit?id=1IqF_nICMRgVBr70lHBd5jczaLoWAqZ7Swd98IV-vQYQ&hl=es&pli=1#

Plano-5:

https://docs.google.com/document/edit?id=1vOKYQRsgvJPSC31i5VjiPfVpyhQ2xbz-vowv08C2YnM&hl=es#

https://docs.google.com/document/edit?id=1vOKYQRsgvJPSC31i5VjiPfVpyhQ2xbz-vowv08C2YnM&hl=es&pli=1#

Plano-6:

https://docs.google.com/document/edit?id=1Sc90PPtrPhpGbhNjl75Y2ozZPiqU5hLxqGKv9dm_Jy4&hl=es#

https://docs.google.com/document/edit?id=1Sc90PPtrPhpGbhNjl75Y2ozZPiqU5hLxqGKv9dm_Jy4&hl=es&pli=1#

Plano-7:

https://docs.google.com/document/edit?id=1w079gcXK-JzvEk81mDhlWh01OVNqbaAs4p0xaGVVIwg&hl=es#

https://docs.google.com/document/edit?id=1w079gcXK-JzvEk81mDhlWh01OVNqbaAs4p0xaGVVIwg&hl=es&pli=1#

Plano-8:

https://docs.google.com/document/edit?id=1RlKfBHnpUVifcR-dx5Jba9_Rb12mZNgEPuTLqgOAkLw&hl=es#

https://docs.google.com/document/edit?id=1RlKfBHnpUVifcR-dx5Jba9_Rb12mZNgEPuTLqgOAkLw&hl=es&pli=1#

Plano-9:

https://docs.google.com/document/edit?id=1B3b4k6IOK_X_oTaFya9uPW3_TnFy7OLbaaDoSVTjO2E&hl=es#

https://docs.google.com/document/edit?id=1B3b4k6IOK_X_oTaFya9uPW3_TnFy7OLbaaDoSVTjO2E&hl=es&pli=1#

Plano-10:

https://docs.google.com/document/edit?id=129plWgGzh6lEFb5yB25U0_NNnbfCWxwLPA7FaEuVeMI&hl=es#

https://docs.google.com/document/edit?id=129plWgGzh6lEFb5yB25U0_NNnbfCWxwLPA7FaEuVeMI&hl=es&pli=1&pli=1#

Plano-11:

https://docs.google.com/document/edit?id=1tD0XSNoObMNNEKz00C7FkekiJhx7dITds6pO57_oBG8&hl=es#

https://docs.google.com/document/edit?id=1tD0XSNoObMNNEKz00C7FkekiJhx7dITds6pO57_oBG8&hl=es&pli=1#

Plano-12:

https://docs.google.com/document/edit?id=1f8hQnbRVJQQ_8FdrM5Hg_9uaHEBHOQWZXrSzp1YctIk&hl=es#

https://docs.google.com/document/edit?id=1f8hQnbRVJQQ_8FdrM5Hg_9uaHEBHOQWZXrSzp1YctIk&hl=es&pli=1#

Plano-13:

https://docs.google.com/document/edit?id=1AvKQMLiZyp3cXOdYY-UHHCaJSFPiFS7IodUalE_MOLA&hl=es#

https://docs.google.com/document/edit?id=1AvKQMLiZyp3cXOdYY-UHHCaJSFPiFS7IodUalE_MOLA&hl=es&pli=1#

Plano-14:

https://docs.google.com/document/edit?id=10VwqDuFSM3UuGTcA-0VEQE4eFcSZ1yhS37IvYGpIFIo&hl=es#

https://docs.google.com/document/edit?id=10VwqDuFSM3UuGTcA-0VEQE4eFcSZ1yhS37IvYGpIFIo&hl=es&pli=1#

Plano-15:

https://docs.google.com/document/edit?id=1S-04b-LujHQQ0IeD02hbdMqIbiJQUhuuzsYOmQHnQgQ&hl=es#

https://docs.google.com/document/edit?id=1S-04b-LujHQQ0IeD02hbdMqIbiJQUhuuzsYOmQHnQgQ&hl=es&pli=1#

Plano-16:

https://docs.google.com/document/edit?id=11zSz_x9VfYSKQXKbNydM-EMCfx21KhfTNb3oRZWUPeA&hl=es#

https://docs.google.com/document/edit?id=11zSz_x9VfYSKQXKbNydM-EMCfx21KhfTNb3oRZWUPeA&hl=es&pli=1#

Plano-17:

https://docs.google.com/document/edit?id=1zLO0j68ZAlGeBDxT_KVWCXsAG7gfIWcQ06cqsm-29Bc&hl=es#

https://docs.google.com/document/edit?id=1zLO0j68ZAlGeBDxT_KVWCXsAG7gfIWcQ06cqsm-29Bc&hl=es&pli=1#

Plano-18:

https://docs.google.com/document/edit?id=1J0J6JnFsO6ytlxflWUwRGbzGYSeck388U8Dj65lJCV4&hl=es#

https://docs.google.com/document/edit?id=1J0J6JnFsO6ytlxflWUwRGbzGYSeck388U8Dj65lJCV4&hl=es&pli=1#

Plano-19:

https://docs.google.com/document/edit?id=1X3EfohkUeS-yOLKxqsa3lPXMP745aaC_hBzxEi3sA04&hl=es#

https://docs.google.com/document/edit?id=1X3EfohkUeS-yOLKxqsa3lPXMP745aaC_hBzxEi3sA04&hl=es&pli=1#

Plano-20:

https://docs.google.com/document/edit?id=1wZhXQwV5rHpllD1bSWIKMwvgvbuSToE6-LBnFDQl0M4&hl=es#

https://docs.google.com/document/edit?id=1wZhXQwV5rHpllD1bSWIKMwvgvbuSToE6-LBnFDQl0M4&hl=es&pli=1#

PLANOS del 21 al 40:

Este Enlace de esta CARPETA se abre SIN Correo GOOGLE = es público

https://docs.google.com/leaf?id=0BwUzvD4EOk2lOThiZjA0NDktZmZiMS00MDQ0LTllMTAtOWVmNmZi
MDg5Zjc0&hl=es

Estos Enlaces a estos PLANOS son Públicos TOTALMENTE = abiertos sin ningún Correo

Plano-21:

https://docs.google.com/document/edit?id=1IDXYSl8vpci21Uwxs9d_zS78np5DAJhNEvhUo8uwR2E&hl=es#
https://docs.google.com/document/edit?id=1IDXYSl8vpci21Uwxs9d_zS78np5DAJhNEvhUo8uwR2E&hl=es&pli=1#

Plano-22:

https://docs.google.com/document/edit?id=1oQ8B-9wOcMFIcamW-GscC8z8J36FSbOqTqMnQ6sQwAA&hl=es#
https://docs.google.com/document/edit?id=1oQ8B-9wOcMFIcamW-GscC8z8J36FSbOqTqMnQ6sQwAA&hl
=es&pli=1#

Plano-23:

https://docs.google.com/document/edit?id=1Cc4i5G3uACdPeQCBooV9WeA-LQ2etSnaukt1CWBSLwE&hl=es
https://docs.google.com/document/edit?id=1Cc4i5G3uACdPeQCBooV9WeA-LQ2etSnaukt1CWBSLwE&hl=es&pli=1#

Plano-24:

https://docs.google.com/document/edit?id=1tkTJxShERsYrvm7mpyNR5CWxWNfgxUYgrlla0M3Folw&hl=es
https://docs.google.com/document/edit?id=1tkTJxShERsYrvm7mpyNR5CWxWNfgxUYgrlla0M3Folw&hl=e
s&pli=1#

Plano-25:

https://docs.google.com/document/edit?id=1QiJY2sxQ8PZmbPCG301VIZAg17fy2KMx_3vak563oYI&hl=es
https://docs.google.com/document/edit?id=1QiJY2sxQ8PZmbPCG301VIZAg17fy2KMx_3vak563oYI&hl=es
&pli=1#

Plano-26:

https://docs.google.com/document/edit?id=1IJkxvHiX2UJjJ7HKN0jJBLWq2hnlHZuE5LmQybx6tBA&hl=es
https://docs.google.com/document/edit?id=1IJkxvHiX2UJjJ7HKN0jJBLWq2hnlHZuE5LmQybx6tBA&hl=es&pli=1#

Plano-27:

https://docs.google.com/document/edit?id=1PKuWGABxHUU0wMiE5UN1vBa6bBYIiwIBxR2Q0pMrz_k&hl=es
https://docs.google.com/document/edit?id=1PKuWGABxHUU0wMiE5UN1vBa6bBYIiwIBxR2Q0pMrz_k&hl
=es&pli=1#

Plano-28:

https://docs.google.com/document/edit?id=1iGZWIKpofxRTcJ1AdfQjraCQsNbeyG5rbYelf5_pyIE&hl=es
https://docs.google.com/document/edit?id=1iGZWIKpofxRTcJ1AdfQjraCQsNbeyG5rbYelf5_pyIE&hl=es&pli=1#

Plano-29:

https://docs.google.com/document/edit?id=1pcrFoYMPq7-wGHHZZ4AThxQH3Bh67KlfLiHcdTibeW0&hl=es

https://docs.google.com/document/edit?id=1pcrFoYMPq7-wGHHZZ4AThxQH3Bh67KlfLiHcdTibeW0&hl=es&pli=1#

Plano-30:

https://docs.google.com/document/edit?id=1k6YdH9Ox8__zcB6780W44iuG3KCsdtBmSb4l-Z-fi1A&hl=es

https://docs.google.com/document/edit?id=1k6YdH9Ox8__zcB6780W44iuG3KCsdtBmSb4l-Z-fi1A&hl=es&pli=1#

Plano-31:

https://docs.google.com/document/edit?id=1Wkv2iaDXdeoXpHK6AY0hlKRDeojQRgQotvQEI35NyTE&hl=es&pli=1#

https://docs.google.com/document/edit?id=1Wkv2iaDXdeoXpHK6AY0hlKRDeojQRgQotvQEI35NyTE&hl=es

Plano-32:

https://docs.google.com/document/edit?id=1_1H2fvSpHmAwGbWAMN9zJ9njH_6OuUlqqkKICHtfSwA&hl=es&pli=1#

https://docs.google.com/document/edit?id=1_1H2fvSpHmAwGbWAMN9zJ9njH_6OuUlqqkKICHtfSwA&hl=es

Plano-33:

https://docs.google.com/document/edit?id=1kkI9GppsI_LrKRXaiA-o8xdD4YkwpcF8-wDhaRA6oJw&hl=es

https://docs.google.com/document/edit?id=1kkI9GppsI_LrKRXaiA-o8xdD4YkwpcF8-wDhaRA6oJw&hl=es&pli=1#

Plano-34:

https://docs.google.com/document/edit?id=1uacLObJV3EiPDFfhojfgVW-5Ye8SGwYYOB5Cz7aDw7w&hl=es

https://docs.google.com/document/edit?id=1uacLObJV3EiPDFfhojfgVW-5Ye8SGwYYOB5Cz7aDw7w&hl=es&pli=1#

Plano-35:

https://docs.google.com/document/edit?id=1caq73v7fomXN8oVFFB1JEu_p0w8li01FJ1a-w2bfEKw&hl=es

https://docs.google.com/document/edit?id=1caq73v7fomXN8oVFFB1JEu_p0w8li01FJ1a-w2bfEKw&hl=es&pli=1#

Plano-36:

https://docs.google.com/document/edit?id=1rpRQpsgW3tHZEZ_Ogx6zl9PVMUzXpDEtUnjgtZQa8CU&pli=1#

https://docs.google.com/document/edit?id=1rpRQpsgW3tHZEZ_Ogx6zl9PVMUzXpDEtUnjgtZQa8CU&hl=es

Plano-37:

https://docs.google.com/document/edit?id=15tbwsJ0-Vofwgwh-Ld_zxvYYognAIIyvG5WGAYjygNc&hl=es

https://docs.google.com/document/edit?id=15tbwsJ0-Vofwgwh-Ld_zxvYYognAIIyvG5WGAYjygNc&hl=es&pli=1#

Plano-38:

https://docs.google.com/document/edit?id=17PX5-1njqq8vd79L_2J-hTWTco6z7TEtpzoddVqg_FY&hl=es

https://docs.google.com/document/edit?id=17PX5-1njqq8vd79L_2J-hTWTco6z7TEtpzoddVqg_FY&hl=es&pli=1#

Plano-39:

https://docs.google.com/document/edit?id=12ve0C9yC4xDIF97kZ26CgDakFNPdHmnyqf6UiYvj06g&hl=es

https://docs0.google.com/document/edit?id=12ve0C9yC4xDIF97kZ26CgDakFNPdHmnyqf6UiYvj06g&hl=es&pli=1#

Plano-40:

https://docs.google.com/document/edit?id=1__QaTNqKA5eyfpCrCCVJi4pjuULPYB72ZTPbGr5gh20&hl=es

https://docs.google.com/document/edit?id=1__QaTNqKA5eyfpCrCCVJi4pjuULPYB72ZTPbGr5gh20&hl=es&pli=1#

PLANOS del <u>41 al 60</u>:

Este Enlace de esta CARPETA se abre SIN Correo GOOGLE = es público

https://docs.google.com/leaf?id=0BwUzvD4EOk2lZjMyYjUwYTctZmJlNy00ZjBjLWJiODEtNGY4Y2MzOGFkNDA5&hl=es

Estos Enlaces a estos PLANOS son Públicos TOTALMENTE = abiertos sin ningún Correo

----

Plano-41: https://docs.google.com/document/edit?id=1NWcXv_IknL3ewveRervGyAGE1rpbEFpznoAby8IhOmw&hl=es

https://docs.google.com/document/edit?id=1NWcXv_IknL3ewveRervGyAGE1rpbEFpznoAby8IhOmw&hl=es&pli=1#

Plano-42:

https://docs.google.com/document/edit?id=191SruRrv3BygZ5dLpvC420MDS1wY-d9IcDw5D9gdGmw&hl=es

https://docs.google.com/document/edit?id=191SruRrv3BygZ5dLpvC420MDS1wY-d9IcDw5D9gdGmw&hl=es&pli=1#

Plano-43:

https://docs.google.com/document/edit?id=1u_rw5NpLkMgyN6FK9z7qb8ILFrUSkqoh6T0oG8Av1Lk&hl=es

https://docs.google.com/document/edit?id=1u_rw5NpLkMgyN6FK9z7qb8ILFrUSkqoh6T0oG8Av1Lk&hl=es&pli=1#

Plano-44:

https://docs.google.com/document/edit?id=1DT-WcRit7izNDDgTbe4t4vuf9qRuNDXCaLXYFCxqDaM&hl=es

https://docs.google.com/document/edit?id=1DT-WcRit7izNDDgTbe4t4vuf9qRuNDXCaLXYFCxqDaM&hl=es&pli=1#

Plano-45:

https://docs.google.com/document/edit?id=1kJHQqYqAaUAJ8-kAmYfKidpvpnHXjCxzS9NbXK3K9WI&hl=es

https://docs.google.com/document/edit?id=1kJHQqYqAaUAJ8-kAmYfKidpvpnHXjCxzS9NbXK3K9WI&hl=es&pli=1#

Plano-46:

https://docs.google.com/document/edit?id=1WKOIFbKTmX5wjX1jQ4OOJQ3A87klUp0pAN_6Yls6Sx0&hl=es
https://docs.google.com/document/edit?id=1WKOIFbKTmX5wjX1jQ4OOJQ3A87klUp0pAN_6Yls6Sx0&hl=es&pli=1#

Plano-47:

https://docs.google.com/document/edit?id=1TBE6ODjSloL-Z1Tu8tTU-VkhjT5Bn7nQFhztFVl9UXc&hl=e
https://docs.google.com/document/edit?id=1TBE6ODjSloL-Z1Tu8tTU-VkhjT5Bn7nQFhztFVl9UXc&hl=es&pli=1#

Plano-48:

https://docs.google.com/document/edit?id=1Y1qYWUg7z1aQfPmCXZ3976Q_j6MqOCSl8qazKACIZAw&hl=es
https://docs.google.com/document/edit?id=1Y1qYWUg7z1aQfPmCXZ3976Q_j6MqOCSl8qazKACIZAw&hl=es&pli=1#

Plano-49:

https://docs.google.com/document/edit?id=1NFJbDvEAe1cKe1O_ERLCH5RMUWWWtgGsUuWS4L9xajw&hl=es
https://docs.google.com/document/edit?id=1NFJbDvEAe1cKe1O_ERLCH5RMUWWWtgGsUuWS4L9xajw&hl=es&pli=1#

Plano-50:

https://docs.google.com/document/edit?id=1HgYXQLG-yLdlrfIkG22W9TWadbDy4aCXqhIzVfG_z0s&hl=es
https://docs.google.com/document/edit?id=1HgYXQLG-yLdlrfIkG22W9TWadbDy4aCXqhIzVfG_z0s&hl=es&pli=1#

Plano-51:

https://docs.google.com/document/edit?id=1UKYXIGkHaYo-57EYX-v497tNM8bCabmSpznhBmAlAzk&hl=es
https://docs.google.com/document/edit?id=1UKYXIGkHaYo-57EYX-v497tNM8bCabmSpznhBmAlAzk&hl=es&pli=1#

Plano-52:

https://docs.google.com/document/edit?id=109cOLa_I8H25ONE_G4O82OarrTc17xc2eMzviZyUz7s&hl=es
https://docs.google.com/document/edit?id=109cOLa_I8H25ONE_G4O82OarrTc17xc2eMzviZyUz7s&hl=es&pli=1#

Plano-53:

https://docs.google.com/document/edit?id=15Qj020y_vDeE97nUwJPMUo0Rp2MgjtZpI4UKCn_LTPY&hl=es
https://docs.google.com/document/edit?id=15Qj020y_vDeE97nUwJPMUo0Rp2MgjtZpI4UKCn_LTPY&hl=es&pli=1#

Plano-54:

https://docs.google.com/document/edit?id=1Aqu9gkGe8i5sSP_ZYh7kuGeozsOk_woEbN9yJpHZGHM&hl=es
https://docs.google.com/document/edit?id=1Aqu9gkGe8i5sSP_ZYh7kuGeozsOk_woEbN9yJpHZGHM&hl=es&pli=1#

Plano-55:

https://docs.google.com/document/edit?id=12zFEQM45utS4l19z4LjIKl9uKeuLbGh2KNc3_wS4DsI&hl=es

https://docs.google.com/document/edit?id=12zFEQM45utS4l19z4LjIKl9uKeuLbGh2KNc3_wS4DsI&hl=es&pli=1#

Plano-56:

https://docs.google.com/document/edit?id=1xZTxI39hoa0kD1O7c9UH5keyZEbjD8jIzcD75C8JRlc&hl=es

https://docs.google.com/document/edit?id=1xZTxI39hoa0kD1O7c9UH5keyZEbjD8jIzcD75C8JRlc&hl=es&pli=1#

Plano-57:

https://docs.google.com/document/edit?id=1J4h-q39VVPfIg6AKANxgpqLK2vybyMtHE4MuPH3h6w4&hl=es

https://docs.google.com/document/edit?id=1J4h-q39VVPfIg6AKANxgpqLK2vybyMtHE4MuPH3h6w4&hl=es&pli=1#

Plano-58:

https://docs.google.com/document/edit?id=1VZaFVbHIywwVWFzZNK0BUO2hO1uSCZtT8W-JBz5-_MM&hl=es

https://docs.google.com/document/edit?id=1VZaFVbHIywwVWFzZNK0BUO2hO1uSCZtT8W-JBz5-_MM&hl=es&pli=1#

Plano-59:

https://docs.google.com/document/edit?id=1c8F71MGC9GJe8ZjdbAP3ksOLJCCyIQzsYKsB4BU9J-M&hl=es

https://docs.google.com/document/edit?id=1c8F71MGC9GJe8ZjdbAP3ksOLJCCyIQzsYKsB4BU9J-M&hl=es&pli=1#

Plano-60:

https://docs.google.com/document/edit?id=1cP7XEdpMhIjk9xtzMFgERBfm1Q6CbKFc69GyrMGvr24&hl=es

https://docs.google.com/document/edit?id=1cP7XEdpMhIjk9xtzMFgERBfm1Q6CbKFc69GyrMGvr24&hl=es&pli=1#

PLANOS del 61 al 80:

Este Enlaces de la CARPETA se abre SIN Correo GOOGLE = es público

https://docs.google.com/leaf?id=0BwUzvD4EOk2lYWJiNGIyYzMtY2EwZC00ZjIzLWIyN2ItY2NmODQ4M
TMwODZm&hl=es

Plano-61:

https://docs.google.com/document/edit?id=19WCbOtox64D3HGYnGgYruAs-bmNBBJ9ISsAVj5_8J_0&hl=es

https://docs.google.com/document/edit?id=19WCbOtox64D3HGYnGgYruAs-bmNBBJ9ISsAVj5_8J_0&pli=1#

Plano-62:

https://docs.google.com/document/edit?id=1pOuyIVZDybMEaIo3tewkUIB9_NL7Umq_NGYoJPtTnl8&hl=es

https://docs.google.com/document/edit?id=1pOuyIVZDybMEaIo3tewkUIB9_NL7Umq_NGYoJPtTnl8&hl=es&pli=1#

Plano-63:

https://docs.google.com/document/edit?id=1o03MGvXRZGoZXb6XbqIyW_Jnq-9CshC7esOWRpLbxO0&hl=es

https://docs.google.com/document/edit?id=1o03MGvXRZGoZXb6XbqIyW_Jnq-9CshC7esOWRpLbxO0&hl=es&pli=1#

Plano-64: https://docs.google.com/document/edit?id=1f87PRKHhrI1mtTr6ZNtQLQZ9ydmDvD3N7wyDoY3wcgM&hl=es

https://docs.google.com/document/edit?id=1f87PRKHhrI1mtTr6ZNtQLQZ9ydmDvD3N7wyDoY3wcgM&hl=es&pli=1#

Plano-65:

https://docs.google.com/document/edit?id=1ky7QCVpGmA_GwzzNHYm7FzM7Z-vcK0CxbkqC-Cx4ZXw&hl=es

https://docs.google.com/document/edit?id=1ky7QCVpGmA_GwzzNHYm7FzM7Z-vcK0CxbkqC-Cx4ZXw&hl=es&pli=1#

Plano-66:

https://docs.google.com/document/edit?id=1U3Z6E_5l2jfUWSt4RbEQrRmaZGR1sslinH_I8IhadSo&hl=es

https://docs.google.com/document/edit?id=1U3Z6E_5l2jfUWSt4RbEQrRmaZGR1sslinH_I8IhadSo&hl=es&pli=1#

Plano-67:

https://docs.google.com/document/edit?id=1VxNWXn-Tp34Sjt2IYxEhpVj9jo9A4c9ql4IFjWpMXC0&hl=es

https://docs.google.com/document/edit?id=1VxNWXn-Tp34Sjt2IYxEhpVj9jo9A4c9ql4IFjWpMXC0&hl=es&pli=1#

Plano-68:

https://docs.google.com/document/edit?id=1JFm4YhUIRPTTbfF3qq7iYSpdWB0TfCJb58FGeKD1osc&hl=es

https://docs.google.com/document/edit?id=1JFm4YhUIRPTTbfF3qq7iYSpdWB0TfCJb58FGeKD1osc&hl=es&pli=1#

Plano-69:

https://docs.google.com/document/edit?id=1SwENEzZ8h-bhCg4aHTI9tXGo0o6OPzA5ld64vatET7g&hl=es

https://docs.google.com/document/edit?id=1SwENEzZ8h-bhCg4aHTI9tXGo0o6OPzA5ld64vatET7g&hl=es&pli=1#

Plano-70:

https://docs.google.com/document/edit?id=1DnmF3JnUZ0VNGYjNV9ab6To1Sxldz4sYvS9AGfAqwKQ&hl=es

https://docs.google.com/document/edit?id=1DnmF3JnUZ0VNGYjNV9ab6To1Sxldz4sYvS9AGfAqwKQ&hl=es&pli=1#

....

Plano-71:

https://docs.google.com/document/edit?id=1kH4N7t-lPMx2M8Badb95z3jSEO_Pfspixktw8utuUS4&pli=1#

https://docs.google.com/document/edit?id=1kH4N7t-lPMx2M8Badb95z3jSEO_Pfspixktw8utuUS4#

Plano-72:

https://docs.google.com/document/edit?id=1G1Q8Kw9OMjxwcQb9jYaUEAptIeLZ6UKTaAOmcS2KzVM&hl=es

https://docs.google.com/document/edit?id=1G1Q8Kw9OMjxwcQb9jYaUEAptIeLZ6UKTaAOmcS2KzVM&hl=es&pli=1#

Plano-73:

https://docs.google.com/document/edit?id=1B3cSBtIkP7mmYJJweQwob_frPmQIewDu1ETDuyFMG3Y&hl=es
https://docs.google.com/document/edit?id=1B3cSBtIkP7mmYJJweQwob_frPmQIewDu1ETDuyFMG3Y&hl=es&pli=1#

Plano-74:

https://docs.google.com/document/edit?id=1MXzUPI3YJgVeWVwoHB2hdd3sQ1pbZLBBsxqRz4tU7l0&hl=es
https://docs0.google.com/document/edit?id=1MXzUPI3YJgVeWVwoHB2hdd3sQ1pbZLBBsxqRz4tU7l0&hl=es&pli=1#

Plano-75:

https://docs.google.com/document/edit?id=1nxUnMbCzkT_oV2sQweoF6FOgzwgEu782gcinvync0lM&hl=es
https://docs.google.com/document/edit?id=1nxUnMbCzkT_oV2sQweoF6FOgzwgEu782gcinvync0lM&hl=es&pli=1#

Plano-76:

https://docs.google.com/document/edit?id=1WmVBRV_rvO2NjaRXH76Z0rh3X3c_HZdSUMcIYMeE-jA&hl=es
https://docs.google.com/document/edit?id=1WmVBRV_rvO2NjaRXH76Z0rh3X3c_HZdSUMcIYMeE-jA&hl=es&pli=1#

Plano-77:

https://docs.google.com/document/edit?id=1EmevS-rO9TEMoer2uJbm9LBUal03GD4vdQp-Bkm5QJk&hl=es
https://docs.google.com/document/edit?id=1EmevS-rO9TEMoer2uJbm9LBUal03GD4vdQp-Bkm5QJk&hl=es&pli=1#

Plano-78:

https://docs.google.com/document/edit?id=1MorkpSYSX3yCKzzvLdzJ_YFaw9oJCp-nDKKwA553rik&hl=es
https://docs.google.com/document/edit?id=1MorkpSYSX3yCKzzvLdzJ_YFaw9oJCp-nDKKwA553rik&hl=es&pli=1#

Plano-79:

https://docs.google.com/document/edit?id=1HAe8K9ngOJiucA4Nlqovv0ozX6AmGMCUk58C2u2yfTs&hl=es
https://docs.google.com/document/edit?id=1HAe8K9ngOJiucA4Nlqovv0ozX6AmGMCUk58C2u2yfTs&hl=es&pli=1#

Plano-80:

https://docs.google.com/document/edit?id=1zQ4ke26sbrsXHwMoCHdU2YA-XEQNmgX7i0MR7E_g5Ng&hl=es
https://docs.google.com/document/edit?id=1zQ4ke26sbrsXHwMoCHdU2YA-XEQNmgX7i0MR7E_g5Ng&hl=es&pli=1#

****

****

<u>Para comunicarse con el Autor</u>

<u>Correos Electrónicos</u> para <u>Información</u> y <u>Comunicación</u>:

<u>Principal</u>: **la.atlantida.del.futuro@hotmail.com**

construccion_de_la_atlantida@yahoo.com

construccion.de.la.atlantida@gmail.com

miembrodegrupo@hotmail.com

miembro.de.grupo@gmail.com

****

****